KB090348

그들을 어떻게 막을 것인가

범죄도 알아야 막을 수 있다   송재빈 지음

휴엔스토리

그들을 어떻게 막을 것인가

초판 1쇄 인쇄 2019년 11월 04일
초판 1쇄 발행 2019년 11월 11일
지은이 송재빈

펴낸이 김양수
디자인·편집 이정은
교정교열 박순옥

펴낸곳 휴앤스토리
출판등록 제2016-000014
주소 경기도 고양시 일산서구 중앙로 1456(주엽동) 서현프라자 604호
전화 031) 906-5006
팩스 031) 906-5079
홈페이지 www.booksam.kr
블로그 http://blog.naver.com/okbook1234
포스트 http://naver.me/GOjsbqes
이메일 okbook1234@naver.com

ISBN 979-11-89254-30-8 (03330)

○ ● ○

범죄는 사회를 보여주는 거울이다

범죄의 유형을 살펴보면 그 사회가 지닌 가치관과 규범, 문화적인 특성과 사회 현상을 알 수 있다.

현대에는 매일 수많은 사건 사고가 발생하다 보니 웬만한 대형 사건에는 크게 동요하지 않게 되었다. 지난날과 비교해 모든 것이 풍족하고 편리해졌지만, 인간 깊숙이 자리 잡고 있는 불안과 부족함에 무언가를 더 채워야 한다는 압박감이 커졌고, 남과 비교하며 더 불행해지는 악순환을 반복하고 있다. 현재 누리고 있는 것을 감사하는 마음으로 살아가야 하는데 나에게 없는 것을 찾고 쫓다 보니 불행의 연속이다.

가장 안전한 공간인 가정이 갈등과 경제적 어려움으로 범죄의 공간이 되고, 미래를 약속한 연인이 순식간에 흉포한 범죄의 가해자로 돌변하는 경우가 자주 발생하고 있다. 남을 배려하고 함께하려는 공동체 의식은 사라지고 자신의 만족을 위해 남을 헤치고 더 나아가 상대방의 목숨까지 빼앗는 상황이 벌어지고 있다. 한 치 앞도 볼 수 없는 짧은 인생인데 한순간의 분노를 참지 못해 많은 사람이 불행의 늪에 빠지고 있다.

세상은 빠르게 변하고 있다

범죄도 거기에 발맞춰 계속해서 첨단화되고 새로운 범죄가 탄생해 진화하고 있다. 전통적인 가족 문화는 사라지고 경쟁적 개인주의 사회로 변화되는 가운데 범죄도 '깨진 공동체'의 틈을 타고 대범하게 발생하고 있다. 이제는 공동의 노력만이 범죄의 싹을 자를 수 있다.

사회가 유지되기 위해서는 기본적인 법질서가 지켜져야 하는데 헌법의 기본 정신도 무너진 지 오래다. 집단 '떼법'이 성문화된 법을 넘어서도 처벌이 제대로 이뤄지지 않고 있는 실정이다.

내가 지켜야 할 사회적 책임과 의무를 잊은 채 자신의 이익만을 추구하는 이상한 사회로 변질되고 있다.

법치주의는 법을 지켜야 사회가 유지된다. 법 집행을 엄정하게 해 무너진 다리를 수축하듯 다시 윤리 도덕을 회복하고 기본적인 질서를 바로 세워야 할 것이다.

잔혹한 범죄 밑바닥에는 아픈 상처에 대한 마음의 찌꺼기가 자리 잡고 있다. 성장하면서 치유되지 못한 아픔이 자신을 고문하는 것이다. 이 마음의 상처인 고름을 짜내야 한다. 이것은 범죄자 개인의 문제가 아니라 사회 모두가 감당해야 할 공동 책임이다. 범죄자 엄벌주의를 넘어 교화, 교정, 사회 적응 시스템을 만들어야 한다. 그들은 우리 곁에 다시 돌아와 함께 살아가야 할 사회 구성원이기 때문이다.

그때 위로의 말을 건넸더라면…

범죄의 유혹에 빠지지 않고 희망의 끈을 잡을 수 있도록 도움을 줘야 한다. 범죄자와 그렇지 않은 사람을 가르는 결정적 요소는 순간적인 자제력이다. 평범한 사람도 극단적인 순간에 자기 조절 능력을 잃어버리면 범죄자가 될 수 있다.

분노를 참을 수 있는 이유는 바로 '희망' 때문이다. 포기 대신에 꿈과 희망의 손길을 내미는 것이 우리의 사명이다. 주위를 둘러보고 조그만 위로와 사랑을 베푼다면 범죄도 줄어들 것이다.

인생은 선택의 연속이다

우리는 하루에 수많은 선택을 하면서 살아가고 있다. 순간의 선택이 인생을 좌우하는 경우가 많다. 위기가 왔을 때 어떤 선택을 하는가에 따라 인생이 완전히 달라진다. 이웃에게 관심을 가지고 이야기를 들어주고 따뜻한 인간관계를 맺을 수 있도록, 극단적인 순간에 자기 조절 능력을 잃지 않고 올바른 선택을 할 수 있도록 조그만 관심과 사랑을 주는 것이 우리가 할 일이다.

이 책을 쓸 수 있도록 지혜를 주시고 여기까지 인도해주신 살아계신 하나님께 감사드린다.

송재빈

차례

PART 01

범죄는 사회의 거울이다

○ ● ○

나도 44번 버스 승객이 될 수 있다

...목격자인가 방관자인가

비극적 실화를 바탕으로 만든 중국 단편 영화 《44번 버스》. 영화는 여성 버스 운전기사가 가로수 시골길을 운전하는 장면으로 시작한다. 먼저 한 남성이 탑승하고 잠시 후 불량배 남성 2명이 추가로 버스에 탑승하면서 사건은 전개된다. 불량배가 흉기로 위협하며 강도로 돌변해 "돈 다 꺼내" 하고 금품을 갈취한 다음 여성 버스 운전자를 강제로 끌어내려 수풀 속으로 끌고 간다. 버스에 앉아있던 중년 남성 1명은 "왜 보고만 있느냐?"고 말하고 버스 기사를 구하려고 차에서 내린다. 여성 버스 기사를 구하러 따라간 남성은 폭행과 칼로 다리에 부상을 당하게 된다. 다른 승객들은 차 안에서 바깥 상황을 구경만 한다. 폭행당하고 이마에 피를 흘리며 버스에 돌아온 여성 버스 기사는 원망과 저주의 눈빛으로 승객들을 바라보다 그만 운전대를 잡고 참았던 울음을 터트린다.

이때 자신을 도와주려 한 남성이 차에 오르며 "괜찮아요? 미안해요."라고 말한다. 여성 기사는 단호하게 그 남성에게 "타지마!"라며 내리라고 소리친다.

"왜 이래? 난 그래도 구하려고 했는데…."

기사는 문을 닫고 그 남성의 가방을 창밖으로 던져주었다. 그리고 버스는 사라져 버린다. 여성 버스 기사는 감정을 제어하지 못하고 액셀러레이터를 세게 밟는다. 커브 길에서 버스는 낭떠러지로 떨어지고 만다.

승차거부를 당했던 남성은 지나가는 차량을 얻어 타고 가다가 산길 교통사고 현장을 발견하고 내려서 상처 난 다리를 절뚝거리면서 현장으로 다가간다. "확인했습니다. 승객들과 운전사 전원 사망입니다."라는 경찰의 무전 교신 내용을 듣는다. 그 남성은 깜짝 놀란다. 자신이 방금 탔던 44번 버스였기 때문이다. 영화는 여기서 끝난다.

이 영화는 중국에서 일어났던 실화다.

전원 사망!

그 여성 버스 운전기사는 오직 살 만한 가치가 있는, 유일하게 불량배들의 악행을 제지했던 그 중년 남자만 일부러 버스에서 내리게 하고서 '나 몰라라' 모른 척 외면했던 승객들을 모두 지옥으로 데리고 갔다.

영화 《버스 44번》은 지난 2001년 제58회 베니스영화제 심사위원 대상을 받았다. 길이는 11분의 짧은 영화지만 오직 자신의 안위를 위해 이웃의 아픔에 침묵하는 방관자인 지금 우리에게 큰 울림으로 다가온다.

목격자가 나라면, 봐도 못 본 척

"요즘 누가 남의 일에 끼어들어요?

들어도 못 들은 척, 봐도 못 본 척, 다 그런 거죠."

_영화 목격자 대사 중

"살인 현장을 본 38명이 경찰에 전화하지 않았다."

1964년 3월 13일 새벽, 세상에 엄청난 파문을 일으킨 사건이 일어난다. 미국 뉴욕의 한 주택가의 28살의 키티 제노비스라는 젊은 여성이 늦은 밤 집에 돌아가던 중 자신의 아파트 근처에서 정신 이상자의 공격을 받고 살해당한 사건이 발생했다. 그녀는 새벽 3시부터 약 30분 동안 세 번에 걸쳐 칼에 찔려 비명을 지르고 도망 다니며 도움을 요청했지만 결국 죽음을 피하지 못했다. 처음 공격을 당했을 때 큰 소리로 저항하며 도움을 요청했다. 범인은 놀라서 그 자리를 떠났다가 아무도 그녀를 도와주지 않자 다시 돌아와 범행을 계속한다. 결국 그녀는 사망했다. 살려달라는 구조 요청을 보냈지만 35분 동안 아무도 그녀를 도와주지 않았다. 집집마다 불을 켜고 그 광경을 지켜보았을 뿐이다. 계속 현장을 지켜본 사람들은 38명이었으나 어느 누구도 제노비스를 도와주거나 경찰에 신고하지 않았다. 현장을 지켜보는 사람들이 많아 나 말고 누군가 경찰에 신고할 것이라고 생각했기 때문이다.

1964년 뉴욕타임스 보도 후 사회와 학계에서는 38명이나 되는 목격자가 있으면서 도대체 어떻게 모두가 타인의 비극에 무관심할 수 있는지 반성과 자성의 목소리가 쏟아졌다.

미국 뉴욕대의 존 달리 교수와 컬럼비아대학 비브 라텐는 정말로 '방관자 효과'가 존재하는지 알아보기 위해 실험을 했다. 토론실에서 한 학생이 갑자기 간질 발작을 일으킬 때 실험 참가자들이 어떤 행동을 하는지 알아보는 실험이었다. 토론실에 한 사람만 있을 때 그가 도와줄 확률은 85%였던 반면, 5명이 있을 때는 고작 31%에 불과했다. 즉 사람들이 집단으로 있을 때 "나 말고 누군가 도와주겠지." 하는 심리가 작동하며 행동에 대한 책임감이 줄어드는 '방관자 효과'가 실험으로 증명된 것이다.

《티핑 포인트》의 저자 맬컴 글래드 웰은 이 실험을 소개했고, 《괴짜 경제학》에서 스티븐 레빈과 스티븐 더브너도 이타주의의 케이스 스터디로 이 사건을 다루면서 더 유명해졌다. 뉴욕타임스의 오보로 과장된 측면이 있긴 하지만 우리 사회에서 '방관자 효과'는 실제로 존재한다는 것을 보여주었다.

책임을 져야 할 사람이 많을수록 아무도 책임을 지려 하지 않고 목격자가 많을수록 범행을 신고할 확률은 떨어진다. 서로 도움의 필요성은 공감하지만 최소의 비용으로 최대의 효과를 얻으려 하기 때문에 동등한 협동이 이뤄지지 않는 것이다. 결혼 축의금을 익명으로 낸다면 축의금은 늘어날까 줄어들까? 공익 게임의 딜레마다.

키티 제노비스 살인 사건이 발생한 후 '제노비스 신드롬'과 '방관자 효과' 등 심리학 용어가 나오기도 했다. 이러한 용어는 주위에 사람이 많을수록 어려움에 처한 사람을 돕지 않게 되는 현상을 뜻한다.

"현실이 부조리하다고 해서 팔짱을 끼고 서 있을 수는 없다.
무엇인가 할 수 있는 행동을 취하지 않으면 안 된다."
_까뮈

한국 목격자(The Witness, 2018)

"나는 살인을 봤고, 살인자는 나를 봤다."

도심지에 위치한 대규모 아파트 단지에서 끔찍한 살인사건이 발생한다. 새벽 2시, 술에 취해 퇴근한 상훈(이성민)은 여자의 비명에 우연히 베란다를 내다보다 살인마 태호(곽시양)와 눈이 마주친다. 손가락으로 상훈의 집 층수와 호수를 헤아리는 태호. 보복이 두려운 나머지 상훈은 살인사건 목격 사실을 숨기고, 상훈이 목격자임을 눈치챈 형사 재엽(김상호)은 계속해서 '증언'을 요청한다.

영화 《목격자》는 관객들에게 묻는다. '만약 당신이 살인 현장을 목격한다면 신고할 것인가?'라는 질문에 우리는 망설임 없이 대답할 수 있을까? '목격자'는 이 점을 집요하게 파고든다. 목격자가 많을수록 '방관자 효과', 집단 이기주의 등으로 제보율이 낮아지는 우리 사회의 현실적인 무관심과 공포를 대변한다.

"요즘 누가 남의 일에 끼어들어요? 들어도 못 들은 척, 봐도 못 본 척, 다 그런 거지."라는 이웃 주민의 대답이나 이사 준비를 하는 상훈의 가족에게 "(아파트) 얼마에 내놨어요? 4억 이하는 안 되는데…."라며 살인사건의 해결보다 좋지 않은 사건이 외부로 알려져 아파트 시세가 떨어질 것을 염려하는 모습은 우리 사회 집단 이기주의 메시지를 압축적으로 드러내며 현실 공감을 불러일으킨다.

과연 나라면 어떻게 할 것인가? 가장 안전한 주거 공간에서 평범한 가장이 일상을 위협받고 있는 상황을. 영화 《목격자》는 우리 주변에서 일어날 것 같은 이야기로 긴장과 공포를 전달한다. 우리 사회의 지독한 이기주의를 현시대의 상황에 맞게 그려낸다.

영화《목격자》는 현대 사회를 살아가는 '생활 밀착형 스릴러'를 내세워 다양한 방식으로 우리가 직면하는 '현실적 문제'에 대한 질문을 던지는 영화다. '범인은 과연 누구인가'에 초점을 맞추는 기존 스릴러 영화의 문법을 과감히 탈피해 처음부터 살인자의 정체를 드러내며 계속해서 관객에게 묻는다. '당신이 상훈이라면 어떻게 하겠느냐'고.

전문가들은, 최근 우리 사회에서 주위 사람들의 위험을 외면하는 현상은 주변 목격자와 상관없이 '내가 손해를 볼 수 있다'는 두려움이 앞서면서 나타난다는 점에서 기존 '제노비스 신드롬'과는 결이 다르다고 분석했다.

이윤호 동국대 교수(범죄심리학)는 "사람들이 남의 일에 나섰다가 피의자로 몰리는 등 본전도 못 찾는다는 걸 언론보도를 통해 이미 충분히 학습한 상태"라며 "과거 제노비스 신드롬처럼 '나 말고 누군가 도와줄 거야'라는 수세적인 방관이 아니라 적극적이고 학습된 외면으로 볼 수 있다. 의인들이 푸대접을 받는 등 제대로 된 안전망이 없는 상황에서 남의 일에 개입하지 않으려는 것은 당연한 모습"이라고 설명했다.[1]

국민 60% 이상이 아파트에 거주하는 현 대한민국 상황과 영화 속 날카로운 메시지가 딱 맞아떨어진다. 벽 하나를 사이에 두었지만, 이웃에 관심이 없다. 사건이 마무리되고 상훈은 아파트 단지 한복판에서 "살려주세요!"라고 외친다. 하지만 돌아오는 대답은 없다. 이를 바라보는 상훈의 쓸쓸한 표정이 곧 영화가 보여주는 뼈아픈 현실이다. 지금 내가 신

....

1 "괜히 나섰다 봉변 당할라"…'방관자 사회' 세계일보 2017. 12. 10.

고를 하지 않는다면 범죄자는 다시 또 다른 범행을 과감하게 저지를 수 있다. 그 추가 범행의 피해자는 내 사랑하는 가족일 수도 있다는 것을 잊어서는 안 된다.

○ ● ○

가랑비에 옷 젖게 만드는 사악한 범죄

…그루밍 성범죄

'그루밍(길들이기, Grooming)' 성범죄의 특성

선생님을 알게 된 건 방과 후 '통기타 반'이었습니다. 선생님은 항상 친절했고 개인 교습도 해주셨습니다. 그렇게 1년이 지나 제가 중3이 되던 해 선생님의 성희롱과 추행이 시작됐습니다. 제게 신 같았던 선생님에게 저는 아무것도 할 수 없었습니다. 감히 누군가에게 성폭력을 말할 생각조차 못 하게 세뇌했어요. 처음부터 신 같은 선생님이 그런 행동을 저한테 했을 때 제가 뭘 할 수 있었겠어요?

_7년 전 선생님에게 성폭행을 당한 피해자

그루밍이란 아동 청소년 대상 성범죄에서 주로 나타나는 특징 중 하나다. 학원이나 학교 교사가 용돈이나 간식을 주며 친밀함을 쌓은 뒤 성폭력을 행사하는 게 대표적인 예다.

'그루밍' 뜻은 보통 몸단장을 말하거나 고양이 등 동물이 자신의 몸을 핥아 털을 길들이는 행위를 지칭한다. 그루밍은 '가해자가 피해자를 길

들여 성폭력을 쉽게 하거나 은폐하는 행위'를 뜻한다. 성에 대한 인식이 낮은 아동이나 청소년, 심신이 취약한 자에게 접근해 보살피는 행동으로, 상호관계를 단단하게 만들어 의존도를 높인 후 성적 행위를 강요, 요구하기 때문에 피해자는 자신이 인지조차 못 하는 상황에서 속수무책으로 당하거나 거절하지 못하고 순응하는 형태로 범죄가 일어난다.

전문가들은 그루밍 성범죄는 아동 청소년에 한정되지 않는다고 말한다. 성인 사이에서도 얼마든지 발생할 수 있다. 지적 장애나 발달 장애 여성 성폭력 사건에서도 그루밍이 나타난다. 모든 연령대, 특히 권력 불균형이 있는 곳이면 어디서든 벌어질 수 있다.

그루밍 성범죄는 6단계를 거쳐 이뤄진다

(자료: 탁틴내일아동청소년 성폭력 상담소)

여기서 주목해야 하는 것은 그루밍이 만들어지는 패턴을 이해하는 것이다. 성적 학대가 본격적으로 발생하기 전에 가해자가 취하는 일련의 행동 단계다. 잠재적 가해자는 피해자의 신뢰를 얻기 위해 필요를 충족해 주고, 신뢰를 쌓으면서 학대 기회를 노린다. 이 과정을 통해 성적 학대가 쉽게 이뤄지도록 하며, 나중에 피해자가 학대를 폭로하는 것도 통제한다.

• 피해자 고르기

먼저 가해자는 피해자를 물색하는데, 정서적으로 불안정하거나 결손 가정의 아동, 청소년을 노린다. (가출, 방임 등 피해자의 취약점을 파악하는 단계)

- 피해자의 신뢰 얻기

피해 아동, 청소년에게 필요한 것이 무엇인지 정보를 수집하며 신뢰를 얻는다. (피해자에게 필요한 것을 파악해 신뢰를 얻는 단계)

- 욕구 충족시켜주기

선물을 사주거나 놀이공원에 가는 등 피해자의 욕구를 충족시켜주는 단계

- 고립시키기

가해자는 피해자가 자신을 벗어날 수 없도록 고립시키는데, 둘만 함께 있는 상황을 만들어 특별한 관계를 형성한다. (개인 교습, 짧은 여행 등 아이가 보호자와 떨어지는 상황을 만들어 의존성을 키우는 단계)

- 관계를 성적으로 만들기

충분한 감정적 의존과 신뢰의 단계가 되면 신체 접촉을 시작하게 되고, 점차 수위를 높여 성관계를 맺는 단계로 접어든다. 그리고 이런 행위들을 피해자가 자연스럽게 받아들이도록 '연인 관계'인 것처럼 행동한다. (자연스러운 신체 접촉 유도 등 성적인 관계를 만들기 시작하는 단계)

- 통제 유지하기

'주변에 알리겠다', '아무도 네 말을 믿지 않는다' 등과 같은 협박 회유로 성적인 관계를 이어간다. 성관계를 시작하면 피해자의 계속적인 참여와 침묵을 유지하기 위한 수단을 강구한다. 비밀을 유지하도록 단속

하고, 만약 두 사람의 관계가 알려지면 사회적 비난을 받는다고 겁을 준다. 이렇게 되면 피해자는 가해자의 성적 학대를 범죄로 인식하지 못하고 자연스럽게 받아들이게 된다.

가해자는 공통의 관심사를 나누거나 진로 고민 상담을 하며 상대에게 다가간다. 이렇게 경계심을 무너뜨리고 신뢰를 얻으면서 상대가 스스로 성관계를 허락하도록 만든다. 성폭행 피해가 발생한 뒤 상대를 회유, 협박하며 피해 폭로를 막는 행위도 포함된다. 경제적·심리적으로 취약한 가정환경에 놓인 아동, 청소년이 '그루밍'에 노출되기 쉽다.

그루밍 양상은 피해자와 가해자의 관계에 따라 다양하게 나타나는데, 학원·학교 교사가 친밀하게 대하면서 용돈을 주고 진로 상담을 하면서 신뢰를 쌓거나 친아버지가 '다른 아빠들도 이렇게 한다'며 성행위를 정당화하는 경우 등이다.

가해자는 피해자 친구의 지인, 친부, 고모부, 학원 교사, 교회 교사, 고용주, 선배 등 다양했다. 이들은 피해자의 부족한 면을 파악하고 이를 채워주면서 호감을 유도한다. 이것은 물질적인 부분일 수도 있고 정신적인 부분일 수도 있다. 아동 청소년 성폭력 상담소 소장은 "가해자는 피해자의 취약한 점을 이용해 자신의 성적 욕구를 충족한다. 그렇기 때문에 그루밍이 무섭다. 피해자는 가해자를 좋은 사람, 나에게 도움이 될 사람이라고 인식하는데, 가해자는 나쁜 의도를 숨기고 있는 것"이라고 설명했다.

피해자가 폭로 못 하는 이유, 저항조차 제대로 못 한 성폭력

성폭력은 너무 치밀하게 오래전부터 이루어졌다.

C 씨는 고등학교 3학년 때 처음으로 의붓아버지에게 성폭행을 당한 뒤 지속적인 성폭행에 시달렸다. 수사 기관에 신고할 생각을 하기도 했지만, 의붓아버지는 "비밀을 발설하면 엄마와 이혼할 수밖에 없다"며 그를 압박했다. 의붓아버지와 재혼 뒤 겨우 안정을 찾은 어머니 생각에 C 씨는 자포자기 상태로 3년을 버텼다. 대학교에 들어간 뒤 C 씨는 용기를 내 의붓아버지를 고소했다. 그러나 "왜 3년 동안이나 관계를 지속했느냐"는 질문에 오히려 무고죄로 고소를 당했고, 주변에서도 따가운 시선을 보내기 시작했다.

그루밍이 어떻게 작동하는지 이해하지 않으면 피해자가 사건 당시 어떤 두려움과 심리 상태에 있었는지 알 수 없다. 신뢰 관계 또는 복종의 태도로 가해자에게 길든 아동·청소년은 스스로 학대당한다는 사실을 인지하지 못하거나 때로는 성관계에 동의하는 것처럼 보이게 된다. 이런 걸 구분하는 일을 아동·청소년 피해자의 몫으로 남겨선 안 된다. 그루밍 수법이 미성년을 대상으로 하는 경우가 많고 치밀하게 이뤄진다는 점에 주목해야 한다

"그루밍 범죄는 온라인에서 훨씬 심각하게 일어나고 있다. 팔로워들은 초등학생부터 성인까지 남녀노소 다양했고, 처음에는 호기심에 팔로워가 됐다가 스스로 특이한 성적 취향으로 고착된 이들도 있다. 온라인에서는 지위에 상관없이 누구나 그루밍 대상이 될 수 있는 점을 간과해서는 안 된다.

가해자는 피해자를 고르는 것부터 계획적이다. 오랜 시간 피해자가 원하는 것을 들어주면서 신뢰를 쌓아 보호자로부터 피해자를 고립시키고 성적 관계로 만들어 간다. 이 과정에서 많은 피해자가 자신이 호감을 갖고 있는 대상에게 당하는 성적 행위를 성폭력으로 봐야 하는지 혼란을 느끼게 된다.

피해 기간이 길어지는 이유는 피해자가 '길들었기'에 피해 사실을 알아채지 못하는 경우가 많기 때문이다. 가해자는 피해자가 피해 사실을 알아채더라도 회유와 협박을 하며 피해자의 입을 막는다. 청소년 피해자들을 가장 힘들게 만든 것은 '너희도 같이 사랑하지 않았느냐'는 어른들의 말이라고 분노한다.

재판부의 법적 인식이 낮은 것도 큰 문제다

한 연예 기획사 A 대표가 '연예인을 시켜주겠다'며 접근해 여중생과 성관계를 맺고 임신까지 하게 한 혐의로 기소돼 1, 2심에서 각각 징역 12년과 9년을 선고받았으나 여중생이 A 씨에게 보낸 "사랑한다"는 표현과 애정을 나타내는 이모티콘 등이 발견되자 대법원은 "여러 사정에 비춰볼 때 피해자의 진술을 선뜻 믿기 어렵다"며 무죄 취지로 판결해 큰 논란이 일기도 했다.

여중생은 "두려움과 강요 때문에 편지를 썼다"고 항변했으나 받아들여지지 않았다. 검찰은 이례적 재상고로 다시 대법원 판단을 기다리고 있다. 중학생이 부모 나이인 남성과 우연히 며칠 만에 이성으로 좋아해 관계를 맺었다고 수긍할 수 있을까? 하지만 일각에서는 해당 사건이 전형적인 그루밍 범죄에 해당한다며 아동·청소년 성폭력 피해에 대한 재판부의 이해가 부족하다고 지적했다.

범죄 심리학자들에 의하면 그루밍 성범죄는 가장 약한 부분을 파악해 피해자를 고르고, 약점을 이용해 잘 대해주고, 필요한 욕구를 충족시켜주고, 고립시키고, 성적 관계를 맺고, 회유나 비난을 통제하는 등 6단계로 진행된다. 그루밍의 작동 과정을 모르면 피해자의 심리적인 특성을 올바로 이해할 수 없다. 우리 사회의 문제점은 성폭력 사건을 대하는 피해자 입장에 대한 감성과 이해가 부족하다는 점이다. 피해자와 친분을 쌓아 심리적으로 지배한 뒤 어린 영혼들을 성적으로 지배하는 '그루밍(grooming) 성폭력'을 신종 범죄로 강력하게 처벌해야 한다.

범죄 예방

아동 청소년 전문가들은 그루밍 범죄를 예방하기 위해서는 제도적인 개선 마련이 우선돼야 한다고 말한다. 우리나라의 경우, 성관계에 동의할 능력이 없다고 판단하는 기준인 '미성년자 의제 강간 연령'이 만 13세다. 이 기준에 따라 폭행, 협박 등이 없고 사전에 합의했더라도 만 13세 미만과 성관계를 했다면 성폭력으로 처벌받게 된다. 미국의 대부분 주나 영국, 호주 등에서는 의제 강간 연령을 만 16세로 규정하고 있다.

우리나라는 만 19세에 선거 투표권을 주고 술을 마시거나 흡연을 할 수 있다. 전문가들 사이에서는 "보호가 필요한 성 문제에 대해서는 성숙도를 높게 평가하고, 권리를 부여할 때는 청소년의 성숙도를 낮게 평가하고 있다"고 말한다.

의제 강간 연령을 높여야 한다는 목소리가 커지고 있다. 다만, 의제 강간 연령을 높이면 청소년들이 자율적으로 성적 행위를 판단할 능력을 부인하게 된다는 의견도 있는 만큼 사회적인 논의가 필요해 보인다.

탁틴내일 상임대표는 성폭력을 입증하는 어려움에 대해 이렇게 말했다. "미성년 피해자가 동의했을 수도 있습니다. 하지만 관계가 대등했는지, 피해자가 다른 선택도 가능하다는 것을 알고 있었는지, 이런 행동을 했을 때 사회의 반응은 어떨지 등을 다 이해한 상태에서 동의한 것과 모르는 상태에서 한 것은 다릅니다. 선진국에서는 이런 맥락을 보면서 판단하는데 우리나라에서는 목숨 걸고 저항하지 않으면 성폭력을 입증하기 어려운 상황입니다."

○ ● ○

이별의 자유도 없다

...데이트 폭력 사건

"남자 친구가 협박을 시작했을 때, 그걸 협박으로 느끼고 헤어지자고 했어요. 그랬더니 집 앞에서 밤새 기다렸더라고요. 출근하는데 무릎을 꿇으면서 막 호소를 하는 거예요. 너 없으면 안 된다고, 널 위해 모든 걸 버렸다고 애원해요. (⋯) 그 사람이 심해지면 나는 더 많이, 여러 번 잘못했다고 하고, 어떻게든 그 사람의 비위를 맞춰서 풀어야만 종결이 되니까 어떻게든 말려야 한다, 그 사람이 풀릴 때까지 붙잡고 있었던 거죠."
_20대 회사원, 폭언, 협박, 신체적 폭력, 금전 관리 요구, 신체 사진 촬영 피해자

한국 여성의 전화가 2017년 언론에 보도된 사건을 분석한 결과 데이트나 결혼 등 친밀한 관계에 있는 남성에 의해 살해된 여성은 최소 85명, 살인미수 피해 여성은 최소 103명이었다.

피해 여성의 자녀나 부모, 친구 등 주변인이 중상을 입거나 생명을 잃은 사례도 최소 55명에 달했다. 범행 동기로는 '화가 나서 우발적으로'가 가장 많았고 '이혼·결별을 요구하거나 재결합·만남을 거부해서'가 그다음이었다. 2017년 데이트 폭력 사건으로 경찰에 입건된 사람만 1만 명이 넘는다.

누가 그런 남자를 만나래? 남자가 없어 그런 놈을 만나냐

남녀가 사랑한다고 말하면서 폭언하고 때린다면 그건 결코 사랑이 아니다. 폭력이다. 나의 책임이 아니라 상대의 책임이다. 보통 이별 폭력만 많이 얘기하지만, 연애 1개월 전후로 최초의 폭력이 나타나는 경우가 많다"며 "개인의 문제, 제도 밖의 문제가 아니라 남녀 권력관계에서 발생하는 사회적 범죄라는 인식의 전환이 필요하다.

연애 폭력은 파트너를 독립된 주체로 인정하지 못하고 자신에게 복종시키려는 의지의 표현이다. 너무 사랑해서 일어나는 이별 폭력은 없다. 이별의 주체로 상대방을 결코 인정하지 못하기 때문에 일어난다. 이별 여부를 결정하는 힘이 한쪽에 집중된 것이다.

"데이트 폭력은 가정 폭력과 달리 결혼이라는 제도 바깥에서 일어나기 때문에 시작과 끝이 개인의 책임으로 결론 난다. "누가 그런 남자를 만나래?" 식으로 개인의 선택이 돼버리는 것이다.

폭력 이후 관계를 단절하지 못하고 지속하는 비율이 데이트의 경우 40%로 결혼보다 더 높았다. 자녀 양육이나 경제적 종속 등 구속력이 훨씬 적은 관계임에도 불구하고 "사랑하기 때문에 용서하고, 사랑하기 때문에 폭력이 정당화되는 것"이다. 특히 폭력적 남성이 보이는 전형적 용서 방식인 무릎 꿇고, 울고, 빌기 등의 행동은 진심 어린 반성으로 잘못 인식돼 관계 중단의 의지를 약화시킨다. 우리 사회가 폭력을 사랑의 과정에서 불가피하게 발생하는 갈등의 한 유형으로 넘겨 버리는 것도 한 원인이다. 여기에 고정된 성 역할까지 가세한다. 여성은 오랜 세월 남의 비위를 잘 맞추는 수동적인 성격을 매력으로 칭송받으며 살아왔다. '여자가 애교가 있어야지', '붙임성이 좋아야지' 같은 말을 들으며 자란 여성에게 '노'라고 분명하게 거절하는 태도는 바람직하지 못한 것으로 인식되었다.

남에게 인정받고 싶은 SNS 인정 문화[2]

"넌 내 거야."

매 순간 들여다보는 소셜미디어 세계 역시 이별을 더 힘들게 만드는 요인이다. 다른 사람에게 인정받는 것을 의사 결정과 가치 판단의 중요한 요소로 여기는 젊은 세대는 연인 관계를 단지 두 사람 간의 관계로만 끝내지 않는다.

구정우 성균관대 사회학과 교수는 "페이스북과 인스타그램에 연인과 함께 찍은 사진을 올리고 관계를 공인받는 젊은 세대는 이 관계가 무너

---

[2] "넌 내 거야" 통제하려는 마음이 '이별 범죄'로, 한국일보, 2017. 11. 22. 참조

졌을 때 단지 두 사람의 관계가 끝나는 게 아니다."라며 "다른 사람들의 시선과 평가가 연인 관계에까지 영향을 미쳐 이별이 더 힘들고 거칠어 지는 경향이 있는 것 같다"고 분석했다.

"소셜미디어 덕분에 새로운 관계를 맺을 기회가 이전 세대보다 훨씬 더 많고, 그런 만큼 이별도 더 많아졌죠. 하지만 어떻게 이별하는지는 잘 모르고 있어요. 어떤 이별이 올바른 이별이고, 어떤 게 이별의 에티 켓인지 전혀 알지를 못하는 거죠."

구 교수는 "갈등을 현명하게 해결할 줄 알고, 상대방의 행동을 보며 그 원인을 이해하려 하고, 헤어질 때도 상황과 이유에 대해 잘 납득시킬 수 있어야 하는데 그렇지 못한 문화에 문제가 있는 것 같다"며 "이별도 익히고 공부해야 하는 것"이라고 강조했다.

이별에서 벗어나기 힘든 이유는

이별을 얘기했지만 헤어진 것은 아니다. 피해자 중 상당수는 이별 과 정에서 발생한 폭력 이후에도 가해자와 만남을 이어가거나 지속적인 괴 롭힘에 시달린 것으로 나타났다.

한국 데이트폭력 상담연구소가 데이트 폭력을 외부에 알리거나 신고 하는 등 조처를 한 피해자 중 관계를 유지했다고 답한 이는 35%에 달했 다. 폭력을 당했음에도 조치를 하지 않고 관계를 유지한 경우도 절반에 육박한다.

전문가들은 안전한 이별이 어려운 이유로 '악순환의 고리를 끊어내기 힘들어서'라고 지적한다.

염건웅, 유원대 경찰소방행정학 교수는 "'진짜' 이별이 어려운 것은 데이트 폭력 이후 가해자의 사과와 피해자의 용서가 반복하기 때문"이라고 말했다. 폭력 → 사과 → 용서 → 다시 폭력의 순으로 되풀이된다는 것이다.

"헤어지고 싶었다. 그래도 헤어질 수가 없었다"며 "그동안 쌓아왔던 추억이 아까웠고, 동정심이 들었고, 다시 폭력을 쓰지는 않겠지라는 기대감 때문이었다"고 말하는 여성도 많다.

염 교수는 "데이트 폭력 재범률은 76%에 달한다. 이는 한 번의 실수로 그치지 않는다는 방증"이라며 "저 사람을 사랑하니까 용서할 수 있다는 생각은 버려야 한다. 폭력이란 사실 하나만으로도 이별할 이유는 충분하다"고 강조했다.

이들 중 대다수는 '파트너를 여전히 사랑해서', '단호하게 (관계를) 끊지 못해서', '인내하면 파트너가 달라질 거로 생각해서' 등의 이유로 만남을 이어온 것으로 나타났다.

이윤호 동국대 경찰행정학 교수는 "작은 폭력도 분명히 '싫다'고 밝히고, 정확히 거부감을 얘기해야 한다"고 말했다.

처음 징후 발견 시 이별이 최선이다

제 버릇 개 못 준다. 본성은 쉽게 바뀌지 않는다는 말이다.

"사람은 역시 겉으로 봐서는 알 수가 없었다."란 말은 인스타그램 구독자가 4만 명을 넘을 정도로 큰 인기를 끌고 있는 웹툰 '다 이아리'에서 나온 대사다. '다 이아리'는 작가가 실제로 겪은 데이트 폭력을 소재로 해 독자의 공감을 끌어낸 작품이다. 이 대사는 의지할 수 있다고 믿었던 사람조차 폭력 성향이 있다는 것을 알고 두려워하던 장면에서 나온다.

최근 데이트 폭력을 겪은 뒤 이별한 김 모 씨는 "처음에는 정말 몰랐는데…."라며 말끝을 흐렸다. 김 씨는 "만남을 시작했을 때는 다정다감했고, 이렇게 잘 맞는 상대는 없을 거라 믿을 정도였다"며 "폭력 성향을 드러냈을 때도 한 번의 실수라고 여기고 싶었다"고 기억했다. 그러나 전문가들은 이별 범죄를 막는 최선책은 교제 초반에 달렸다고 강조한다.

이수정 경기대 범죄심리학 교수는 "안전 이별을 위한 최선의 방법은 초기 징후 발견 시, 관계가 깊어지기 전에 정리하는 것"이라고 말했다.

이 교수는 "작은 폭력이나 사소한 구속이라도 가볍게 넘겨서는 안 된다"며 "폭력을 당했을 경우에는 지인이나 경찰 등 외부에 알려야 한다"고 덧붙였다.

한국 데이트폭력 연구소 측도 "초기 관계 형성 시기에 데이트 폭력이 시작됐으나, 이를 자신에 대한 사랑, 혹은 관심으로 해석하는 등 폭력을 '정당화'하는 모습이 보였다"고 분석했다. 한국 여성의 전화가 2016년 발표한 보고서에 따르면 피해자 중 60%가 교제 6개월 미만 내에 데이트 폭력을 경험했다고 답했다.

상대방이 큰소리로 호통을 친다, 과거를 끈질기게 캐묻는다, 많은 양의 전화나 문자를 한다, 다른 사람 만나는 것을 싫어한다 등과 같은 행동이 보인다면 데이트 폭력의 의심 신호일 수 있으니 주의할 필요가 있다.

연애에서 이별 범죄로

연애 기간이 길어지면 '넌 내 거야'로 시작해서 '짧은 치마 입지 마'까지 다양하게 통제를 시작한다. 친밀하고 사랑하고 아끼는 것은 인간 본연의 욕구다. 하지만 이 욕구가 커지면 커질수록 과시의 욕구도 커져 연인은 종종 소유의 대상으로 여기게 된다. 통제적 관계가 구축되는 것이다. 통제는 신체적, 언어적, 정서적, 성적 폭력에 더해 최근 들어 가장 중요하게 인식되는 연인 간 폭력 요소다.

신경아 한림대 사회학과 교수는 "통제는 상대방을 사랑하는 게 아니라 자기 자신을 사랑하는 자기애의 발로"라며 "연인을 사랑하기 때문에 통제하는 것이 아니라 너를 통제함으로써 자신이 원하는 걸 실현하겠다는 매우 이기적인 자기애일 뿐"이라고 지적했다.

"처음에는 가벼운 간섭으로 시작해서 강압되고, 지배하려고 하다가 그게 자기 뜻대로 안 되면 폭력이 행사됩니다. 여성학에서는 신체적인 폭력보다 친밀한 관계에서 강압이 있었느냐 여부로 폭력을 판단하죠. 과도한 개입이나 '어디 가는지 매시간 보고해' 같은 강압이 있다면 이건 크게 보면 폭력이고, 작게 봐도 폭력을 예고하는 징후인 거죠."

신 교수는 "연애 관계를 지배와 소유의 관계로 잘못 생각하게 되면 연인이 헤어지자고 했을 때 상실감, 박탈감이 굉장히 커진다"며 "여성의 독립성을 인정하지 않는 여성 혐오 문화가 이별 범죄의 원인"이라고 지적했다. "남성들이 가지고 있는 분노, 콤플렉스, 열등감을 관계에 투사해버리는 거죠. '너마저 나를 떠난단 말이냐' 식으로 생각하니 상실을 견디지 못하는 겁니다. 과거에는 여자친구가 헤어지자고 하면 남자가 자살 시도를 하거나 자해하는 식으로 자기 상실감을 표현하는 경우가 많았다면, 요즘은 연인에게 폭력을 행사하는 식으로 굉장히 공격적으로 가고 있어요. 남성이 여성을 때리는 것을 부끄러워하지 않게 만드는 문화적 코드가 한국사회에 팽배해 있기 때문입니다."[3]

여성의 전화 여성인권상담소 관계자는 "이별 범죄의 가해자는 연애 초반부터 통제 행동을 보인 경우가 대부분"이라며 "폭력의 궁극적 목적은 통제"라고 강조했다. 너무 사랑한 나머지 벽을 부수고, 자해소동을 벌이는 것도 연인을 자신의 뜻대로 움직이게 하기 위한 통제의 욕구다.

"너 없으면 죽어버리겠다고 하는 것도 여성에게 자책을 불러일으켜 통제력을 회복하기 위한 수단인 거죠. 연애 동안에는 언어적, 정서적인 폭력을 휘두르다가 연인이 여기서 벗어나기 위해 결별을 선언하면 더 강한 신체적 폭력으로 통제를 강화하려는 겁니다."

너무 사랑해서, 이별을 견딜 수 없어서라기보다 다시 통제권하에 두기 위해서 자살 소동을 벌인다는 얘기다.

연인 간 통제는 아끼고 걱정하는 마음에서 비롯된 사랑으로 쉽게 받아들였다. 하지만 통제는 단순히 폭력이 아니라 모든 연인 간 범죄를 관통하는 본질적 특징이다.

'스톡홀름 신드롬' 이겨내야

'왜 맞고도 관계를 지속하느냐'는 피해자를 향한 비난은 윤리적으로 옳지 않을 뿐만 아니라 사실관계에서도 틀렸다. 드러나지는 않지만 '아무것도 안 하는 것은 아니다.'라는 게 현장 전문가들의 견해다. 많은 연애 폭력 피해자들이 주변에 도움을 요청하지만 대부분 "네가 단호한 의사를 밝히면 된다"는 피해자 책임주의만 확인될 뿐이다. 신체적 폭력 후

....
3 "넌 내 거야" 통제하려는 마음이 폭력으로, 한국일보 2017. 11. 22.

사과 및 번복, 다른 형태의 억압과 통제가 무한 반복되는 연애 폭력은 이별 통보 후 더한 폭력이 돌아오는 게 패턴이다. 이때 주변으로부터 결정적 도움을 받지 못하면 피해자에게는 좌절과 체념이 내면화한다. '내가 잘하면 좋아지겠지'에서 시작한 체념의 내면화는 '다른 여자가 생겨서 저절로 헤어지게 되면 좋겠다', '사고로 죽어버렸으면 좋겠다'는 단계에까지 이르게 된다. 이별의 주체로 자신을 전혀 상정하지 못하게 되는 것이다.

관계 중단을 시도하지만 번번이 좌절을 겪으면서 피해자는 상대가 가진 장점에 집중하기도 한다. '화를 돋우지 않으면 큰 어려움은 없다', '술만 안 마시면 괜찮은 사람이다' 식의 스톡홀름 신드롬(인질이 범인에게 동조하고 감화되는 비이성적인 심리 현상)을 겪는다. "남자는 여자 하기 나름이라고 강조하는 한국 사회에서 문제의 원인은 대부분 여성으로 귀결된다. 가해자도 네가 잘못해서 때리는 거라고 말하는 상황에서 왜 단호하게 끊어내지 못하느냐는 물음은 피해자에게 너의 잘못이라는 잘못된 메시지를 주는 것이다.

당신은 소중하다

달콤한 연애를 시작하면서 폭력을 예상하는 이는 없다.

데이트 폭력 사건은 폭력이 누구에게나 닥칠 수 있다는 사실과 잠재적 피해자인 주로 여성들에게 폭력 없이 안전하게 헤어질 수 있는 슬픈 노하우를 요구한다.

'안전 이별'이 최근 유행어 중 하나다. 스토킹 당하지 않고, 폭력 당하지 않고, 감금 당하지 않고, 사진이나 동영상 유출 협박에 시달리지 않고, 자신의 안전을 보존하면서 이별하는 법. 슬프지만 익혀야만 하는 생존의 기술이 됐다.

데이트 폭력은 사랑이라는 스스로 선택한 친밀한 관계 속에서 대책 없이 당하기가 쉬운 구조이다. 당연히 대응할 수 있는 기초적인 지식이나 방법조차 쉽게 찾아볼 수 없다.

미국 안전 연애 코치로 불리는 작가 더니스 올센은 《여대생을 위한 안전한 연애》라는 책에서 "전문가의 도움을 적극적으로 받아들이지 않는 한 사람은 바뀌지 않으므로 내가 그를 변화시킬 수 있다는 희망을 버리라"며 "누구나 나쁜 연애 경험에 연루될 수 있다"고 충고한다. 다만 이별을 위해서는 반드시 안전 계획을 세워야 한다. 왜? "당신은 사랑받기 위해 태어난 소중한 사람이고, 더 좋은 미래가 기다리고 있으니까."

뭔가 이상하다는 생각이 스스로 들거나 주변에서 너의 연애에 문제가 있다고 말한다면, 주의해서 듣고 의논해야 한다. 자신이 조금만 더 희생하고 노력한다면 폭력적인 파트너를 변화시킬 수 있다는 비합리적인 믿음과 이타적 망상은 버려야 한다. 개인의 노력만으로 폭력적인 성향의 파트너를 변화시킨다는 것은 불가능에 가깝다. 나 자신의 작은 습관 하나 고치지 못하면서 누구를 고친다는 말인가. 관계의 완전한 단절과 차단이 필요하다면 주위 사람들이나 전문가의 철저한 도움을 받아야 한다.

○ ● ○

내가 죽어야 끝날까

…가정 폭력

"누구도 해결 못 한다. 내가 죽어야 끝날 것 같다."

"몇 달 전 남편이 때려 신고했는데 경찰이 '가정의 일'이라며 남편을 격리하지도 않고 돌아갔습니다. 제가 신고했다는 사실에 격분한 남편이 칼을 휘둘러 너무 두려웠어요."

한국 여성의 전화에 걸려 온 상담 사례다. 신고해도 현재 상황을 벗어날 수 없을 거라는 무기력감을 겪었다고 말했다.

"아버지를 사형시켜 주세요!"

2018년 10월 22일 오전 4시 45분께 서울 강서구 등촌동의 한 아파트 주차장에서 끔찍한 살인 사건이 발생했다. 전 남편이 이혼한 전처를 수차례 흉기로 찔러 숨지게 한 것이다. 피해자는 수시로 휴대전화 번호를 바꾸고 4년 동안 보호소 등 6번이나 이사를 했지만 결국 죽어서야 지옥 같은 폭력의 덫에서 해방될 수 있었다. 오죽하면 세 딸이 사건 다음 날 "저희 아빠는 절대 심신미약이 아니고 사회와 영원히 격리해야 하는 극악무도한 범죄자"라며 "제2, 제3의 피해자가 생기지 않도록 사형을 선고받도록 청원 부탁드린다"고 청와대 국민청원에 올렸다. 가정 폭력으로 또 다른 희생양이 생기는 비극을 막기 위해서라도 법적 제도적 미비점을 시급히 보완해야 한다. 가정 폭력은 더 이상 집안일이 아니라 사회

문제이자 중대한 범죄라는 사실을 일깨워야 할 것이다.

가정 폭력의 비극적 결말은 죽음이다. 한국 여성의 전화가 2017년 언론에 보도된 살인 사건을 분석한 결과, 남편에 살해된 여성은 41명이었다. 언론에 보도되지 않는 사건을 포함하면 해당 숫자가 더 늘어날 것이라는 게 한국 여성의 전화의 설명이다. 가정 폭력은 매년 증가 추세다. 하지만 제대로 처벌받는 경우는 드물다.

가정 폭력처벌법 목표가 가해자 처벌과 피해자 안전 보장보다는 가정의 평화와 안정을 회복하는 데 있기 때문이라고 전문가들은 말한다. 폭력 이후에도 가해자와 인연을 끊을 수 없는 이유이기도 하다. 그러나 가정 폭력을 예방하거나 처벌할 수 있는 법적 근거가 있어도. '가정 폭력범 구속률은 1% 미만…재범률은 10%'라는 허술한 법률적인 조치가 가정 폭력을 쉽게 하는 큰 원인이 되고 있는 것도 사실이다. 가정 폭력은 처벌보다는 가정 보호에 있기 때문이다.

남편을 신고하고 처벌받으면 폭력이 더 심해질 것이며, 특히 이혼이라도 하게 되면 나중에 자녀들이 이혼 가정에서 자랐다는 이유로 불이익을 받을까 두려워하는 마음도 있다. 실제로 가정 폭력에 피해자가 소극적인 태도를 취하는 사례는 적지 않다. 가정 폭력에 노출된 여성들은 더 이상 견딜 수 없을 때, 폭력에서 벗어나기 위해 집을 나오거나 이혼을 시도한다. 하지만 이별 요구에 대한 보복은 끈질기고 집요하다.

가정 폭력의 경우 가족관계의 특수성 탓에 피해자가 침묵하거나 재발의 우려가 많은 만큼 적극적 구속 수사 등 공권력의 강력한 법적 대응으로 더 큰 피해를 막아야 한다는 것이 전문가들의 지적이다. 현행법으로는 접근 금지 명령을 어겨도 50~100만 원인 과태료를 부과한다. 범죄자들은 처벌이 가볍기 때문에 금지 명령을 위반한다. 우리나라도 바로 현장에서 구금을 시키는 등 강력하게 집행해야 한다. 경찰청에 따르면 지난 6년간 가정 폭력 사범 구속률은 0.8~1.5%에 불과한 데다 2014년 1.3%에서 2017년 0.8%로 갈수록 낮아졌다.

유명 미국 축구 선수 OJ 심슨은 아내를 살해한 혐의로 기소됐다가 '세기의 재판'으로 불린 형사 재판에서 무죄 평결을 받았다. 1994년 아내가 친구와 함께 시신으로 발견됐다. 심슨은 현장에서 도망가다 붙잡혔는데도 무죄가 됐다. 그가 아내를 상습 폭행해 고발된 적이 있다는 게 심슨이 범인이라는 단서 중에 있었다. '아내를 폭행하는 남편 중 실제 아내를 죽인 경우는 0.1%'라는 통계로 심슨 변호인단은 배심원단을 속였다. 사실은 폭행당하던 아내가 살해당했을 때 남편이 범인인 경우가 80%였다.

미국의 '위험에 노출된 여성과 아이들' 보고서에 따르면 응급실에 실려 오는 폭력 피해 여성의 75%가 남편과의 이별 통보 이후에 실려 오며, 이런 이별 폭행은 이후 최소 2년 동안 지속한다고 보고된 바 있다.

실제로 가정 폭력 피해자가 가해자에게서 벗어나 이사를 했을 때 가해자가 자신의 주민등록 등초본을 떼어볼 수 없도록 하는 열람 제한 신청이 매년 늘고 있는 것으로 나타났다.

주민등록법은 "가정 폭력 피해자는 가해자가 자신과 주민등록지를 달리할 경우 본인과 세대원의 주민등록표 열람 또는 등초본 교부를 제한해줄 것을 신청할 수 있다"고 규정한다.

가정 폭력 피해자들이 주민등록 열람 및 등초본 교부 제한을 신청하는 것은 '제발 나를 찾지 말라'는 생존의 목소리다. 열람 제한 신청 건수가 늘어나는 것은 그만큼 가정 폭력이 심각하다는 증거이다.

전문가들은 가정 폭력이 심각한 범죄라며 가정 내의 문제로만 취급돼서는 안 된다고 입을 모은다. 가정 폭력 피해자들에 대한 보호를 국가의 책무로 인식하고 보다 적극적인 보호를 해야 한다는 것이다. 가정 폭력 사건 처리 절차를 간단하고 명확하게, 그리고 신속 처리할 필요가 있으며 피해자의 의사와 관계없이 재범자에 대해서는 삼진아웃제도 도입 등과 같은 강력한 제재 수단이 필요하다. 또 피해자 보호 시설과 가해자 격리 장소를 확충할 필요성이 있다.

느슨한 법이 비극 부른다

가정 폭력은 현장에서 범죄임이 명백할 때는 조치를 취할 수 있지만 애매한 경우 경찰은 현행법에서는 조치가 어렵다. 경찰이 적절히 대응할 수 있도록 인권 침해 우려가 없는 범위 내에서 관련 법령을 개정해 현장에서 위험을 즉시 방지할 수 있는 법적 근거를 마련해야 한다.

다른 사람을 때리면 형법에 따라 경찰이 출동해서 조치하지만, 아내를 때리면 '가정폭력처벌법'에 따라 교육이나 상담, 사회봉사 같은 처분을 받는다.

전문가들은 "'가정폭력처벌법' 자체에 모순이 있다"고 했다. 법원이 100m 이내 접근 금지나 전화 통화 금지 같은 '임시 조치'를 내리지만 어겨봤자 과태료 50~500만 원만 물면 끝이다. 폭력 정도가 심각해도 가해자가 상담을 받겠다고 나서면 기소가 유예된다. 이 상담 조건부 기소유예 제도 등을 통해 가해자 처벌을 어렵게 하고 실효성 있는 처벌을 막는다.

상담조건부 기소유예 제도란 가정 폭력 가해자에 대해 상담을 조건으로 기소를 유예하는 것을 의미한다. 경찰이 현장에 출동해도 눈앞에서 칼부림이 나거나 출혈 등이 없으면 집안일이라며 쉽게 개입하지 않는다. 법 개정을 통해 이제는 피해자들이 가정 폭력에서 벗어날 수 있도록 국가가 탈출구를 만들어줘야 한다.

미국은 대부분 주(州)에 '의무 체포제'가 있다. 경찰이 가정 폭력 신고를 받고 출동하면 즉시 피해자와 가해자를 격리해서 최대 72시간 동안 별도로 조사한다. 출동한 경찰은 피해자 말 이외에도 현장에서 자녀들의 표정에서 나타난 공포, 집안의 물건이나 화분, 반려동물의 상태 등 여러 가지를 확인한다. 싱가포르도 가정 폭력 신고를 받으면 24시간 이내에 가해자를 경찰서에 불러 조사하고 피해자를 집 근처 격리된 상담소에서 판사와 화상 통화로 피해를 진술하게 한다. 우리나라 가정폭력처벌법은 피해자 인권이나 목숨보다 가정 유지가 우선이다. 친밀한 관계에서 일방적으로 반복해서 저지르는 범죄는 오히려 무겁게 처벌해야 한다.

1997년 가정 폭력 관련법이 제정되고 수차례 개정과 임시 조치 및 피해자 보호 명령 등 각종 제도가 도입됐지만, 여전히 가정 폭력에 대한 사법 체계의 대응이 미비하다는 지적이다.

이수정 경기대 범죄심리학과 교수는 국회에서 가정폭력처벌법에 있는 반의사불벌죄를 폐지해야 하는 이유를 이렇게 설명한다.

"신고했다는 이유로 또 폭행당할 것이라는 두려움 때문에 피해자들은 경찰이 현장에 도착해도 고소 안 하겠다고 하는 경우가 많다. 법률적인 허점 중 하나가 반의사불벌죄"라고 지적했다. 반의사불벌죄란 피해자가 처벌을 원하지 않는다는 명시적인 의사 표시를 할 때에는 그 의사에 반하여 형사 소추를 할 수 없도록 한 것을 말한다. 피해자한테 처벌할래 안 할래 물어보는 피해자 의사 존중은, 피해자에게 2중, 3중 고통을 주는 것이다. "가정 폭력 피해자가 배우자이자 자녀의 아버지인 가해자의 처벌을 강력하게 요구하기는 어렵다"며 "처벌 의지를 피해자 의사에 맡긴다는 건 국가가 형벌권을 포기하는 것"이라고 말했다. 폭행 사실이 있어도 피해자의 의사에 따라 가해자는 처벌을 피할 수 있는 것이다.

또 하나는 "스토킹이 범죄화가 될 수 있도록 스토킹을 성폭력처벌법이나 가정폭력처벌법에 추가해야 한다"고 덧붙였다.[4]

스토커들을 구속할 수 있는 법적인 조치가 있어야 한다. 사실은 이런 사건들은 모두 예고된 사건이다. 피해자도 예견하면서도 피할 수 없어서 사망하는 것이다. 법 개정을 통해 이런 종류의 어이없는 죽음은 막아야 한다.

한국 여성의전화 인권 팀장은 "피해자와의 합의를 종용하거나 상담을 조건으로 기소를 유예하는 제도에는 가정 폭력을 범죄가 아닌 부부 갈등으로 보는 인식이 깔려있다"고 분석했다.

가정에서 여성에 대한 폭력을 "칼로 물 베기"로 치부해온 국가의 무관

4　반의사불벌죄 폐지해야, 이투데이, 2018. 10. 29.

심과 사회의 잘못된 인식 탓이다. 그 틈을 이용해 야만과 폭력이 감당할
수 없을 지경으로 자라났다. 이젠 단순한 가정사의 범위를 넘어선 가정
폭력에 강력 대처해야 한다.

스토킹 처벌법을 만들고 경찰이 현장의 위험에 신속히 대응할 수 있도
록 관련 법규도 개정해야 한다. 피해자한테 처벌 여부를 물어 고통을 가
중시킬 게 아니라 피해자의 뜻과 상관없이 처벌할 수 있도록 국회에서
잠자고 있는 가정폭력법 개정안을 통과시키는 것도 급선무다.

○ ● ○

없었던 일도 만드는 사회

...남녀 혐오 사회

240번 버스 기사 사건(2017년 9월)

_논란의 출발점: 240번 버스에서 5살도 안 되어 보이는 아이가 혼자 내렸는
데 뒷문이 닫혔고, 아기만 내리고 엄마는 못 내렸다"고 전했다. 그러면서 아
주머니가 울부짖으며 아이만 내리고 본인이 못 내렸다고 문을 열어달라고
했지만 (버스 기사가) 무시하고 그냥 건대 입구역으로 갔다. 다음 역에서 아
주머니가 문이 열리자 울며 뛰어가면서 큰 소리로 욕을 하더라.
_실제 상황: 아이 나이는 7세. 270m 떨어진 거리에 있는 정류장에 내린 다
음 보호자와 다시 만났다. 폭언과 폭설은 없었다.

그날 밤부터 조합 홈페이지와 인터넷 커뮤니티는 '기사를 처벌하라'는

비난으로 도배됐다. 청와대 홈페이지에도 청원이 올라갔다. 인터넷엔 '240번 버스의 만행'이란 제목의 기사까지 떴다. '파렴치한 버스 기사'로 낙인이 찍히면서 서울시 버스운송조합 홈페이지에는 하루 2,000여 건의 항의성 민원이 폭주했다. 분노한 누리꾼들은 관련 글을 인터넷 커뮤니티로 퍼 나르면서 저주의 욕설을 퍼부었다.

33년 동안 버스 운전을 하면서 "단 한 번도 승객에게 욕을 한 적이 없다"는 버스 기사 A(61) 씨는 지난해 '48시간의 지옥'을 경험했다. 240번 버스 사건은 사실 확인 없는 자극적 정보가 인터넷을 거치면서 한 사람의 삶을 몇 시간 만에 송두리째 망가뜨릴 수 있음을 보여준다.

33년간 성실하게 운전을 한 버스 기사 A 씨는 자신을 향한 악성 댓글이 너무 고통스러워 자살까지 생각했다고 한다. "입에 담지 못할 욕들이 너무 많아 그때부터 밥 한 끼 먹을 수도, 잠 한숨 잘 수도 없다"는 증언은 그간의 심적 고통을 보여준다.

여론은 이틀 만에 잠잠해졌지만 당사자와 가족이 경험한 충격과 공포는 아직도 남아 있다. 사실관계가 드러나면서 누명을 벗었지만 그 후유증으로 손발이 마비되는 증세와 함께 정신 건강 상담 치료를 받아야 하는 형편이다.

심각한 병폐

자극적 내용 하나가 인터넷에 올라오면 그걸 사실로 단정 짓고 달려드는 행태는, 인터넷 커뮤니티 활동이 약자에게 쏠리는 '약자 프레임'이 잘 먹히는 한국에서 더욱 심하다. 더 큰 문제는 광분한 대부분의 사람이

240번 버스 안에서 현장을 목격한 사람들이 아니라는 점이다. 부정확한 사실에 기초한 고발이 대중의 분노에 불을 붙이고 애꿎은 피해자를 만드는 일이 반복되고 있다.

인터넷과 소셜 미디어 발달로 이제 누구나 개인 매체를 갖게 된 시대다. 자극적인 먹잇감만 나타나면 집단 최면 걸린 듯 달려들어 사실 여부와 관계없이 난타질해대는 것이 사이버 세상의 병리 현상으로 깊숙이 자리 잡았다.

서울에 가보지 않는 사람이 서울 가본 사람을 이긴다. 가보지 않는 사람의 무기는 무조건 우기는 것이다. 이것은 어찌해볼 방법이 없다. 사고의 진실을 확인하기보다는 우겨대는 것이 통하고 지금도 먹혀드는 일그러진 우리 사회의 단면을 보여주는 것이다.

세 사람이 호랑이를 만든다는 속담이 있다. 즉 거짓말도 여러 번 되풀이하면 진짜로 둔갑한다는 것이다. 국민들은 언제든지 쉽게 분노할 준비가 돼 있는 것 같다. 우리가 사는 한국 사회가 왜 이리 황폐해졌을까?

이수역 폭행 사건(2018년 11월)

_논란의 시작: "머리가 짧고 화장을 하지 않았다는 이유로 남자에게 두개골이 찢어질 정도로 폭행을 당했다"는 온라인 커뮤니티 글이 올라왔다. 바로 그날 청와대 국민청원 게시판에 올라온 글엔 만 하루 만에 30만 명 이상이 서명했다.

_실제 상황: 목격자의 증언과 CCTV 영상, 경찰 조사 내용을 보니 피해를 주장한 여성들이 먼저 시비를 걸고, 입에 담기 힘든 욕설과 폭언을 한 정황이 드러났다. 바로 들끓던 여론은 다시 뒤집혔다.

사건의 발단은 서울 이수역 근처 맥줏집에서 남성 3명과 여성 2명이 다툼을 벌인 것에서 시작됐다. 다음날 여성 일행으로 추정되는 사람이 '뼈가 보일 만큼 폭행당해 입원 중이나 피의자 신분이 되었습니다.'라는 제목으로 올린 글이 포털 사이트를 중심으로 퍼지면서 사건은 남녀 갈등으로 비화했다. 이수역 폭행 남성들을 엄중히 처벌해야 한다는 내용의 청와대 국민청원이 올라왔으며, 온라인에서는 남성을 일방적 가해자로 비난하고 여성 혐오 범죄로 규정하는 여론이 형성됐다.

　"살女주세요. 넌 살아男았잖아", "이건 여성 혐오 살인", "너희들은 거꾸로 남성 혐오를 한다"와 같은 사건 관련 포스트잇이 나붙었다. 젊은 여성들은 '숨쉴한'(남자는 숨 쉴 때마다 한 번씩 맞아야 한다), '소추민국'(성기 크기가 작은 남자가 모여 있는 나라) 등 날 선 표현도 거리낌 없이 썼다.

　'이수역 폭행 사건'으로 시작된 '여혐, 남혐' 논란이 극단적인 성 대결로 치닫고 있다. 일부 정치인과 연예인은 사실관계가 명확히 밝혀지기도 전에 상대방 성에 대한 무분별한 공격을 남발하며 남녀 간 감정 싸움을 부추겼다. 우리 사회는 언제부턴가 남녀가 서로 얽힌 사건이 발생하기만 하면 상대 성을 향한 날 선 혐오의 말을 쏟아내는 게 하나의 트렌드로 자리 잡았다. 갈등과 분열 대신 이해와 관용의 정신을 되찾아야 할 때다.

사건의 본질은 무엇인가

　사건의 본질은 술집에서 손님들끼리 붙은 시비가 폭행 사건으로 비화한 것이다. 사실관계에 대해서는 서로의 주장이 엇갈리고 있다. 각자의 잘잘못은 향후 경찰 수사와 재판을 통해 가려질 문제다.

분명한 것은 이번 '이수역 폭행 사건'은 '남녀 혐오'와 무관하다는 점이다. 단지 폭행 사건에 얽힌 당사자들이 남성과 여성이고, 서로에게 성적 비하를 했다는 주장이 제기되고 있을 뿐이다. 다수의 여성 집단이 남성을 혐오하거나 다수의 남성 집단이 여성을 대상으로 폭력을 행사한 사건이 아니다. '이수역 폭행 사건'은 휘발유에 누군가 불 지르기를 기다리는 불쏘시개였다. 언제든지 다시 불길이 솟구칠 수 있는 살아있는 불씨다.

윤상철 한신대 사회학과 교수는 "이번 사건이 남녀 갈등으로 번지면서 '집단극단화' 현상을 여실히 보여주고 있다"며 "남성·여성 혐오라고 단정 지을 게 아니라 진위가 밝혀지기 전까지는 냉정한 자세를 유지하려는 노력이 필요하다"고 말했다.[5]

언론이 검증 기능 작동해야

"SNS 글을 가지고 추가 취재를 하지 않고 최초 보도한 언론사는 비난을 받아 마땅하다."

누군가 비난받을 만한 행동에 대한 기사를 쓸 때는 당사자 의견을 듣고 그 상황에 그런 행동을 할 수밖에 없었다는 사실관계를 전달하려 노력해야 하는데 현재 언론은 그런 게 부족하다.

누구나 잘못을 저지를 수 있고 판단도 잘못할 수 있는데 언론사가 취재 없이 보도하고 그걸 그대로 베낀 것이 문제의 핵심이다. 우리나라 언론은 이게 부족하다.

이준웅 서울대 언론정보학과 교수는 "청와대 게시판에도 언제든 가짜

---

5 "양측 진술도 못 받았는데"… 이수역 폭행, 장외가 더 '시끌', 중앙일보, 2018. 11. 18.

뉴스가 올라올 수 있다"면서 "이번 사건처럼 언론이 제대로 사실을 확인해 '조기 진압'하는 게 중요하다"고 말했다.[6]

아니면 말고, 누구를 위한 혐오인가

검증되지 않은 사건 정보와 일방적 주장이 '팩트'로 둔갑해 퍼져 나갔고, 하나씩 공개될 때마다 여론은 반전을 거듭하며 널뛰기를 한다.

성동규 중앙대 미디어커뮤니케이션학과 교수는 "인터넷 공간의 익명성 때문에 책임이 전제되지 않은 의견이 마구 쏟아지는 환경이 조성됐다. 대중의 관심을 끄는 이슈가 생기면 어김없이 온라인 마녀사냥으로 이어진다"고 분석했다.[7]

누구도 결과에 책임지는 모습은 찾아보기 어렵다. 이성적 논의보다는 순간적으로 감성적 발언을 쏟아내지만, 모든 상황이 거짓으로 밝혀져도 무분별하게 비난했던 사람들은 사과 한마디 없이 다시 일상 속으로 유유히 되돌아간다.

2018년 미국언론협회(API) 조사 결과, 가짜 뉴스의 확산 속도는 이를 바로잡는 뉴스에 비해 9배 정도 빠른 것으로 나타났다. 한번 퍼진 소문은 되돌리기엔 너무 늦다. 사이버 명예 훼손과 모욕은 소셜미디어, 개인방송 활성화 피해자를 자살에까지 이르게 하지만 계속 증가 추세에 있다. 악의적인 위법 행위를 한 가해자에게 실제 손해보다 훨씬 많은 손해배상을 부과하는 징벌적 손해배상 제도 등 강력한 규제를 도입해 범죄

....

6 '인터넷 마녀사냥' 왜 반복되나, 조선일보, 2018. 11. 24.
7 '인터넷 마녀사냥' 왜 반복되나, 조선일보, 2018. 11. 24.

에 대한 경각심을 일깨우고 사고 예방에 주력해야 할 때다.

서울대 사회학과 장덕진 교수는 한국 사회에서 증오, 혹은 혐오는 위험 수위를 넘었다고 진단하면서 "혐오는 가해자와 피해자만의 문제가 아니다. 혐오가 만연한 사회는 사회 자본이 낮아지고, 경제성장률이 떨어지며, 부패가 늘어나고, 정부 효과성이 낮아지고, 양극화가 심해진다는 연구들이 쌓여있다. 혐오는 방관자를 포함해 모두를 패배자로 만든다. 아이러니하게도, 인권을 중시하는 정부에서 혐오가 늘어나는 일이 얼마든지 생길 수 있다. 소수자의 인권을 보호하려는 노력이 오히려 그들을 혐오의 표적으로 만들 수 있기 때문이다. 미국의 경우를 보면 노예 해방 이후 오히려 흑인의 이미지가 '멍청한 일꾼'에서 '폭도'나 '강간범'으로 바뀌었다"고 말한다.[8]

정돈된 언어를 사용하고 균형 감각을 갖고 거짓 정보를 스스로 여과·선별할 수 있는 능력을 길러야 한다. 집단사고의 함정에 빠지지 않도록 미디어 교육이 필요하고 사용자 개인도 자성하는 자세가 필요하다.

....
8 혐오의 정치학, 경향신문, 2018. 11. 27.

○ ● ○

잘못된 성욕이 부른 참사

...서울 종로 여관 화재

서울 종로 여관 화재, 2018.1.20. 6명 사망 4명 부상

"술에 취해 성매매 생각이 났고, 그쪽 골목에 여관이 몰려있다는 게 떠올라 무작정 처음 보이는 여관으로 들어갔다."

2018년 1월 20일 오전 2시경, 중국집 배달원인 50대 남성 방화범 A 씨는 만취해서 들어간 여관의 주인에게 성매매를 위해 "여자를 불러달라"고 요구했지만 거절당한다.

_여관 주인: 술에 취해서 방(문)을 차고 난리를 쳤어요, 그분이. 술 취해서 방을 안 주려고 그랬죠. 현금 아니면 안 된다고 했더니 현금을 갖고 와서, 그래도 술이 취한 사람을 어떻게 방을 줘요. 집어 차고 난리인데.

여관 주인과 말다툼이 벌어졌다. 성매매 여성을 요구하고 집기를 부수는 등 난동을 하고 난 이후에 본인이 화를 참지 못했다. A 씨는 불을 지르기 전인 오전 2시 6분에 경찰에 전화를 걸어 "투숙을 거부당했다"고 신고했다. 여관 업주도 경찰에 신고했고 2시 9분쯤 경찰이 현장에 도착했다.

신고를 받고 현장에 출동한 경찰은 A 씨에게 "성매매 · 업무 방해로 처벌될 수 있다"며 경고하고 설득했다. 이어 A 씨가 받아들이고 큰 길가

방향으로 걸어나가는 것까지 확인하고 사건을 종결된 듯했다. "출동 당시 A 씨는 여관 앞에서 가만히 기다리고 있던 상황이었다"며 "극단적 상황이 일어날 가능성이 없어 보여 자진 귀가 조치하고 종결했다"고 경찰 관계자는 설명했다.

방화범의 독특한 심리를 엿볼 수 있는데 불을 지르고 직접 112에 전화를 걸어서 "내가 불을 질렀다"고 자수했다는 점이다. 방화범은 불을 지르기 전 숙박을 거절한다는 이유로 여관 주인을 신고하고 여관 주인은 성매매를 요구한다는 이유로 112에 신고해서 사실은 파출소를 다녀왔다(2시 7분). 그리고 화를 못 참아서 불을 지른 것이다(3시 8분). 그렇기 때문에 복수라든지 분노의 마음이 매우 컸다고 봐야 한다.

보통 방화범은 홧김에 불을 저지르기도 하고, 범행을 은폐하기도 하고, 어떤 때는 자신이 저지른 범행 현장에 다시 나타나 현장을 군중 속에 숨어 보는 등 여러 가지 패턴이 나타난다. 무시당한 아픔을 참지 못한 A 씨는 그 여관에서부터 약 3km 정도 떨어져 있는 주유소까지 택시를 타고 가서 10 ℓ 짜리 휘발유를 들고 왔다. 그래서 1층에다가 비닐 소재 테이프 덮개에다가 휘발유를 부어서 불을 질러버렸다. 새벽 추운 날씨에 택시까지 타고 가서 휘발유를 사서 올 정도라면 원한, 복수, 분노의 깊이가 어느 정도인지 짐작해 볼 수 있다.

순식간에 일어난 화재로 인명 피해가 너무 컸다. 불 지른 곳이 여관의 유일한 출입구였다. 출입구에다가 불을 지른 것은 어떤 의미에서는 나쁜 의도를 가진 것으로 보인다. 이 사람은 본인이 뭔가를 해 보려고 하다가 좌절됐는데, 이것을 우리는 통상적으로 충동통제 장애의 하위 개념인 간헐적 폭발장애로 볼 수 있으며 그것은 어떤 스트레스를 받게 되면 폭발시켜서 분노로 연결한다.

그러면 왜 112에 본인이 신고했을까? 어떻게 보면 입구에다 불을 지른 것은 사람들이 빠져나오지 못하도록 하려는 것이었지만 112에 스스로 신고한 것은 이미 내면에는 두려움이 있었다고 봐야 한다. 만취했다 하더라도 주인과 싸운 전력이 있고, 또 택시를 타고 가서 자기가 휘발유를 사고지고 오는 등 여러 정황으로 봤을 때 경찰에 체포되리란 것을 알았다. 그래서 죄를 가볍게 하기 위해서는 자수하는 것이 좀 더 낫지 않을까 하는 잔머리를 굴린 것이다. 이러한 경우 죄질이 좋지 않다. 결국 그는 입구에다가 휘발유를 뿌리고 불을 지른 뒤 곧바로 112에 전화를 걸어 "내가 불을 질렀다"고 자수했고, 오전 3시 12분께 현장에서 경찰에 붙잡혔다.

이 사건으로 방학을 맞아 서울에 구경 온 세 모녀(母女)를 포함한 6명이 어이없는 화마에 목숨을 잃었다. 종로구 여관 방화 사건의 희생자인 어머니 박ㅇㅇ(34) 씨와 중학생 딸(14), 초등학생 딸(11)이 숨졌다.

세 모녀는 방학을 맞아 전국 여행에 나섰다가 여행 5일째인 사고 당일 서울에 도착해 종로의 그 여관에서 잠자리에 들었다가 변을 당했다. 이들은 여행을 함께 떠나지 못한 남편과 아빠한테 미안한 마음으로 숙박비가 싼 여관에 짐을 풀었다가 참변을 당해 주위를 안타깝게 했다.

사건 당시 A 씨를 귀가 조치한 것도 문제가 있었다는 지적이 나온다. 경찰 관계자에 따르면 여관 주인의 신고를 받고 출동한 경찰은 A 씨에게 "성매매 및 업무 방해 혐의로 처벌될 수 있다"고 경고했다고 한다. 그리고 A 씨를 설득한 뒤 귀가 조치했다고 한다. 경찰 관계자는 "A 씨가 여관 골목길에서 큰길 방향으로 걸어나가는 모습을 확인한 뒤 사건을 종결했다"고 밝혔다. 하지만 여관 주인 김 모 씨의 남편 말에 따르면 A 씨는 경찰 앞에서도 욕설하고 출입문을 걷어차며 행패를 부리는 등 분노에 찬 모습을 보였다고 한다. 그런 사람을 귀가 조치한 것은 아쉬운 대목이다.

희생자 중 큰딸은 같은 반 친구들과 카카오톡 단체방에서 대화를 주고받았다. '서울 놀러 오니 설렌다', '가족 여행 떠나 기쁘다'고 했다. 옆에는 엄마와 여동생이 나란히 누워 있었다. 친구들과 여행의 설렘을 나누며 마지막으로 카톡 메시지를 보낸 시각은 새벽 2시 37분. 그로부터 약 30분 뒤 화염에 의한 연기가 이들이 머물고 있던 방을 덮쳤다. 큰딸의 친구는 "여행 가기 전에 단톡방에 여행을 간다고 자랑했는데 이런 일을 당했다니 아직도 믿기지 않는다. 보고 싶다"며 울먹였다. 세 모녀가 서울에서 함께 보낸 첫날밤은 그렇게 생의 마지막 밤이 되었다.

어린 부모의 비극

...광주 삼 남매 방화 사건

아빠는 게임, 엄마는 만취

_아빠(22세): 외출(저녁 9:44), PC방에서 게임, 엄마(23세): 외출(저녁 7:40), 소주 9잔 마시고 동전 노래방 → 3남매 방치 → 만취 귀가(2018. 12. 31. 새벽 1시 53분) → 화재(2시 26분) → 엄마 홀로 베란다로 대피

불이 났을 때 스물두 살 아빠는 PC방에서 게임을 하고 있었고, 스물세 살 엄마는 술에 취해 있었다. 베란다에서 멍하니 서 있다가 구조된 엄마는 밖에서 술을 먹고 들어와 가스 불에 라면 물을 올렸다가 깜빡 잊어버린 것 같다고 했다가 나중에는 담배를 피우던 중 막내가 울어 급히 끄다가 불이 난 것 같다고 진술을 바꿨다.

2017년 12월 31일 오전 2시 26분쯤, ○○시 ○○동 한 아파트에서 불이 나 4세(남), 2세(남), 15개월(여)인 3남매가 한꺼번에 숨졌다. 3남매의 엄마 정 모(23) 씨는 베란다에 피신했다가 구조됐다. 정 씨는 손과 발에 2도 화상을 입었다. 불은 아파트 작은 방 전체와 부엌, 거실 일부를 태우고 출동한 소방대에 의해 25분 만에 진화됐다. 3남매는 작은 방에서 숨진 채 발견됐다. 화재 당시 엄마 정 씨는 술에 취해 있었다. 아빠 이모(22) 씨는 PC방에 있었다.

정 씨는 사고 전날 오후 7시쯤 이 씨에게 아이들을 맡기고 외출해 친

구와 술을 마셨다. 이 씨는 정 씨가 외출하고 2시간 40여 분이 지난 9시 40분쯤 친구와 PC방에서 게임을 하기 위해 집을 나섰다. 다음 날 오전 1시 50분쯤 엄마가 귀가하기까지 4시간 넘도록 어린 3남매는 방치돼 있었다. 정 씨는 친구와 소주 9잔을 마시고 동전 노래방에서 노래를 부른 뒤 귀가했다. 아파트 방범 카메라 영상에 따르면 정 씨는 만취한 듯 비틀거리고 있었다.

이들 부부는 최근 생활고에 따른 자녀 양육 문제와 성격 차이 등으로 자주 다투다 지난달 27일 이혼 판결을 받았다. 세 아이는 정 씨가 키우고, 이 씨가 매월 양육비 90만 원을 주기로 했다. 정 씨는 3남매를 혼자 키우기 어려울 것으로 보고 최근 아이들을 보낼 보육원을 알아보기도 한 것으로 알려졌다. 결국 이혼 판결 4일 만에 만취한 엄마가 일으킨 불에 3남매가 희생됐다.

검찰은 자신의 아파트에서 4세와 2세 아들, 15개월 된 딸 등 3남매가 자고 있던 작은방에 불을 내 숨지게 한 혐의로 정 씨를 기소됐다. 2018년 12월 13일 ○○고등법원 형사1부에 따르면 현주건조물방화치사 혐의로 구속기소 된 정 모(23, 여) 씨의 항소를 기각하고 원심과 같은 징역 20년을 선고했다

재판부는 "정 씨가 담배꽁초를 처리하다가 불이 났다고 주장했지만, 검찰 수사 과정에서 아이들과 죽을 생각으로 불을 붙였다가 끌 수 없자 혼자 탈출했다고 진술한 바 있다"고 밝혔다. "범행 정황을 보면 술을 마셨더라도 문자 메시지나 SNS 내용, 범행 정황을 보면 심신 미약이나 심신 상실은 아니었던 것으로 보인다"고 덧붙였다.

특히 재판부는 "정씨가 경제적으로 어려운 상황에서 우발적으로 저지른 범행인 데다, 자녀를 잃었고 아이들의 아버지인 전 남편의 선처가 있었지만, 아이들이 고귀한 생명을 빼앗기고 사망에 이르는 과정에서 끔찍한 공포와 고통을 느꼈을 것"이라며 "1심의 판단은 정당하다"고 말했다. 정 씨는 자녀 양육, 생계비 마련 등으로 인한 생활고에다 인터넷 물품 대금 사기와 관련해 변제 독촉을 자주 받자 범행한 것으로 조사됐다. 재판부는 정씨가 살인의 고의성을 가지고 불을 냈다고 판단했다.

철없던 너무 이른 만남

2010년 두 사람의 처음 만남은 정 씨가 중학교 3학년, 이 씨가 중학교 2학년 때다. 정 씨가 고2, 이 씨가 고1이 되자 동거를 시작했고 첫아이를 가진 정 씨는 학교를 중퇴하고 방송통신고를 졸업했다. 고3이 될 나이에 첫아이를 출산한 것이다. 2015년 결혼해 둘째를 낳았고, 이듬해 막내를 낳았다.

어린 부부가 3남매를 키우기에는 어려움이 적지 않았던 것으로 보인다. 이 씨 부모가 주거비와 생활비 일부를 지원했고, 이 씨는 PC방 아르바이트 등 일용직 일자리를 전전했다. 2016년 초 기초생활수급자 신청을 했지만 받아들여지지 않았다. 생활고를 짐작할 수 있다. 대신 2~7월 긴급생활자금(월 130여만 원)을 지원받았다.

냉철하게 돌아보면 스물세 살 엄마가 아이 셋을 키울 수 있는 일자리가 우리 사회에 얼마나 있을까. 삼 남매의 죽음을 보는 우리 공동체의 시선이 문제의 본질을 들여다봐야 한다. 그 본질은 우리 사회 구조적인 문제이자 시스템이다.

가난한 이웃은 우리 사회가 껴안고 해결해야 할 문제다. 모든 것을 개인의 책임으로만 돌려서는 안 된다. 막대한 예산을 들여 정부가 복지 사업을 시행하는 이유가 여기에 있다. 그럼에도 불구하고 우리 사회의 복지 제도는 사각지대가 너무 많다. 한 끼 식사를 걱정할 정도로 어려운 이웃이 있는가 하면 어디에서는 돈 들여 살을 빼기 위해 애쓰는 너무나 동떨어진 사회에 살고 있다.

우리 모두의 책임

현장을 다녀온 대원들은 "아이를 셋이나 낳았지만, 정신적·경제적으로 부모로서 책임감과 능력이 부족한 부부가 빚어낸 비극으로 보여 씁쓸하다"고 말했다.

이러한 문제에는 공동체가 나서야 한다. 정부의 복지는 사각지대를 낳는다. 한정된 재원으로 모든 이들을 만족시킬 수 없어서다.

우리나라도 선진국처럼 복지 제도가 바뀌어야 한다. 지금 당장 시행하기는 어렵지만 사회 공동체가 나서 복지 사각지대를 담당하고 지역에서부터 국가로 전면적 복지 국가를 만들 수 있는 기반을 마련해야 한다.

삼 남매 엄마는 평생을 고통 속에 살아야 한다. 어리광부리면서 한참 먹어야 할 아이들은 간장에 비빈 밥으로 끼니를 때워야 했다. 이웃들은 이들 부부가 형편은 어려웠지만, 아이들은 끔찍이 사랑하고 아꼈다고 했다. 셋째 임신으로 다니던 직장을 그만두고, 남편도 일하다 다쳐 부상을 당해 생계가 막막했다고 한다. 국가는 젊은 부부가 부양 능력이 있다는 이유로 기초생활보장 수급자 신청을 거부했다.

죽음까지 이르게 한 가난이 원망스럽다. 스물세 살의 어린 엄마가 가난의 짐을 지고 고민과 한숨 속에 하루하루를 보냈음을 짐작할 수 있다.

우리 사회의 복지 제도를 세밀하게 재점검해야 한다. 가난하다는 이유로 이 세상을 떠난 어린 영혼들에게 부끄러울 뿐이다. 오직 나만을 바라보고 살아온 우리 모두의 책임이다.

20대 초반의 부모는 10대부터 아이들을 낳고 기르다 화재 발생 4일 전에 이혼했다. 아이 3명과 함께 살게 된 엄마는 아파트 관리비 등 각종 공과금도 내지 못할 정도로 형편이 어려웠다. 사고 당일 외출한 엄마의 부탁을 받은 아빠는 아이들만 집에 놔두고 PC방에 가 아이들을 4시간 동안 방치했다.

삼 남매 비극은 스물세 살 엄마가 혼자 지기에는 너무나 무거운 짐이다. 모든 책임을 두 사람에게만 돌릴 수는 없다. 미성숙한 엄마, 아빠를 제대로 교육하지 못한 부모의 잘못도 있을 것이고, 아이들이 죽어가는 상황에서 애써 모른척했던 우리 사회 공동체의 무관심이 직접적 원인일 수 있다. 그 부모를 만든 우리 사회도 책임이 결코 가볍지 않다. 질타나 처벌보다는 우리 사회가 보듬고 안아주지 못한 잘못된 부분을 반성해야 한다는 의미다. 이번 사고가 아이를 소중하게 키울 수 있는 제도적 장치를 마련하고 그러한 사회적 분위기를 만드는데 교훈이 됐으면 한다.

미국에서는 중고등학교 과정에서 수업과 놀이를 통해 부모의 역할을 가르치고 있다. 일부 대학에선 부모 교육을 대학의 교양 과목으로 지정하기도 한다. 그러나 우리나라에서는 아동 학대 행위자에게만 부모 교육을 실시한다. 아동보호기관이 아동 학대 신고 단계에서 부모에게 부모 교육을 권유할 수 있지만, 강제성은 없는 실정이다. 아동 학대 행위자가 아동 학대 혐의로 기소된 후 법원으로부터 교육 수강 명령을 받거나, 아동 학대 사건이 가정법원에 아동 보호 사건으로 넘겨질 경우에만 부모 교육이 강제된다.

돈이 없으면 사랑도 어려운 세상이 되었다. 예전에는 아파트가 아니라 일반 주택이라 옆집에 사정을 바로 알 수가 있는데 지금은 단단한 콘크리트 속에 갇혀 죽어가도 알 수 없는 시대이다. 몇 달 동안 연락이 안 돼 119에 문 개방을 요청하는 경우가 종종 있다. 문을 열었을 때 부패가 심해 형체를 알아볼 수 없는 경우도 있다. 우리는 그런 사회에 살아가고 있다.

2017년 마지막 날 광주 3남매 사건, 2016년 부천 84일 아기 학대 사망 사건, 2014년 구미 26개월 아들 살해 사건의 가해자인 엄마 또는 아빠는 모두 벼랑 끝에 서 있는 상태였다. 경제적으로 궁핍하고 정신적으로 피폐하며 사회적으로 고립됐다. 비슷한 상황에서도 아이를 잘 키워낸 단단한 상당수 어린 부모들과 달리 이들은 장애물을 뛰어넘지 못했다. 이들은 자신이 꾸린 가정 안에서 가장 약자인 아이를 향해 그 분풀이를 했다.

김희경 전 세이브더칠드런 사업본부장은 사회를 떠들썩하게 만든 일련의 아동 학대 사건들을 조사하면서 "상당수 가해 부모들이 너무 이른 나이에 아이를 낳았다는 점이 가장 큰 공통점이었다. 이들 가정이 깨지기 직전, 위기 시점에 학대가 시작되거나 심화됐다. 또한 이들은 사회적 관계가 완전히 단절되고 사회적 지지망이 없는 경우가 많았다."고

말했다.[9]

2019년 대한민국 예산은 470조다. 그 많은 국가 예산은 어디에 쓰고 있는가? 추태와 외유 파문으로 주민들의 전원 사퇴와 비난에 시달리는 의원 나리들은 이런 일이 자신의 지역구 안에서 일어나고 있다는 것을 알고는 있는지? 선거권이 있는 어른 복지에는 신속하게 반영하나 힘없는 어린 생명들은 오늘도 학대와 고통 속에 죽어가고 있다.

숨진 삼 남매의 친할아버지 측은 한 방송을 통해 "이것은 은폐해선 안 돼. 밝혀야 해. 저 악마들이야. 어떻게 자식을 죽여 나한테 주지 차라리…."라며 울분을 토했다.

○ ● ○

가난해서 또 죽었다

…국일 고시원 화재

"창문 없는 방 월 27만 원, 창문 있는 방 월 32만 원, 창문 없는 방 거주자는 탈출구가 없어 사망, 창문 있는 방 거주자는 창문을 통해 에어컨 실외기 줄을 타고 내려와 살았다."

서울 종로 고시원 화재는 5만 원 차이가 생사를 가른 셈이다

2018년 11월 9일 오전, 서울 종로에 있는 고시원에서 화재가 발생해 7

....
9 삼 남매 끔찍이 사랑한 광주 '리틀맘'은 왜 불을 질렀나. 시사IN 2018. 01.

명이 사망하고 11명이 부상당했다.

"결국 다 돈 없어서 돌아가신 거죠. 길 건너 비싼 원룸텔은 불이 났어도 저렇게 되지는 않았을 겁니다."

자신의 경제적 상황에 따라 위험의 크기가 달라진다. 이른바 안전의 양극화다.

처음 고시원은 1970년대 사법·외무·행정 고시 준비를 하는 수험생을 위한 공부와 숙식 공간이었으나 점차 시간이 흐르면서 집 없는 서민들의 값싼 주거지로 변모했다. 고시생이 없는 고시원의 중심인 서울 신림역 사거리 주변에는 고시 준비생이 아니라 이른바 '경제 난민'들이 북적댄다. 이곳을 비롯한 수도권 고시원에서는 1997년 말에 IMF(국제통화기금) 외환 위기 직후 명예퇴직과 정리해고를 당한 가난한 50·60세대에서 2008년 글로벌 금융 위기 이후에 출현한 20·30 청년 빈곤층까지도 어렵지 않게 만날 수 있다. 1인당 국민소득 3만 달러 시대라는 대한민국에서 월 20만 원 정도로 추위와 비바람을 피할 수 있는 유일한 피난처가 고시원이다.

국일 고시원 화재를 계기로 빈곤층의 열악한 주거 여건이 사회 문제가 됐다. 이 화재는 우리 사회 취약층의 단면이 슬프게 드러난 사건이었다. 여기에는 중년의 일용직 노동자, 저임금·비정규직 직장인들로 채워졌다. 그나마 도심의 고시원은 어느 정도 방세를 낼 정도의 노동 능력이 있는 이들이나 살 수 있다. 그마저도 안 되는 이들은 쪽방, 비닐하우스 등으로 밀려난다.

국일 고시원 화재는 빈곤층에 대한 사회 안전망 구축을 더 이상 미뤄서는 안 된다는 사실을 알려주었다. 해당 고시원은 빼곡히 붙어 있는 방, 좁은 탈출구, 스프링클러 같은 안전시설 미비 등 화재에 취약한 요소를 고루 갖췄지만, 정부의 규제나 지원에선 벗어나 있었다. 사상자 대부분은 생계형 일용직 노동자들로, 위험성을 알고 있었지만 이를 피할 만한 다른 선택지가 없었다. 사망자 7명 중 4명은 월세가 가장 저렴한 '창문 없는 방' 거주자였다. '가난해서 또 죽었다'는 말이 나오는 이유다. 이들에게는 조금 넓은 방보다는 좁더라도 단돈 몇만 원이라도 싼 곳이 우선이다.

저렴한 원룸이 많이 있지만 이곳마저 들어갈 수 없어 고시원, 여인숙 등을 전전하는 이가 37만 명이나 된다. 1~2년씩 하는 계약 기간도 당장 다음 달을 기약할 수 없는 이들에게 부담스럽다.

생과 사를 가른 것은 비상구 위치와 스프링클러였다. 국일 고시원은 스프링클러가 설치돼 있지 않았다. 2009년 '다중이용업소의 안전 관리에 관한 특별법' 개정으로 고시원에도 간이 스프링클러 설치가 의무화됐지만 2007년부터 영업을 시작한 국일 고시원은 바뀐 법의 적용을 받지 않았다. 국일 고시원도 2015년 운영자가 스프링클러 지원을 신청해 지원 대상으로 선정됐으나 건물주가 동의하지 않는 바람에 스프링클러를 설치하지 못한 것으로 확인됐다. 임대료 동결 등의 조건이 붙어있다 보니 건물주 동의를 받기가 쉽진 않았다. 스프링클러가 있으면 화재 진압률이 95%까지 올라간다는 미국의 연구 결과도 있다.

고시원 업주에게도 법적 책임은 없다. 고시원을 인수하던 2007년엔 스프링클러를 설치해야 하는 제도가 없었기 때문이다. 또 정기 화재 조사가 잡혀있어 국가안전대진단 대상에서도 빠졌다. 불이 난 고시원은 소방시설에는 특별한 문제가 없다는 점검 결과가 나왔다.

건물이 무너질 때 어느 위치에 서느냐가 생사를 가른 경우가 많다. 화재도 마찬가지다. 비상구가 어느 지점에 위치하느냐에 따라 생사를 가른다. 고시원 건물은 화재가 출입구 쪽에서 발생해 인명 피해가 많이 발생했다. 건축 관련 법령 미비와 경제적인 요인으로 반대편에 비상구가 설치되어 있지 않은 건물이 많다. 앞으로도 사망 사고가 계속 발생할 수밖에 없는 건물구조라고 할 수 있다.

모든 건물에 스프링클러가 설치되어야 한다는 의견이 꾸준히 제기되고 있다. 그러나 스프링클러는 겨울에 동파 우려가 있고 많은 시설비가 들어 건물주는 선호하지 않는다.

화재 현장에서 보면 설비만 제대로 작동하면 스스로 작동하는 스프링클러를 설치하는 것이 가장 안전하다. 그러나 스프링클러 설비를 설치하기 위해서는 천장 등에 배관을 설치하고 물을 일정 압력으로 20분 동안 공급할 수 있는 펌프 시설이 필수적이다. 공정 자체가 복잡하다는 것이다. 가장 안전한 선택은 출입구 반대편에 비상구를 의무적으로 설치하는 것이 가장 현실적이라고 할 수 있다. 기존 건물의 벽을 뚫고 계단을 설치하는 것이 가장 안전한 방법이다.

이번 고시원 화재에서도 완강기가 설치되어 있으나 사용하지 않았다. 교육을 받은 적도 없는 일용직 노동자들이 사용법도 모르고 있어서 한 사람씩 타고 내려오는 완강기를 이용할 사람은 거의 없었다. 비상구만 제대로 설치됐다면 스프링클러 설치 여부와 관계없이 사망은 거의 없었을 것이다.

따라서 고시원, 노래방 등 다중 이용 시설에는 법을 소급 적용해서라도 출입구가 하나인 건물은 반드시 반대편에 피난 계단을 설치하게 해야 한다.

화재는 초기 3~4분에 진화가 안 되면 신속히 대피해야 한다. 처음 불이 난 고시원 계단 근처 세입자가 화재 사실을 알리지 않고 혼자 10분 넘게 불을 끄려다 실패했다. 골든타임을 놓친 것이다. 소방서는 신고 뒤 5분 만에 도착했지만 이미 현장은 플래시오버(flashover, 불이 일시에 실내 전체로 확대되는 현상) 상태였다.

방 쪼개기와 칸막이는 환기 시설과 대피로를 축소하고 내벽을 내화 구조가 아닌 샌드위치 판넬과 석고보드로 마감해 화재에 매우 취약하다. 화재 발생 초기 근처에 있는 가연물에 불이 옮겨붙으면서 급속히 확대되는 경향이 있다. 따라서 난로나 전열 기구 가까운 곳에 물건을 두지 않도록 각별한 주의가 필요하다.

일반적으로 고시원은 약 5㎡(1.5평)의 쪽방이 다닥다닥 붙어 있고 복도 등 탈출로가 좁아 여느 건물보다 화재에 취약한 구조다. 건물 규모와 관계없이 주된 출입구와 반대 방향에 피난로를 확보하여 화염이나 연기, 건물 붕괴 등으로부터 안전을 확보해야 한다.

완강기는 피난 기구이나 사용하기가 쉽지 않다. 외국에서도 기피하는 불확실한 피난 기구인 완강기보다는 벽을 뚫거나 외벽에 하향식 철제 비상계단이나 사다리를 설치토록 하는 법적 조치가 필요하다.

대형 화재 사건이 발생하면 관련법과 기준이 강화되지만 노후 건물은 계속 법 적용에서 제외되며 '안전 사각지대'로 남아 있다. 시민단체들은 화재 안전 기준을 강화하고 기존 건축물에도 소급 적용해 안전 관리를 강화하자고 주장하고 있다.

또한 고시원의 침대, 책상 등 모든 것이 불쏘시개 소재였다. 좁은 복도는 둘째 치고, 입구 쪽 방이 아니면 불이 났을 때 그대로 죽어야 한다. 그래서 늘 화재에 대한 두려움과 경계심을 갖고 살아야 한다.

고시원 규제와 묵인 사이

위험한 고시원, 왜 아직까지도 방치되고 있는 것일까? 고시원뿐만 아니라 여관이나 쪽방 등 '비주택 거처'들은 화재·붕괴 등 재난 위험에 계속해서 노출된 상황이다. 논문 '저렴 주거를 둘러싼 규제와 묵인의 역학(2013, 이선화, 김수현)'에 따르면 중앙 정부나 지방 정부는 이 문제에 대해 적극적으로 대처하기가 쉽지 않다고 한다. 현실적으로 저렴한 주거가 부족한 상황에서 엄격히 단속할 경우 임대료가 오르거나 주거 마련이 어려운 계층이 생기기 때문이다.

이 문제에 직면한 대다수의 국가들은 제도적으로는 규제를 외치나 현실적으로는 묵인하는 모순적이고 양면적인 태도를 취하게 된다. 긴박한 안전상의 문제가 예상되거나 인근 주민 등의 민원 신고가 있는 경우에는 단속하고 규제하지만, 대부분은 묵인하는 것이다. 안전에 취약한 고시원을 모두 적발 폐쇄하려고 해도 고시원 아니면 오갈 데 없는 거주자들에게 제공할 마땅한 대안이 없다는 것이다.

논문에 따르면 이런 현상은 주거 사정이 나쁜 일부 동아시아 도시에만 국한된 사례가 아니다. 미국, 영국, 캐나다 등 일찍부터 산업화와 도시화를 경험한 국가들에서도 비슷한 유형의 불법, 편법 주거가 확대되고 있다. 뉴욕, 런던에서는 주택의 지하실이나 차고, 창고 등을 취사와 취침이 가능한 주택으로 개조해 세를 놓는 일이 성행하고 있다. 뉴욕에서는 이런 유형의 주택이 10만 호 이상 있는 것으로 추정되며 런던에서는 창고 주택 등이 1만 호가 넘는 것으로 알려져 있다. 캐나다 캘거리 시의 경우 이런 유형의 주택이 4만~6만 호에 달한다고 한다. 이처럼 새로운 유형의 불법 또는 편법 주거가 확산하는 것은 그만큼 대도시의 1인 가구를 포함한 유동성 높은 계층들의 저렴한 주거 수요가 높기 때문이다.

2005년 뉴욕에서는 쪽방 화재로 주민 4명이 다치고, 화재를 진압하던 두 명의 소방관이 미로 같은 벽 때문에 출구를 찾지 못해 창문 밖으로 뛰어내려 사망한 사건이 발생하기도 했다. 2009년에도 4개의 주거 공간으로 불법 개조한 지하 주택에 불이나 7명(사망 3명)의 사상자가 발생했고, 2011년에는 불법 개조 건물 화재로 11명이 중상을 입는 등 화재로 인한 인명 사고가 끊이지 않고 있다고 한다.

이번 화재로 인간의 주거 환경이 비인간적인 수준으로 내려가는 것을 법이 막아야 하고 고시원을 법적으로 금지시켜야 한다는 주장도 있지만 당장 보증금 낼 돈이 없어 고시원에 사는 사람들은 어디로 가야 하느냐는 우려의 목소리도 있다. 이 문제는 선진국에서도 쉽게 해결하지 못한 문제다. 우리나라도 마찬가지다.

사망자 7명을 포함해 18명의 사상자를 낸 서울 종로 국일 고시원 화재는 열악한 주거 환경이 낳은 참사로 기록될 전망이다. 언제 어디서든 화재가 일어날 수 있다는 점에서 고시원과 쪽방촌은 언제 터질지 모르는 시한폭탄과 같다. 법규 사각지대라 아무도 책임질 사람이 없는 상황에서 모든 위험은 실제 거주자들에게 고스란히 돌아가고 있다.

스프링클러 설비가 없는 고시원이 서울에만 1,000여 개로 추정된다. 지금이라도 관계 기관이 머리를 맞대고 해결책을 강구하지 않는다면 후진국형 인재는 또다시 사회 취약 계층을 덮칠 것이다.

○ ● ○

열성 부모가 망친 아이

...박○상 사건

"너는 어떤 일도 할 수 없는 놈이다. 그렇게 말썽을 피우려면 호적을 파라." 평소 아버지로부터 꾸중을 자주 들어 앙심을 품게 됐고 유산 상속을 받아 유학 생활 중 도박으로 날린 돈을 갚기 위해 범행을 저질렀다.

부모를 무참히 살해하고 은폐하기 위해 불까지 지른 희대의 패륜아 박○상의 체포 당시 인터뷰 내용이다

"일단(살해) 동기는 아버님의 저에 대한 좀 심한 질타, 그런 것이 기본적인 원인이 됐다고 생각하구요, 너는 어떤 일도 할 수 없는 놈이라고…."

"근데 칼을 그렇게 많이 찌른 이유가 뭐예요?"

"저도 그때는 정신이 없었어요. 기억이 안 나요 전혀."

"도박으로 잃은 돈이 다 합치면 얼마나 됩니까?"

"대략 2만 불 정도 됩니다."

1994년 5월 19일 새벽 서울 강남구 삼성동의 한 고급 주택에서 불길이 치솟았다. 119상황실에 다급한 목소리로 한 남성이 "집에 불이 났다"며 119에 신고했다. 300억대 자산가인 대한한약협회 서울지부장 박 모씨의 집에 불이 나서 부부가 사망하고 함께 있던 큰아들은 무사히 탈출한 사건이 있었다. 처음에는 단순한 화재로 사건이 일단락될 수도 있었으나 시신을 확인한 결과 40~50여 군데 찔린 흔적이 있었다. 소방과 경찰은 화재 원인을 파악하기 위해 감식에 나섰다. 큰아들이 감식 때 너무 태연스럽게 현장을 돌아다니는 모습도 TV 화면에 비쳤다. 그가 장례식장에서 기절하는 모습을 보고 용의자라고 생각하지 못했다.

국립과학수사연구소 부검 결과 기도와 폐에서 연기와 이산화탄소를 흡입하지 않은 것으로 나왔다. 처음에는 단순 화재로 봤던 경찰은 시신과 부검 결과를 토대로 '살인 사건'으로 규정하고 곧바로 수사에 착수했다. 숨진 부부는 화재가 나기 직전 흉기에 찔려 사망했던 것이다. 살인용의자를 탐문하기 시작했다.

그 당시만 하더라도 '유복한 가정에서 자란 큰아들이 그런 짓을 했을 리가 없다, 아들이 뭐가 아쉬워 부모를 죽였겠는가?' 하는 것이 대체적인 인식이었다. 부모를 잃은 슬픔에 빠진 자식을 용의선상에 올린 것 자체가 문제가 있다는 사회적인 분위기도 있었다.

침입자가 젊은 20대 아들은 전혀 공격하지 않고 60대 부부에게만 40여 차례 넘게 칼로 찔렀다는 것이 상식적으로 이해가 되지 않았다. 도난당한 귀중품도 없었다. 부모가 칼부림 당하는 동안 아들은 무슨 일이 벌어지는지 전혀 모르고 잠을 잤다는 것도 이상했다. 스스로 화상을 입은 채 화재 신고를 하고 출동한 소방대원들에게 부모님을 살려 달라고 오열하던 박 씨를 경찰은 용의자로 쉽게 지목하지 못했다. 소식을 듣고 달려온 박 씨의 친척들 역시 불쌍한 박 씨를 감쌌다. 화상 치료를 위해 병원에 입원 중인 박 씨를 조사하려던 경찰을 막고 비인간적이고 잔인하다며 비난했다. 다른 방향으로 수사를 해보라고 소리쳤다. 그러나 담당 형사는 경험상 박 씨를 주목하기 시작했다.

경찰의 피해자 주변 탐문 수사 결과 부부는 많은 재산에도 불구하고 평소 검소했고, 사회단체 봉사 활동에도 적극적이어서 주변의 신망이 두터웠다. 숨진 박 씨 부부 주변을 탐문했으나 원한이나 사업 갈등은 없는 것으로 나왔다. 용의자를 특정할 만한 사람도 없었고, 수사는 난항에 빠지기 시작했다.

그때 중요한 제보가 박ㅇ상의 화상을 치료했던 병원의 한 간호사로부터 들어온다. "(박ㅇ상) 머리에 피가 많이 묻어 있어 다친 줄 알았는데 상처는 없었고, 더 미심쩍은 것은 종아리에 이빨로 물린 자국이 있다"는 얘기를 경찰에 전한 것이다. 경찰은 이때부터 박 씨를 주목하기 시작했다. 부모가 수십 차례 흉기에 찔릴 동안 집 안에 있던 박 씨가 몰랐다는 것도 이상했다. 특히 맨발로 나온 박 씨의 발은 금방이라도 씻은 듯 너무 깨끗했다. 집 안에서 도난당한 귀중품도 없었다. 유학 문제로 부모와 갈등이 있었다는 주변의 진술도 확보했다.

경찰은 박 씨 머리에 묻어 있던 혈흔을 채취해 유전자(DNA)를 검색했더니 부모의 것으로 나왔다. 오른쪽 종아리에 난 상처는 어머니가 이로 문 자국으로 확인됐다. 경찰은 이런 증거를 토대로 박 씨를 추궁했고, 사건 발생 1주일 만에 자백을 받아냈다.

다음날 언론은 박 씨가 범인이라며 대서특필했다. 당시 일간 신문의 머리 기사는 박 씨의 기사로 장식됐다. 이 사건 발생 당시 우리나라에서 존속살인에다 방화까지 기도한 사건은 처음으로, 언론에서는 희대의 패륜아라고 보도했다. 범행 동기는 아버지에 대한 분노와 유산상속이었다.

경찰에서 박 씨는 귀국하는 비행기에서 본 미국 영화에서 살인 수법을 배웠다고 진술했다. 혈흔을 남기지 않으려고 옷을 모두 벗고 흉기를 들고 안방에서 잠이 든 부모를 각각 40여 차례 찔러 숨지게 했다. 그리고 화장실로 가 온몸에 묻은 피를 씻고 영화에서 본 대로 휘발유를 뿌려 불을 질러 범행 흔적을 숨기려 했다. 자신은 집에서 약 200m 떨어진 공터에 흉기를 버린다. 박은 장례식장에서도 일부러 정신을 잃는 척하는 등 범행을 숨기려 했다.

범행을 위해 철저한 준비를 했다. 범행에 사용할 25cm 등산용 칼을 구입하고, 근처 주유소에서 휘발유 8ℓ를 구입했다. 미국 유학 생활 중 폭력 영화에 심취했던 박 씨는 범행도 영화 장면대로 했다. "미국에서 경찰관인 아버지가 살인 사건을 저지른 아들을 죽이는 영화를 봤는데, 그 수법을 모방했다"고 진술한 것에서도 알 수 있다.

그날 밤 아들은 완전범죄를 꿈꿨다. 부모가 잠든 틈을 노려 준비한 흉기를 들고 안방으로 들어갔다. 옷에 피가 묻어 범행이 들통날 것을 우려해 입고 있던 옷을 모두 벗고 농구화만 신었다. 박 씨는 양손에 칼을 쥐고 자고 있던 어머니부터 찌르기 시작했다. 고통을 견디지 못한 어머니는 박 씨의 종아리를 힘껏 물었다. 잠에서 깬 아버지가 박 씨의 손을 잡고 반항했지만 소용없었다. 이렇게 박 씨는 부모를 각각 40여 차례 찔렀다. 범행 후에는 몸에 묻은 피를 없애기 위해 화장실에서 샤워하고, 증거인멸을 위해 영화에서 본 대로 휘발유를 뿌려 불을 질렀다. 그러나 박 씨의 범행은 완전 범죄가 되지 못했다.

경찰 진술 중에 "소변을 보러 일어서려는데 뭔가 이상한 냄새가 나서 정신을 잃었고 칼을 누군가 쥐여주었다."라고 이상한 말을 하게 된다. 그러나 그것은 전혀 현실적으로 사실이 아닌 것으로 밝혀졌다.

300억대 유산은 모두 남동생에게 상속되었다. 존속살인 가중처벌로 유산 상속도 받을 수 없게 되었다. 국선 변호를 맡은 환경부 장관을 지낸 황산성 변호사는 '저런 패륜아를 변호한다는 여론이 있었으나 형량을 감경한다거나 그런 의도가 아니라 내 자식 같은 마음으로 변호를 맡는다. 진정한 반성을 하는 모습을 보고 싶다 오해하지 말아달라'고 했다. 처음 의도와 다르게 반성은커녕 갱생의 여지가 보이지 않자 변호를 맡을 이유가 없다고 사퇴한다.

부모를 참혹하게 죽인 패륜범 박○상은 사건 이후 전혀 반성하는 모습을 보이지 않았다. 30년 넘게 서울구치소 교화 위원을 지낸 양순자 심리상담소장은 '용서 못 할 사형수'로 박○상을 꼽았다.

그는 언론과의 인터뷰에서 "6년 동안 상담하면서 느꼈던 참담한 심정은 이루 말할 수가 없다. 부모를 살해하고도 반성은커녕 빠져나갈 생각만 하면서 끝끝내 (범행을) 부인했다"며 "사형수들을 상담하며 이야기들을 듣다 보면 동정이 가는 경우도 있는데 박○상만큼은 지금도 용서할수가 없다. 결국 상담을 포기했다"며 치를 떨었다. 박 씨는 양순자 소장에게 수십 통의 편지를 보냈지만 내용은 늘 한결같았다고 한다. 일말의반성도 보이지 않았다는 것이다.

무엇이 그를 이토록 잔인하게 만든 것일까?

지난 30년간 사형수들을 만나 교화해온 양순자 씨는 박○상 살인 사건이야말로 자식이 부모를 죽인 것이 아니라 부모 스스로가 죽음의 덫을 놓은 셈이라고 말했다. 현명한 부모는 자기 자식이 몇 점인가를 안다. 국내 대학에도 못 들어갈 정도로 불성실했던 아이가 미국에 간다고적응할 수 있을까. 박○상의 부모는 자신들의 돈과 허세에 의존하다 결국 비극적인 결말을 맞았다.

우리나라 패륜 존속 살해 사건의 시작은 '박○상 사건'이라 할 수 있다. 부유한 집안에서 태어나 미국에 유학 간 학생이 도박에 빠져 집으로다시 돌아온 뒤 부모를 살해했다. 부잣집 유학파 아들이 저지른 경악할만한 사건에 전국이 떠들썩했다. 언론은 돈에 눈멀어 부모마저 죽인 패륜아를 탓했지만, 사실은 어른들이 쌓아올린 물질만능주의의 결과였다.

최근 잔인한 사건들도 사실 올 것이 온 것뿐이다. 명문대에 보내겠다며 어린아이를 지구 저편으로 보내는 용기, 영어를 가르치려고 아이를외국으로 멀리 떠나보내는 부모, 초등학생을 두고 학군 따지는 것도 우습지만, 자녀의 친구 관계는 상관없다고 생각하는 열성 부모가 더 이상하다. 언론에선 우리 사회의 성적지상주의에 대한 비판이 이어진다. 끔찍하지만 충격적이라기보다는 와야 할 것이 온 것뿐이라는 느낌이다.

박 씨는 2015년 7월 16일 방송되었던 《경찰청사람들 2015》 인터뷰에서는 이렇게 말한다.

- 제정신이 아니었고요, 지금 생각하면 참 터무니없는 생각이었고 행동이었는데, 그 당시에는 도박에 빠져드니까 그런 생각도 하게 되고, 물론 뭐 그런 생각하는 사람들은 좀 있었겠지만, 행동으로 옮기는 건 사실 쉬운 것은 아닌데 어쩔 수 없죠, 뭐. 몇 번을 후회해도 어쩔 수 없는 거 아니겠습니까?

Q 아버님하고 평상시에 의사소통이나 그런 게 잘 안 되셨어요?
- 어머님보다는 사실 좀 아버님이 엄하신 편이니까, 그런 건 있었죠. 나이 들면서 사실 뭐 큰 대화는 없었어요, 집에 있는 시간이 많지 않았고, 고등학교 때도 학교에 가니까 시간적으로 같이 교류가 잘 없었으니까 말은 많이 없었죠.

Q 아버님하고는 거리가 좀 있으셨겠군요?
- 네, 뭐, 어머니는 정이 좀 많으신 분이셨어요.

Q 어머님 아버님한테 요즘 많이 죄송하시겠군요?

- 그럼요, 많이 참회하고 기도하고….

20대에 교도소에 들어가 어느새 50대를 바라본 나이에 무엇을 참회하고 무엇을 기도하는지도 궁금하다. 그는 왜 희대의 존속살인범 패륜아가 되었을까?

○ ● ○

선생님 말로 만든 칼

…지존파 사건

"초등학교 때 집이 너무 가난해서 미술 시간에 크레파스조차 챙겨 갈 수 없었습니다. 선생님이 그러면 친구들 것을 뺏어서라도 가져왔어야지라고 혼냈습니다. 그래서 친구들의 준비물을 훔치기 시작했고, 그러면 선생님은 날 혼내지 않았습니다. 난 선생님이 가르친 대로 인생을 살았을 뿐입니다. 가난이 저주스러웠습니다. 그때 선생님이 그런 모욕을 주지 않았더라면 제가 오늘 이런 범죄자가 되지 않았을지도 모릅니다."

17년 후, 이 소년은 지존파의 대부 김○환이라는 이름으로 법정에 섰다. 판사는 김○환에게 마지막으로 할 말이 없느냐고 물었다. 그의 최후 진술은 이렇다.

"초등학교 때 선생님의 말 한마디가 제 인생을 이렇게 바꾸어 놓았습니다."

선생님의 말 한마디가 어린 학생을 도둑으로 만들고 인생의 옳고 그름의 판단을 흐리게 만들어 결국에는 살인죄까지 저지르는 원인을 제공한 것이다. 소년은 그 이후 훔치는 일을 스스럼없이 시작하여 17년이 지나 지존파 살인마 김○환이 되었다.

1994년 9월 19일은 추석 연휴의 마지막 날, 지존파 사건은 대한민국에서 일어난 가장 잔혹한 범죄로 손꼽힌다. 이 사건은 1993년 7월부터 1994년 9월까지 1년 2개월에 걸쳐 전남 영광군을 거점으로 6명으로 결성된 범죄 조직이 5명을 연쇄 살인하고 성폭행과 강도 등의 범행을 저지른 사건이다. 사람들을 납치하여 돈을 빼앗고 죽여 지하 소각로에서 시신을 불태워 버렸다는 엽기적인 뉴스가 화면을 뒤덮었다. 이들은 사람을 죽이기 위해 집에 지하실을 짓고 경찰서 유치장을 본뜬, 철창이 달린 감옥과 시체 화장을 위한 아궁이를 만들었다. 시체 태운 냄새를 없애기 위해 마당에서 삼겹살 파티까지 하였다. '살인 공장'을 차려두고 직접 실행한 그들의 범죄는 한국 범죄사뿐 아니라 세계 범죄사를 통틀어도 드문 예였다. 지존파는 엽기적인 살인 행각을 벌이고도 사회 부조리가 자신들을 범죄자로 만들었다며 반성하고 뉘우치기보다는 오히려 범행을 정당화하려 했다.

우리 속담에 "말이 씨가 된다"는 말이 있다. 말은 지나가는 것이 아니라 생각을 통해 좋은 생각은 좋은 열매를 맺고 나쁜 생각은 악의 씨앗으로 자라게 된다. 좋은 말은 살아가는 데 힘과 용기를 주지만, 나쁜 말은 심은 대로 악의 열매를 맺게 된다. 평생 세상에서 버림받은 사람들을 위해 헌신했던 마더 테라사 수녀도 "친절한 말 한마디는 순교보다 위대하다."며 친절한 말의 위력을 강조했다. 말의 중요성을 알았던 옛 성인들은 세 번 생각하고 한마디 말을 하라는 교훈을 가르쳤다.

성장 배경

김ㅇ환은 초등학교 때부터 우등상을 받았고 반장도 경험했다. 중학교 2학년 재학 중에 어머니가 중풍으로 쓰러지고 형마저 병에 걸리자 학교를 자퇴하고 돈을 벌기 위해 도시로 떠났다. 유년시절 아버지가 사망한 후 몸이 불편한 어머니를 대신해 어린 누나가 가족의 생계를 위해 파출부 일을 시작할 정도로 극심한 가난에 시달렸다. 그러나 그는 돈이 없어 학교를 제대로 다니지 못했다. 김ㅇ환은 중학교 시절에도 우수한 성적을 유지했고 운동 능력과 글짓기도 잘했다고 한다. 다만 생활기록부상에 준법정신이 낮은 수준으로 기록돼 있었다.

"난 인간이 아니야. 그래서 다 잡아 죽이려고. 우리 엄마요, 내 손으로 못 죽여서 한이 됩니다."

김ㅇ양의 성장 환경을 보면 어릴 적 아버지가 병으로 사망한 후 재혼한 어머니로부터 버림받은 증오심이 생겨난 것 같다. 중학교를 중퇴한 후 가출해 공장 등에서 잡일을 하며 근근이 살아온 것으로 알려져 있다. 여성 피해자의 신체 일부를 먹는 것으로서 자신의 어머니나 여자에 대한 혐오증이 얼마나 심했는지를 상상해 볼 수 있다. 엽기 행각 그 자체가 충격이었다.

강〇은은 중학교 졸업 때까지는 별 어려움이 없었지만 고등학교 1학년 때 선배로부터 심한 구타를 당한 후 학교를 중퇴했다. 그 후 가출해 서울 등지에서 막노동을 했다.

문〇록도 아버지 사망 후 고등학교를 중퇴한 뒤 인생을 비관해 왔으며 수도권으로 주소를 옮긴 후 막노동과 강절도 범행 경력이 있다.

이렇듯 개인 성장 배경이 불우하거나 가난에서 벗어나지 못했던 그들이다. 그래서일까? 그들은 세상에 대해 분노하고 있었고, 세상이 그들을 배척했다고 느끼고 있었다. 게다가 1993년 4월에 불거진 대학 입시 부정 사건은 이들의 조직을 단단하게 결속시켰다. 이들은 사회에 대한 분노를 쏟아내며 "돈 있고 빽 있는 자의 것을 빼앗고 그들을 죽인다. 더러운 인간들을 청소하자."라며 계획적인 범죄 시나리오를 구상했다.[10]

직접 보고 들은 담당 형사의 말

담당 형사는 "마피아 등 조직범죄는 100% 폭력 조직이다. 하지만 살인을 목적으로 모인 범죄 조직은 전 세계적으로 유례가 없었다."[11] 라고 말했다. 그야말로 준비된 살인자들의 집단. 요즘 이 얘기를 하면 누구나 '사이코패스'라고 말할 것이다. 그러나 담당 형사는 이를 부인한다. 사형장에서 이슬로 사라지기 전 세례를 받고 가족도 인수를 거부한 시신까지 거둔 경찰관은 말한다.

"그들은 사이코패스가 아니었어요. 우리 사회의 엄청난 상대적 빈곤이

....

10 국민일보, 1994. 9. 22.
11 《일요신문》 2014. 7. 23.

괴물을 만든 겁니다."

그는 또한 이렇게 말했다.

"지존파는 두 번 만들어졌다. 첫 번째 지존파는 그래도 먹고살 만한 애들이었다. 그런데 범죄 계획을 듣고 다들 못하겠다고 한 것이다. 두목 김○환의 성격을 아니까 첫 번째 지존파 애들은 다른 데로 도망쳐 버렸다. 두 번째 모은 애들이 사건의 장본인들이었다. 처음 모은 지존파가 실패하자 더 어렵게 살고 더 못 배운, 삶이 힘든 애들만 모은 것이다."라고 말했다.

"지존파 사건을 통해 범죄가 왜 발생하는지, 그것을 예방할 수 있는 사회적 시스템은 없는지 고민해 봐야 한다. 빈곤을 벗어날 방법이 없다면 이 같은 사건이 또다시 일어나지 않는다는 보장이 없다. 지금 어디에선가는 지존파만큼 끔찍한 사건이 벌어지고 있을 수도 있다"고 경고했다. [12]

Q 지존파 범죄는 왜 그렇게 잔인했나?

A "지존파 일당은 태어나서 잡탕밥 한 번 못 먹어본 젊은이들이었다. 서울 강남에서는 하루아침에 벼락부자가 나오던 시절이었다. 범인들은 절대적으로 빈곤했으며 부모를 원망했다. 이들 가슴 속에 세상에 대한 증오감이 뿌리를 내린 뒤, 주체하지 못할 정도로 커진 것 아닐까. 잔학 무도함에는 기성세대 잘못도 있다고 본다. 물론 지존파는 용서받지 못할 죄를 지었다. 모두가 죗값을 받았다."

....

12 《일요신문》 [제1158호] 2014. 07. 23.

지존파가 던진 충격파는 상당했다. 당시 모든 언론이 '인간성 회복 캠페인'을 벌였고, 그 가운데 '사회 지도층'에 대한 신랄한 비판도 이어졌다.

"범죄자에 대한 개인적 증오와 저주에만 집착한 나머지 우리 사회의 총체적 병리 현상과 그것이 주는 경종의 의미를 가볍게 보아 넘겨서는 안 되며…"[13]

상대적 빈곤감을 부추기는 우리 사회의 모순 척결에 나라의 명운을 걸어야 한다는 호소가 줄을 이었다.

사회 최고 지도층 인사 중에는 엉뚱한 소리를 하는 사람들도 있었다. "평준화라는 이름으로 기계적인 교육을 해온 탓에 이상스런 사상이 침투했다"는 것이다.[14]

그들에 따르면 지존파는 우리 사회의 모순이 키운 악마가 아니라 '이상스런 사상'의 결과였다. 이외에도 지존파가 던지는 사회적 의미를 이해하지 못하는 발언을 서슴지 않았다.

"두 팔과 두 다리가 멀쩡한 사람으로 건강하게 태어난 것, 기아와 내전에 허덕이는 아프리카에 태어나지 않았고, 한반도 중에서도 북한이 아닌 남한에 태어났다는 것, 이 세 가지에 고마워할 줄 알아야 건전한 사람이다."

두 팔과 두 다리가 멀쩡한 사람이 지존파를 사회의 잘못 때문이라고 말하는 것은 어처구니가 없는 일이다. 그로서는 지존파를 이해하기도,

....
13 《동아일보》 1994. 11. 3.
14 《한겨레》 1994. 9. 24.

그에 대한 사회적 책임을 인정하기도 싫었던 것 같다.

생면부지 한 교회 집사의 끈질긴 편지 설득으로 반성도 죄의식도 없을 것 같던 이들도 형장의 이슬로 사라지기 전 참회의 눈물로 용서를 구한다.

"저 또한 슬픔과 기쁨의 인간적인 감정이 없겠습니까, 제가 저지른 사건의 이유 여하를 막론하고 잘못되었음을 선생님 앞에 처음으로 고백합니다. 저 같은 죄인도 하나님께서 죄를 용서해 주실까요? 사회를 어지럽히던 살인자는 참회의 눈물을 흘리고 있다는 것을 세상 사람들에게 꼭 전해 주세요."

지존파 6명은 지방법원, 고등법원, 대법원에서 모두 사형을 선고받고 1995년 11월 2일 두목 김○환을 포함해 모두 신속하게 사형이 집행됐다. 보통 기존 대통령 임기 중에 벌어진 사건에 대한 사형집행 결정도 최소 2년은 기다려 주는 게 관례임을 생각하면 대단히 이례적인 일이었다. 무엇이 이들을 이토록 잔인하게 만든 것일까?

○ ● ○

전 정말 완전한 한국인이에요

…다문화 범죄

"우리 아들을 죽였다. 저 패딩 점퍼는 우리 아들의 옷입니다."라고 러시아 국적 어머니가 인터넷 커뮤니티에 러시아어로 글을 남기면서 알려지기 시작했다. 그 아들은 집단 폭행으로 추락사했다.

2018년 11월 13일 인천의 한 아파트 15층 옥상에서 중학생이 같은 학년 학생 4명에게 집단폭행을 당하다가 추락사한 사건은 충격적이다. 러시아 출신 어머니를 둔 다문화 가정의 14세 A 군은 어려서부터 친구들로부터 지속적으로 괴롭힘과 따돌림을 당했다고 한다. 청와대 국민청원 게시판에 올린 한 청원인은 자신을 A 군을 아는 지인이라며 "A 군은 초등학교 때부터 괴롭힘으로 힘들어했으며 지금 가해자들이 초등학교 때부터 알고 있었던 또래라고 알고 있다"며 A 군은 다문화 가정에서 힘들고 외롭게 살던 아이"라며 가해 중학생들에 대한 강력한 처벌을 호소했다.

그는 체구가 작고 마음이 여린 착한 아이였다. 아이는 러시아 국적 어머니와 단둘이 사는 다문화 한부모 가정 자녀였다. 한국인 아버지는 오래전 연락이 끊겨 행방을 알 수 없다고 한다. 사고 사흘 후 가해 학생들이 인천지법에서 영장실질심사를 받기 위해 인천 남동경찰서를 나설 때 모습이 언론에 보도됐다. A 군의 어머니는 자신의 SNS에 '영장실질심사 위해 이동하는 중학생들'이라는 기사를 게시하고, 사진 속 베이지색 패딩 점퍼를 입은 학생을 가리키며 "내 아들을 죽였다. 저 패딩 점퍼도 내 아들 것이다."라고 러시아어로 글을 올렸다. 인천 연수경찰서는 수사를 통해 그것이 사실임을 확인했다. 가해자 중 한 명은 숨진 소년에게 빼앗은 패딩 점퍼를 입고 경찰에 출두했다는 사실이 확인되면서 국민적 공분을 사고 있다. 글을 올린 엄마의 심정이 어땠을지 헤아리기조차 어렵다.

같은 또래 중학생에 대한 4명 가해자들의 폭행은 잔혹했다. 이들은 13

일 오전 2시 A 군을 공원으로 불러내 무릎 꿇고 살려달라고 애원하는데도 2시간 동안 피를 흘릴 만큼 때렸다. 이날 오후 5시경 다시 소년을 데려와 옥상에서 추락 직전까지 1시간 이상 폭력을 행사했다고 한다. 어린 학생들이 어떻게 이토록 잔인할 수 있는지 소름이 끼칠 정도다. 현장에서 붙잡힌 가해자들은 반성은커녕 체포 당시 자살을 만류했다고 폭행 사실을 전면 부인하는 진술을 하다가 경찰에서 폐쇄회로(CCTV) 영상을 본 뒤에 폭행을 인정하는 태도를 보였다.

지금 한국사회에는 수많은 학교 폭력 피해자가 있다. 이번 사건은 피해자가 다문화 가정 자녀라는 점에서도 더욱 가슴 아프다. 학교 폭력 피해자는 사회적 약자라는 공통점이 있다. 숨진 A 군은 사회적 소수자라는 점을 악용해 가해자들은 평소에도 피해자 집을 마음대로 드나들면서 간식을 시켜 먹거나 심부름을 시켰다고 한다. '다문화 가정에서 외롭게 살던 아이'는 학교 폭력의 희생자가 됐다. 여성가족부, 교육부에서 다문화 가족 교육정책을 시행하고 있지만, 학교 폭력은 더욱 잔혹해지고 피해자 수도 여전히 증가하고 있다.

1992년 한중 수교 이후 조선족 여성이 농촌 총각들과 결혼하기 시작하여 2000년대 들어 베트남, 캄보디아, 필리핀, 태국 여성들이 한국인과 결혼해 이주했다.

통계청은 2017년 다문화 출생아는 1만 8,440명으로 국내 전체 출생아(35만 7,771명) 중 5.2%를 차지했다고 밝혔다. 작년 태어난 신생아 20명 중 1명은 다문화 가정 출생아로 그 비중이 처음으로 5%를 넘어섰다.

2017년 초중고교 다문화 학생은 전년보다 10% 넘게 늘어나 최초로 10만 명을 돌파했지만 이들의 학업 중단은 일반 학생보다 4배 이상 높다. 이들이 집단 따돌림과 편견을 이겨내서 잘 적응할 수 있도록 학교와 지역 사회의 관심과 지원이 필요하다. 인천의 다문화 가정 중학생이 또래에게 폭행당한 끝에 사망한 사건은 우리 사회가 부딪히기 시작한 다문화 사회의 그림자다.

A 군은 초등학교 때부터 오랫동안 괴롭힘을 당했으나, 가족이나 학교 어디에서도 아픔을 보살피지 못했다. A 군이 도움을 요청할 사람이 아무도 없었다는 점이 우리 마음을 아프게 한다. 마음을 터놓고 이야기할 수 있는 교사, 생각을 나눌 수 있는 친구가 있는 학교를 만들어야 한다. 다문화 한부모 가정을 포용할 수 있는 사회가 돼야 한다.

이번 사건은 갈수록 포악하고 잔인해지는 10대 범죄와 더불어 우리 사회를 돌아보게 한다. 계속 반복되는 청소년 범죄의 흉포화 현상을 바라만 볼 것이 아니라 하루빨리 예방 대책을 세워야 한다. 청소년기에는 타인에 대한 아픔을 이해하는 공감 능력과 올바른 가치관을 심어주는 인성 교육이 필수적이다. 그러나 가정에서도 학교에서도 아이들을 성적지상주의 입시와 치열한 경쟁에 내몰고 있을 뿐 사람으로서 갖추어야 할 기본적인 전인 교육은 그다음이다. 우리 사회의 미래 주역들을 인성과 도덕심이 마비된 괴물 같은 존재로 만들지 않기 위해 지금부터 우리 사회가 무엇을 어떻게 해야 하는지를 진지하게 고민해야 한다.

숨진 A 군 어머니는 아들의 장례가 치러진 날 자신의 SNS 소개 사진을 A 군의 어릴 적 사진으로 바꿨다. 이어 해당 사진에 '사랑한다♥편히

쉬어라 내 아들….'이란 문구를 적어넣고 아들에 대한 그리움을 나타내고 있었다.

어머니는 같은 날 SNS에 장례에 도움을 준 이들에게 감사의 마음을 전했다.

"물질적인 지원에 감사드린다. 그(아들)의 마지막 여행을 보냈지만 더 이상 상처를 입지 않는다. 내 천사가 안식하게 합시다. 많은 사람에게 감사드립니다."

러시아에서 한국까지 와서 힘없이 사랑하는 자식을 잃은 엄마의 마음을 누가 치유해 줄 것인가?

그렇다면 다문화 2세들이 바라는 대한민국은 어떤 모습일까?

"친구가 놀리면 그 옆에 친구도 그걸 보고 똑같이 놀린단 말이에요. 다른 나라 친구들의 별명을 가지고 놀리지 않고 사이좋게 지냈으면 좋겠어요."

"너 나 없이 똑같이 평평한 것처럼, 그냥 사람들이 다 똑같았으면 좋겠어요."

"많은 걸 원하지 않고, 편애를 원하지 않아요. 그냥 다른 일반 학생들과 똑같이 대해주기를 원해요."(고1 여학생)

전 정말 완전한 한국인이에요

2012년 다문화 가정의 17세 소년이 연쇄 방화를 저지르다 경찰에 붙잡혔다.

"전 정말 완전한 한국인이에요. 그런데도 아이들은 '러시아', '튀기',

'헬로우'라고 불렀습니다. "

1995년 러시아 유학 중인 한국인 아버지와 러시아인 어머니 사이에서 태어난 소년은 아버지가 불의의 사고로 세상을 떠나고, 어머니가 가정을 버리자 한국으로 와서 할머니와 살았다. 조부모의 손에 이끌려 한국에 온 정 군은 2세 때부터 동생과 함께 조부모 밑에서 성장했다. 어머니 이상으로 헌신적인 할머니 덕에 초등학교 입학 전까진 아무런 문제도 없었다. 하지만 초등학교에 입학하면서 상황이 바뀌었다. 우리 사회에서 소년은 한국인으로 제대로 성장하기 어려웠다.

초등학교에 입학하자마자 외모가 다르다는 이유로 아이들로부터 놀림을 받고, 따돌림을 당했다. 중학생이 되어서도 마찬가지였다. 심한 우울증으로 정신과 치료도 받았으며 열등감에 등교를 기피하고 가출을 일삼다 결국 학교를 그만두었다.

자신을 받아주지 않는 한국 사회에 대한 분노와 절망, 자신을 유난히 사랑해준 할머니의 죽음에 대한 자책감에 분노를 표출하게 된다. 화염병을 만들어 자신이 다니던 학교 건물에 던진 것을 시작으로 방화를 일삼았다. "불을 지르는 순간 속이 시원했고 희열을 느꼈다"고 했다.

누가 한국인으로 당당하게 생활하고 공부하려는 그의 꿈을 짓밟았나? 누가 그를 범죄자로 만들었나? 바로 우리다. 다문화 가정 청소년들이 우리에게 진정으로 바라는 것은 일방적 동정이나 보호가 아니다. 같은 이웃으로 함께 살기를 원한다는 사실이다.

다문화 가정의 아이(2세)가 20만 명을 넘었다. 건강한 미래를 위해서라도 차별과 따돌림으로 그들을 학교 밖으로 내몰아서는 안 된다. 세상을 향해 울분을 갖게 해서는 안 된다. 다문화에 대한 우리의 태도와 교육부터 달라져야 한다.

유럽의 다문화 정책 실패 교훈 삼아야

1992년 4월 29일은 로스앤젤레스 폭동이 시작된 날이다. 미국 최초의 다인종 폭동이 일어난 것이다. 흑인 운전자 로드니 킹에게 무차별 폭행을 가한 백인 경찰들에 대한 무죄 평결이 난 후 흥분한 흑인들이 거리로 나오면서 순식간에 폭동으로 변했다. 흑인이 주도한 폭동이었지만 라틴계 이민자 출신들이 약탈에 참여하면서 한인 타운과 근처의 피코 유니언, 그리고 할리우드까지 퍼졌다. 당시 흑인 지역의 상권을 장악하고 있던 한인 소매업자들은 흑인들의 표적이 되었다. 로스앤젤레스 도시 전체는 마치 전쟁터처럼 화염에 휩싸였고 약탈과 총격으로 얼룩진 무법천지가 되었다. 경찰들은 거리에서 모두 철수했고 폭도들이 도시를 완전히 장악했다. 폭동을 일으킨 주요 원인인 인종 차별과 실업자와 빈곤 문제, 그리고 경찰 과잉 진압 등 구조적 문제들은 여전히 존재하고 있다.

미국에 거주하는 한국인들은 다문화 사회의 인종 갈등을 뼈저리게 경험했다. 로스앤젤레스 폭동은 다문화 사회로 변하고 있는 한국 사회에도 경종을 울리고 있다. 우리 정부가 근본적인 변화 없는 현재의 다문화 정책을 고수한다면 한국에서도 인종 폭동이 발생할 가능성이 매우 크다고 볼 수 있다. 이미 다문화 가정 자녀들의 중고교 중퇴율은 심각한 수준이다. 그들이 소외되고 그들이 사는 지역이 빈민 지구로 된다면 불만이 고조될 것이다.

최근 서울 대림동 대동초등학교의 올해 신입생 72명 전원이 다문화 가정 자녀라는 보도가 있었다. 절대다수는 중국 동포의 자녀다. 중국 동포의 대동초 선호와 한국 학부모의 대동초 기피가 맞물린 현상이다. 전교생을 기준으로 보면 10명 중 8명이 다문화 가정 자녀다. 다문화가 우리 사회에 이렇게 깊숙이 들어왔나 놀랍기도 하다.

다문화 갈등은 앞으로 점차 사소한 사건도 쉽게 분노와 폭동으로 만들 소지가 될 수 있다. 한국 정부도 올바른 다문화 정책을 지금이라도 수립해야 한다. 그래야만 인종 갈등을 미리 방지할 수 있다. 27년 전 로스앤젤레스 폭동이 우리에게 주는 교훈이다.

다문화와 구분해야 할 이슬람 난민

2018년 6월 13일 청와대 국민청원 게시판에 올라온 '제주도 불법 난민 신청 문제에 따른 난민법, 무사증 입국, 난민 신청 허가 폐지 및 개헌을 청원합니다.'라는 제목의 글은 71만 4천여 명이 넘는 국민의 동의를 얻어 역대 가장 많은 참여 인원을 기록했다. 청와대 국민청원 답변은 무사증 제도 보완책을 마련하고, 국제적 책무에도 노력하고, 난민 심판원을 신설해 난민 대응을 강화하겠다는 것이다.

이슬람 난민을 받아들인 유럽 선진국에서는 폭탄 테러 등으로 몸살을 앓고 있다. 예멘 난민들이 제주도로 몰려온 이유는 2002년부터 관광객들이 비자 없이 들어올 수 있게 하는 '무사증 제도'를 통해 관광객이 증가하면서 이와 관련된 범죄와 불법 체류자 또한 증가했다. 제주도에서 이 제도로 불법 체류자가 늘어나 제도적 정비의 필요성이 대두되고 있다.

정부에서는 외국인을 들여와 저출산율과 노동력을 해결하려 하는데, 출산율은 시간과 재정을 투자해 높이는 방식이 안정적이다. 우리나라가 난민 보호와 인권을 보호한다는 입장에서 난민을 인정하는 것은 부정할 수 없으나 한국이 난민들의 집합소가 되는 것은 막아야 한다. 특히 국가의 안보와 치안과 관련된 문제는 매우 중요하므로 철저하게 검증을 해야 한다. 난민을 신청한 사람들의 국적과 종교는 한국 사회에도 상당한 파문을 일으킬 소지가 많으므로 눈여겨보아야 한다.

왜 유럽은 이슬람으로 인해 골머리를 앓고 있는가?

지금 전 세계에서 일어나는 살상과 테러는 무슬림(이슬람교를 믿는 사람들)에 의한 것이 대부분이다. 문제는 우리나라에 난민으로 신청하는 사람들 가운데 파키스탄, 이집트, 카자흐스탄, 방글라데시, 시리아, 나이지리아, 이란, 예멘 등 이슬람 교인들이 대부분을 차지하고 있다.

유럽은 기독교 사상과 관용 문화의 바탕 아래 "우리가 잘해주면 그들이 우리와 힘을 합치지 않겠느냐는 단순한 생각으로, 외국인들을 포용하고 공존하고 평화롭게 함께하려 했으나 이슬람에 의해 다문화 정책이 실패했다. 특히 유럽이 다문화 정책에 실패한 이유로 이슬람의 인권과 미풍양속을 해치는 문화와 사상을 살펴보지 못했다. 유럽을 넘어 아시아까지 전 세계적으로 다문화 정책이 실패한 가장 큰 문제점 두 가지는 '이민'과 '난민'이다. '테러'는 이로 인한 결과로 발생한 것으로, 현재 유럽에서 가장 높은 이민자 비율을 가진 스웨덴은 테러와 폭력이 일상이자 삶의 한 부분으로 자리 잡았다고 한다. 샤리아의 기본 정신은 거짓말 해도 좋다는 교리와 전쟁 상태라는 세계관, 살해를 권하는 무함마드의 행동지침 등인데, 이것이 문제의 원인이다.

"무슬림 중 상당수가 본국에 처자를 둔 채 한국 여성과 중혼한다. 이슬람에서는 일부다처제가 허용되기 때문이다. 또한 남자가 여자를 때리는 게 죄가 아니다. 여성을 남성의 부속물로 여기는 탓이다. 교회가 이슬람의 급속한 유입을 경계하는 것은 신앙 문제뿐 아니라 우리 사회의 도덕과 질서를 지키기 위해서다. 난민을 가장한 이슬람 선교사, 테러분자, 과격주의자가 뒤섞일 수 있으니 정부에서 철저하게 난민 심사와 관리를 해야 한다."[15]

지금 유럽 여러 국가에서는 인권보호 정책으로 이들의 잘못을 말하면 처벌하는 법까지 만들었다. 테러를 당해도 이슬람이 나쁘다고 말하지 못하고, 테러 행위는 나쁘다고만 얘기한다. 어처구니없는 일이 벌어지고 있다.

이슬람 테러 문제는 결코 소홀히 하거나 인도적 차원에서만 바라볼 수 없는 아주 복잡한 문제다. 유럽 국가들이 무슬림 난민들을 노동력과 인구 감소라는 단순한 이유로 받아들인 결과, 지금 그들은 여러 가지 문제를 겪고 있으며, 사고가 터진 뒤 이를 해결할 방안도 매우 제한적이다. 우리나라도 유럽의 이슬람 난민 사례를 주의 깊게 살펴봐야 한다. 언론에 비친 어설픈 온정주의가 부른 유럽의 실패를 결코 답습해서는 안 될 것이다.

《유럽의 기이한 죽음》의 저자 영국 시사 평론가 더글러스 머리는 "지금 유럽인들이 기독교에 기반한 서구 문명의 정신적 가치와 자유 민주

---

15 '통일 전도사' 신동아 2018, 10월호

주의의 정체성이 주는 확신을 잃어버리고 과거 식민지 경영에 대해 속죄하고 보상하고 싶은 마음에 무슬림 난민과 이민을 조건 없이 받아들였다"고 분석했다. 그 결과 무슬림이 강력한 정치 세력이 되었고, 무슬림에 의한 범죄가 유럽에서 계속되고 있다고 주장한다. 난민은 일단 받아들이면 어깨를 비비며 대대로 함께 살 수밖에 없다. 우리는 우리 후손에게 크나큰 멍에를 지우지 않을 이민 정책을 신중히 수립해야 한다.

PART 02

일상의 그늘에 숨어 사는 그들

○●○

탈출구 없는 10대가 아프다

...학교 폭력

"집 도어락 비밀번호를 바꿔달라. 그 친구들이 비밀번호를 알고 있어 언제 다시 찾아올지 모른다. …살아있으면 더 큰 불효 … 엄마 아빠 사랑해요."

2011년 10월 한 중학생이 네 장의 유서를 책상에 올려놓고 스스로 목숨을 끊으면서 마지막 가족들에게 당부한 말이다.

놀라운 것은 우리 사회와 학교, 심지어 학부모도 10대의 사정을 전혀 모르고 있었다는 사실이다. 가정은 더 이상 사랑의 공동체가 아니다. 부모들은 아이들을 학교와 학원에 맡기고 오직 성적에만 관심을 갖는다. 가정은 더는 사랑의 공동체가 아니다. 부모와 자녀 간에 대화의 문이 닫혔고 학교는 모양이 다른 또 다른 형태의 감옥이다. 서로 돕고 상대를 배려하는 함께 사는 공동체가 아니다. 시험 성적보다 훨씬 중요한 인성 교육은 보이지 않고 오직 성적순으로 줄을 서는 대상에 지나지 않는다.

우리는 10대의 고통과 고민을 잘 알고 있다고 착각하고 있다. 무얼 생각하고 원하는지 무엇 때문에 고민하고 괴로워하는지 묻지도 않고 알지도 못했다. 이런 구조 속에 외로운 10대들은 자기들만의 세계를 만들었고, 고통과 고민을 선생님이나 부모들과 얘기하는 것이 아니라 그들만의 은어로 대화하며 폭력의 온상이 되었고, 그 안에서는 그들만의 규칙이 작동했다.

부모와 자식 간의 관계가 대학 진학을 위한 도구와 수단으로 변질했다. 우리나라 가족의 내면을 들여다보면 부모와 자식 간의 관계가 엄마는 학원이나 입시에 대한 정보력을 갖고 있어야 하고 아버지는 무관심해야 한다고 한다. 자녀들은 부모가 원하는 대학을 가는 기능을 수행해야 한다. 대학에 진학하면 그 기쁨은 대체로 진학한 자녀의 기쁨이기보다는 자기 부모의 것이라고 생각한다. 자녀는 부모를 대신해서 역할을 수행하는 도구가 아니다. 부모들은 성적을 완전히 빼고 자녀와 서로 관계 맺는 연습을 해야 한다.

천재 한 명이 수십만을 먹여 살린다는 망령을 추방해야 한다

천재 한 명만 돌보고 수십만 명을 제쳐놓고 있는 교육부터 없어져야 한다. 청소년 문제를 다룬 영화《파수꾼, 2011》의 시나리오 작업과 감독을 한 윤성현 감독은 한 언론과의 인터뷰에서 "영화를 떠나 한국 사회의 분명한 한 가지 문제점을 지적하면서, 학교에서 왕따를 당하는 건 자기 세계의 전부를 박탈당하는 것이다. 코소보나 소말리아에서 전쟁이 일어

나는 것보다 학교에서 왕따를 당하는 것이 개인에게는 더 큰 절망으로 다가온다."고 말했다.[16]

또한 한국 사람들은 온전히 자신을 위해 살지 않고 남의 시선과 평가에 기대서 살기 때문이며, 어릴 때부터 부모들이 원하는 자식상이 되기 위해 살고, 부모가 아들에게 전교 1등, 명문대 입학, 의사, 판검사를 요구하면 그것이 그들의 삶의 전부가 되어 살아간다. 수많은 어른이 강남의 콘크리트 아파트 한 부분을 인생의 성공이라고 생각하며 평수를 성공의 잣대로 삼는다. 남의 시선을 의식하는 건 교육에서도 마찬가지다. 단지 숫자에 불과한 성적표 등수 때문에 오늘도 수많은 10대가 괴로워하고 죽어간다. 타인의 시선과 기대가 아닌 내가 진정으로 무엇을 하고 싶은가를 고민하는 자녀들이 될 수 있도록 부모들은 더 이상 자신의 욕구를 요구해서는 안 된다고 말했다.

미친 시스템과 망가진 사회

부모들 대부분은 자녀가 학교에서 무엇을 배우는지는 별 관심 없고 등급과 석차로 표시되는 성적에만 관심이 있다. 성적과 명문대 목표 앞에서 자신을 보호하는 법을 배우지 못한 10대들은 자신의 고통을 해소하기 위해 자기보다 약한 친구들을 괴롭힌다. 그로 인해 피해 학생은 극단적인 자살을 선택한다.

자살을 선택하는 가장 큰 이유는 누구와도 소통에 익숙하지 않고 자신

---

16 경향신문, 2011. 12. 17.

만의 감정을 솔직하게 드러내는데 서툴기 때문이다. 지금 학교 시스템은 성적대로 순위를 매기고 서열화를 너무나 당연하게 받아들인다. 무조건 1등을 해야 하는 승자 독식이 아니라 강자 독식 사회가 되었다. 나보다 약한 누군가를 누르고 내가 올라서야 하는 사회 분위기가 된 것이다. 여기에서 밀리지 않게 부모들은 사교육에 돈을 쏟아 붓는 미친 시스템이 대학과 졸업 후 직장을 선택하는 지점까지 연결되었다. 이런 시스템이 계속되는 한 자녀도 불행하고 부모도 불행할 수밖에 없다.

10대들은 형제 없이 혼자 외동인 경우가 대부분이다. 형제들 사이에서 서로 공감하는 능력을 키울 기회가 줄었고, 학교에서는 인성 교육보다는 입시 경쟁만 가르친다. 놀이 문화를 통해 또래끼리 사회성을 학습하는 것인데 지금 아이들은 스마트폰으로 동영상 유튜브와 소통하는 데만 익숙하다. 덩치만 커졌지 남을 배려하지 못하고 남에게 폭력을 행사해도 자신이 뭘 잘못했는지를 깨닫지 못하는 경우가 대부분이다.

중앙대 사회학과 이병훈 교수는 "아이들이 숨도 못 쉬게 하는 경쟁 시스템이 가장 큰 문제이며, 영혼을 자유롭게 해주기보다 성적이나 입시에 매달리게 하는 교육이 문제이고, 성적에 매달리는 가족들, 경쟁을 부추기는 교육, 성적을 일자리와 연결하는 기업들의 관행 등 아이들을 질식시키는 정책을 고쳐야 한다고 말했다.[17]

사회 구성원인 청소년에게 어른이 되기 위해서는 인내해야 한다며 권리와 책임을 가르치기보다는 스스로의 창의력을 차단한 채 억압과 희생

---

17 꿈을 앗는 경쟁 시스템을 고쳐야, 경향신문, 2012. 01. 02.

을 강요하는 것은 아닐는지.

시험 등수가 어떤 가치보다 우선하는 제도에서는 학교와 부모들은 시험 성적에 신경 쓸 수밖에 없다. 학교 폭력의 근본 원인인 입시 위주의 현행 교육 과정을 전면 재검토해야 한다.

우리나라의 모든 대책이 가해자에 대한 처벌을 위주로 접근하고 있고 피해자에 대한 보호나 대책은 거의 없다. 가해 학생과 피해 학생 부모 모두가 맞벌이하는 경우가 많아 아이들이 보호받을 공간이 없고 혼자 고립되기 때문에 피해가 발생한다. 아이들의 폭력 문제에 교사, 학부모와 지역사회가 함께 관심을 가져야 한다. 마을 공동체가 살아 있을 때는 회복을 위한 오랜 전통이 있었지만 마을은 이미 무너졌다. 학교 교육을 성적 주의가 아니라 인성 교육의 방향으로 교육 체제를 개편해야 한다.

가혹한 경쟁 시스템

학교 폭력의 피해 학생이나 가해 학생은 전문직 부모를 둔 가정이거나 맞벌이 가정의 외동 자녀인 경우가 많다고 한다. 방과 후 혼자 있는 시간이 많고 남을 배려하는 마음이 부족해서 공감 능력이 떨어진다는 것이다.

"엄마 아빠도 맞으면서 컸어. 별거 아니야. 그거 하나 해결 못 하면 인생 성공할 수 없다, 이거 하나 이기지 못하면 인생의 실패자가 된다, 맞지만 말고 너도 싸워." 이런 말을 들으면 부모가 나의 상황에 방관하고 있구나 하는 감정을 가질 수 있다고 한다. 이런 언어는 피해야 한다.

평소에 자녀들과 대화를 하면서 상태를 잘 파악해야 한다. 자녀가 피해자뿐만 아니라 가해자일 때도 상황을 인정하고 적극적으로 학교에 알려야 한다.

"엄마 아빠가 지켜보고 있을 테니 걱정 마라, 선생님이나 부모에게 도움을 청하는 것은 부끄러운 것이 아니란다." 등의 말을 하는 것은 자녀에게 심리적으로 안정을 줄 뿐 아니라 도움이 된다고 한다.

학교 폭력과 왕따에 대한 모든 해결책은 하나로 결론 난다. 피해자가 용기를 내서 피해 사실을 말하는 것이 해결의 시작점이다. 용기를 내서 먼저 말해야 한다. 말해야 상황이 변하게 된다.

"고민을 말했더라면 죽음을 막을 수 있었을 것"이라는 말을 많이 한다. 그러나 말을 할 수 없었기 때문에 죽을 수밖에 없는 절박한 심정을 모르고 있다. 왜 말을 할 수 없었는가에 초점을 맞추어야 한다. 말을 해봤자 보복이 두렵고 해결되지 않는다고 생각하기 때문에 말을 할 수 없었던 것이다. 말하기 힘들면 일기를 쓰거나 편지를 써서 그 기록을 보여주면서 이야기를 하면 훨씬 쉽다. 기록하고 말하고 용기를 내면 폭력의 굴레에서 벗어날 수 있을 것이다.

폭력을 예방하고 대처하는 세 가지 규칙이 있다.

"나는 폭력을 쓰지 않을 것이다. 나는 혼자 있는 아이들을 도울 것이다. 나는 폭력을 당하는 것을 보면 곧바로 어른들에게 알릴 것이다."

학교 폭력을 상담하는 전문 상담 교사들은 "부모들 대부분이 자기 자녀가 피해 학생이 될 수 있다고 생각해도 가해 학생이 될 수 있다는 생각은 전혀 하지 않는다. 그러나 우리 자녀도 가해 학생일 수 있다는 점을 꼭 명심하시기 바란다."라고 말한다. 또한 "가해 학생 처벌 위주의 정책보다는 피해 학생이 고립 상황을 벗어날 수 있는 힘을 길러주는 것이 중요하고, 가해 학생 또한 사회나 가정에서 보호받지 못한 채 폭력적 상황에 내몰린 피해자라는 점"을 기억하라고 말한다.

성적 지상주의의 무한 경쟁 속에서 스트레스와 좌절을 겪는 자녀들에게 가장 필요한 것은, 무슨 일이 있어도 자신을 믿고 지지해줄 부모다. 부모들은 그러나 좋은 성적으로 일류대학에 진학하고 대기업에 입사하거나 의사 판검사를 만드는 것을 자녀 사랑으로 착각하고 있다.

10대는 위기에 처해 있다. 자녀와 소통하며 공부 얘기보다는 "힘들지, 오늘 무슨 게임했니?"라며 관심을 갖고 대화하는 것이 필요하다. 일류대학 좋은 직장보다는 남의 아픔을 이해하고 돕고 배려하는 마음으로 함께 살아가는 것이 인생이기 때문이다.

자신의 진실과 무고함을 죽음으로 공론화해 법이 만들어진 사회는 더 이상 사회가 아니다.

○●○

혼자 절대로 이길 수 없는 싸움

…중독

게임 중독

"게임에 몰두하다 보면 현실과 게임 속 가상 현실을 혼돈해 자신도 모르게 폭력 성향을 보일 수 있다"

2017년 경기 시흥에서 생후 11개월인 아기의 복부를 때려 숨지게 한 친부모가 붙잡혔다. 이 부부는 5세, 3세인 아이들을 집에 방치하며 양육 수당이 들어오면 PC방에서 하루 최대 12시간씩 게임을 즐긴 것으로 드러났다. 아기의 사망 원인은 '장 파열'이었다.

얼마 전 대법원에서 인천 초등생 살해범으로 징역 20년이 확정된 주범 김 모 양은 소셜네트워크 서비스(SNS) 중독과 관련된 최악의 사례일지 모른다.

게임 중독 아들과 부모의 갈등을 다룬 다큐멘터리가 몇 년 전에 방영된 적이 있었다. 게임에 정신이 팔려 전화도 받지 않는 아들에게 엄마가 화가 나 인터넷 선을 뽑아버리자 아들은 물건을 던지며 "게임 안에 사람들이 있잖아!"라며 소리친다. 게임 속 팀원들에게 설명도 못 한 채 게임에서 나왔다는 것이다. 함께 사는 사람보다 게임 속의 사람들을 더 생각하는 모습에 시청자들은 충격받았다.

전북 정읍에서 게임에 중독된 30대 남자가 '게임'과 '현실'을 구별하지 못하고 아버지를 흉기로 찌른 사건이 발생했다. 최근 폭력성과 선정성이 강해진 게임이 경쟁적으로 등장하면서 그 폐해가 늘고 있다. 자신을 대신하는 게임 속 캐릭터를 통해 대리만족을 느낄 수 있기 때문에 더욱 빠져들기 쉽다. 게임이든 알코올이든 그 자체가 아니라 중독이 문제다.

2019년 스위스에서 열린 제72차 세계보건총회 B 위원회에서 게임 중독을 질병으로 지정한 국제질병 표준분류기준 개정안(ICD-11)을 만장일치로 통과시켰다. 게임 중독을 '질병'으로 공식화하는 조치다. WHO는 세계 질병 분류기호 초안에서 ▶게임을 하는 행동을 멈출 수 없고 ▶다른 취미나 활동보다 게임을 최우선으로 여기며 ▶문제가 생기더라도 계속하거나 시간을 늘리며 ▶개인이나 가족, 사회, 학습, 일 등에 중대한 문제가 생기는 경우를 게임 중독이라고 정의했다. 이런 문제가 12개월 이상 반복되면 질병으로 보고 치료해야 한다는 것이다.

게임 중독의 폐해를 예방하는 동시에, 게임 강국 한국의 글로벌 이미지를 구축한 수출 효자 산업이 조화를 이루도록 정책의 실마리를 찾는 것이 정부가 할 일이다.

인스타그램 우울증

'인스타그램 우울증'을 호소하는 젊은이가 늘고 있다. 구글 드라이브를 통해 조사한 온라인 설문조사에 의하면 응답자의 90%가 현재 인스타그램을 이용한다고 답했다. 이들은 다른 사람들과 자신의 인스타그램을 비교하면서 상대적 박탈감과 열등감을 느낀다고 호소한다. 이는 SNS 플랫폼 중 가장 높은 이용률이다. 다른 사람들과 자신의 인스타그램을 비교하면서 상대적 박탈감과 열등감을 느낀다고 호소한다. '인스타그램을 포함한 SNS를 하면서 상대적 박탈감을 느낀다'는 응답자가 65%나 됐다. 인스타그램을 보면서 자신이 느낀 부정적인 감정은 "원망, 우울, 슬픔, 자괴감, 처량한 신세"라고 응답했다.

윤상용 충북대 아동복지학과 교수는 "상대적 박탈감은 SNS로도 충분히 촉발될 수 있다. 특히 자신의 삶에 만족하지 못하는 사람에게 흔히

나타난다. 더불어 그 사람과 같아지고 싶다는 내면의 욕망도 일으킨다"고 말했다.[18]

물론 인스타그램 게시물은 일상의 행복을 과장하는 측면이 있다. 몇 해 전 호주의 10대 인스타그램 스타가 "SNS 이미지는 모두 가짜"라는 고백과 함께 소셜미디어 중단 선언으로 화제가 된 것도 그 이유다. 그는 16~18세 사이의 화려한 일상을 자연스럽게 보이도록 만드는 한 장의 사진을 얻기까지 몇십 번이나 촬영을 거듭하면서 온종일을 SNS 활동에 쏟아부었다고 털어놓았다. "고민 같은 것은 의도적으로 올리지 않는다. 다른 사람들은 내 인스타그램을 보면서 아마 내가 즐겁게 사는 사람이라고 생각 할 것"이라고 말했다. 또 다른 대학생은 "내 인스타그램에 올린 여행 사진이 내 실생활을 반영하지는 않는다. 내 삶은 리포트와 시험 노동으로 점철돼 있다. 수업이 끝나면 자정까지 알바를 한다"고 말했다. 자신의 부족한 부분을 솔직하게 오픈하고 일상을 올린다면 많은 사람이 공감과 위안을 받을 텐데, 좋은 점만 올리니 상대적 박탈감과 우울감을 주는 것이다.

박희선 고려대 미디어학과 교수는 "SNS 업로더들은 물 밖에서는 우아하지만 물속에서는 힘겹게 발을 움직이는 백조와 같다."고 말했다. 자신의 생활 속에 안 좋은 부분은 제외하고 가장 좋은 부분만 올린 것을 백조로 비유한 것이다. 일부 응답자 중에는 "실제보다는 꾸며낸 일상일 것"이라고 생각하고 위안하다가도 우울감에 빠지기도 한다는 것이다.[19]

....
18 인스타그램 우울증, 신동아, 2019. 1월호
19 인스타그램 우울증, 신동아, 2019. 1월호

학교와 가정에서 10대들에게 현실과 온라인 세상 사이에서 균형을 잡도록 일깨워주는 일이 무엇보다 중요해졌다. 잠재적 중독의 위험성을 알리기 위해, '과도한 SNS 의존이 청소년의 정신 건강을 좀먹고 있다' 경고 그림과 문구를 담배의 경우처럼 올려야 할지 모르겠다.

최고 이율 8,256%, 10대 또래 등치는 사채업자들

"혼자서는 절대 이길 수 없는 싸움을 하고 있다"며 한 고3 학생이 국민청원에 구조를 요청했다. 온라인 불법 도박의 피해자였던 그는 10만 원을 따며 도박에 빠져든 후 이틀 만에 1천3백만 원을 잃었다. 결국 죄책감에 자살을 시도했고, 자살 소동 후 100일간 도박을 멀리했다. 하지만 집요하게 계속되는 도박 사이트의 전화와 공짜 포인트의 유혹에 흔들려 다시 도박에 빠졌다. 이 학생은 2주 만에 500만 원을 탕진했다.

이미 인터넷에 만연한다는 대리 입금, 이자가 일주일에 50%나 되는 고금리 대출도 있다. 인터넷으로 쉽게 접할 수 있는 불법 도박은 대출, 절도, 자살 등 2차 피해를 유발하고 있었다. 온라인 불법 도박은 사이트를 해외 IP로 만들어 추적도 어렵고 뚜렷한 해결책도 없다. 한국 도박문제관리센터는 "전국 14만 명의 청소년이 도박 중독 고위험군"이라고 밝혔다.

불법 스포츠 도박 사이트는 스마트폰과 계좌번호만 있으면 별다른 성인 인증 절차 없이 손쉽게 가입이 가능하다. 농구부터 야구, 축구, 컴퓨터 게임 등 돈을 걸 수 있는 종목도 다양하다. 경찰 단속 또한 쉽지 않다. 운영 IP 주소가 해외에 등록돼 있고 입금 관련한 계좌도 대포통장으로 연결돼 있어 추적이 어렵다. 무엇보다 스마트폰으로 베팅이 가능해 24시간 언제든 도박을 할 수 있는 환경이다.

"용돈이 궁한 애들은 자발적으로 높은 이자를 제시하며 돈을 빌리기도 한다. 당장 돈이 필요하니 충동적으로 빌리고, 이를 갚지 못해 또래들에게 폭력이나 협박에 시달리는 경우가 많다"고 자신의 경험을 털어놓는 10대도 있다.

10대 고리대금 문제는 학교 안에서만 벌어지는 게 아니다. 한국도박문제관리센터 서울 센터장은 "SNS에 돈을 빌려준다는 글을 올린 친구는 브로커일 뿐, 실제 채권자는 대부분 자퇴생이거나 같은 학교를 졸업한 성인인 경우가 많다. 이들은 채무자가 돈을 갚을 때까지 성인 못지않게 물리적인 압박을 가한다"고 말했다.

청소년 대부분은 SNS를 통한 고리 대출이 불법이라는 사실을 알지 못하거나 알더라도 보복이 두려워 신고하기를 꺼린다. 10대를 상대로 한 불법 사기 금융은 성인 간 고리대금업의 양상과 크게 다르지 않다. 특히 10~20만 원 등 소액 대출을 권하는 수법이 사회 초년생을 노린 '작업대출'과 동일하다. 현행 이자 제한법에 따라 연 24%를 초과하는 이자를 받은 사람은 1년 이하 징역이나 1,000만 원 이하 벌금형에 처한다.

전문가들은 청소년 도박과 고리대금업의 연관성에 대해 끊임없이 경고한다. 가장 큰 문제는 도박과 사채에 한번 손을 대기 시작하면 헤어나오기 쉽지 않다는 것이다. 더군다나 10대 간의 고리대금은 또 다른 범죄를 유발할 가능성이 높다. 대표적으로 '학교 폭력'을 들 수 있다.

10만 원 빌리고 일주일 만에 30만 원 상환, 최고 이율 8,256%로 빌린 돈으로 온라인 도박, 게임 아이템 구매, 콘서트 티켓팅을 한다. 10~20대 채권자는 빌려준 돈 받겠다며 친구 집을 찾아가 폭행을 가하는가 하면 개인정보 유출, 불법 채권 추심, 학교 폭력 등 심각한 2차 피해를 일으킨다. 금융감독원은 "단속권 없다"는 이유로 대리 입금 피해자에 대한 안전장치가 전무한 상태다. 정부에서는 청소년을 깊은 수렁으로 몰아넣는 게임 관련 도박을 차단하고 피해 방지를 위해 관심을 가져야 한다.

○●○

안녕, 잘 지냈니?

...버지니아 공대 총기 참사

내가 조○○와 가장 가까이 있었던 순간은 일대일 강의를 하던 시간이었어요. 나는 그에게 다른 학생들과 의사소통하는 법을 배워야만 한다고 말했고 그는 처음으로 내게 말했어요.

"난 그걸 어떻게 하는지 몰라요."

"그럼 누군가에게 다가가서 '안녕, 잘 지내?'라고 말해봐."

조○○는 잠시 침묵을 지키더니 내게 말했어요.

"언젠가 그렇게 해보겠어요."

나는 총기 난사 바로 전에 그가 그 말을 했다는 것을 알고 울음을 터뜨리고 말았어요.

_루신다 로이, 조○○ 지도교수

2007년 4월 16일(한국 시각 4월 17일로 넘어가는 자정 무렵) 미국 버지니아주 블랙스버그에 위치한 버지니아 공대에서 일어난 총기 난사 사건으로 32명이 사망하고 29명이 다쳤다. 범인은 재미 한국인 조○○으로 밝혀졌고 사건 직후 자살했다. 그는 범행 당시 대한민국 국적을 가진 미국 영주권자였으며 8세(만 7세) 때 미국에 이민을 간 이민 1.5세대였다. 그는 사건 당시 버지니아 공대에서 영어를 전공하는 4학년생으로 재학 중이었으며 사건 직후 난사하던 총기로 자신의 얼굴을 쏴 자살하였다. 조○○○는 경제적 불평등과 피해망상에 시달리다가 범행을 저질렀다.

미국 언론은, 그는 정신병자로서 살인했다며 다음과 같은 내용을 보도했다.

그는 세상을 몹시 증오했다.

"너 때문에 이 일을 저질렀다."(You caused me to do this.)의 'You'는 배신한 여자 친구가 아니라 세상이었다. 그는 금목걸이, 보드카, 메르세데스 벤츠 등을 언급하며 쾌락주의에 빠진 사람들에 대한 적개심을 드러냈다. 버지니아대 상담 심리학자 듀이 코넬은 "자신이 원하는 대우와 실제 받는 대우의 차이 같은 것을 통해 계속해서 우울감과 분노를 증폭시킨다. 이들은 자신이 상상한 타인의 모습과 실제 모습의 자신과 타인과 세상을 한 번에 끝장내려 하는 심리 상태에 빠진다."라고 했다. 그는 자신을 영웅시하며 "모세처럼 나는 바다를 가르고 나의 백성, 모든 시대의 연약하고 준비되지 않은 어린이들과 나의 사람들을 이끌 것이다."라고 말했다.

억눌린 자살 욕구를 가졌다는 것이다. 성격장애와 살인범 전문가인 마이클 스톤 박사는 "모욕당하고, 굴욕을 느끼고, 화가 나는데, 대화의 기술도 모자란 사람이 극단에 몰리면 자살 시도에서 살인 시도로 옮겨 가게 된다. 총격 사건 범인들의 궁극적 목표는 자살"이라고 했다.[20]

조○○는 1999년의 미국 컬럼바인 고등학교 총기 난사 사건의 범인들을 '순교자(martyr)'로 표현했으며, 대학과 항공사를 잇달아 테러한 시어도어 카친스키를 따라한 것으로 보인다. 클린트 반잔트 전(前) 미국 연방수사국(FBI) 분석관은 "그는 죽음 이후 자신의 생각이 세상에 알려지는 것을 '궁극적 승리'로 여겼을 것"이라고 말했다.

그는 마치 전문 킬러처럼 행동했다. 생존자들은 범인이 엄청난 양의 총탄을 쏟아냈으며 감정의 변화를 보이지 않은 상태에서 시종 침착하게 범행을 진행했다고 말한다. 강의실 문을 열고 들어와 "안녕, 잘 지냈니?"(Hi, how are you?)라고 인사하는 것을 들었다거나 심지어 "미소를 띠고 있었다."고 증언한다. 로빈 코왈스키 클램슨대 심리학과 교수는 "범인 조○○는 매우 조직적이고 계산적으로 행동했다. 무엇을 하고 싶은지 너무도 분명히 알고 있었다."라고 말했다.

그는 다양한 무기로 자신을 무장했다. 양손에 총을 들고 탄창이 주렁주렁 달린 조끼를 입었는데, 전문 킬러처럼 강하게 보이려는 흔적을 엿볼 수 있다. 공개된 사진에서 그는 야전용 나이프를 목에 대거나 망치를 든 모습도 보였다.

....

20 《매드무비》 후안 고메스 후라도, 송병선 역, 꾸리에, 2009

단 한 가지 선택, 그것은 너희의 것이다

여기서 모든 게 끝나는 거야, 인생의 마지막, 이런 인생.

"너희들이 나한테 해준 만큼 총알로 되갚아주마. 너희에게는 오늘을 피할 수 있는 수천 번의 기회와 방법이 있었다. 하지만 너희는 내가 피를 흘리기를 선택했다. 너희는 나를 벽으로 밀어 넣었으며 나에게 단 한 가지 선택만을 남겼다. 선택은 너희 몫이었다. 이제 너희의 손에는 결코 씻기지 않을 피가 묻었다. 너희는 나의 마음을 망가뜨렸고 나의 영혼을 강간했으며 내 양심에 방화를 저질렀다."

조○○는 이런 글을 낭독한 비디오를 총기 사건이 일어나기 직전에 NBC 방송국에 보냈다.

버지니아 공대 총기 난사 사건의 범인 조○○가 한국계였다는 사실이 알려진 후 한국인에 우려됐던 보복 행위는 일어나지 않았다. 이는 조○○가 한국인이 아닌 미국인이라고 여기는 미국 사회의 '성숙한' 시민 의식 때문이라는 분석이 지배적이다.

조○○ 사건에도 불구하고 미국의 한인 사회가 별다른 불이익을 받지 않았다면 다행이다. 이번 사건을 대하는 미국인들의 태도와는 별개로 조○○가 8살에 미국으로 이민 가서 현지 생활에 적응하지 못해 15년간 외톨이로 보낸 것은 소수 민족에 대한 차별 문제도 무시할 수 없는 원인으로 꼽히고 있다. 사건이 나기 전부터 존재했던 소수 민족 차별 분위기가 없어지지 않는다면 제2, 제3의 조○○가 또 나올 수도 있다.

미국 사회의 소수 민족 문제에 대해 한국계 미국인인 재클린 김이 미국의 진보적 웹사이트 '커먼드림스'에 사고 후 기고한 글에는 한 번의 실수로 미국 주류 사회에서 '왕따'를 당했던 자신의 경험을 소개하며 조ㅇ ㅇ의 심리를 분석했다.

그는 "조ㅇㅇ가 아무리 자기의 속마음을 드러내지 않는 성격의 소유자였다 하더라도 주변 인간관계에 아무런 문제가 없었다면 총기 사고 같은 끔찍한 사건을 일으키지는 않았을 것"이라고 주장하며 사건이 일어날 수밖에 없었던 주변 상황과 조건이 존재했다는 것이다.

그들이 그럼에도 강한 이유

《미국 이후의 미국》(미다스북스. 박선규) 책에서는 버지니아 공대 참사에서 조ㅇㅇ도 가해자라기보다는 피해자로 보는 미국인의 시각을 조명하고 있다. 버지니아 공대 캠퍼스에 마련된 희생자 추모석에는 조ㅇㅇ에게 희생당한 안타까운 32명의 학생들 추모석과 그 옆에 가해자인 조ㅇㅇ의 추모석이 함께 있었다. 그 앞에 꽃다발도 놓여 있었고, 이런 글도 있었다.

"너를 향한 사람들의 가슴속 분노가 사랑으로 변하기를! 33명 희생자 모두 고난이 아스라한 기억으로 사라지기를! 네가 그렇게 절실히 필요로 했던 도움을 받지 못했다는 것을 알고 가슴이 아팠단다. 머지않아 네 가족이 평온을 찾아 치유될 수 있기를 바란다. 하나님의 축복을 기원한다."

너를 미워하지 않아 오히려 가슴이 미어진다. 가해자를 비난하기보다는 위로와 도움을 주지 못함에 한결같이 자책하고 있는 글이 대부분이다. 조 씨의 끔찍했던 삶을 위로하고 평안을 기원하는 내용들이었다. 놀라지 않을 수 없었다. 엄청난 참극에 가해자를 비난하고 원망하는 대신 내 탓이라고 반성하는 글들이었다. 조〇〇가 쏜 총에 다리를 다친 가레트라는 학생은 "조〇〇에 대한 나쁜 감정은 없다. 조〇〇를 용서한다. 이런 사건이 일어나기 전에 그를 만났더라면, 그래서 그에게 다가갈 기회가 있었더라면…."라며 놀랍게도 그는 병상에서 조〇〇를 따뜻이 감싸주지 못한 것을 아쉬워하고 있었다.

그런 분위기는 나흘 후 희생자 애도의 날에도 그대로 이어졌다. 미국 전역에서 생존자들을 기리는 촛불집회와 추모식, 기도회가 잇달아 열렸다. 특히 비극의 현장인 버지니아 공대에서는 33개의 풍선이 날아오르고 33번의 종소리가 울려 퍼졌다. 32개는 희생자를 위해, 마지막 33번째는 가해자를 위한 것이었다. 놀라운 일이다. 조 씨를 가해자라기보다는 피해자라고 생각하고 있었으며 책임자에 대한 처벌을 요구하거나 비난하는 분노의 목소리도 없었다.

추측 기사나 선동적인 언행이나 분열을 조장하는 내용 없이 차분하게 대응하는 언론의 모습도 인상적이었다고 저자는 말한다. 어디서도 참사를 인종이나 국적과 연결 지으려는 시도는 없었고, 이번 참사는 정신병 이력을 가진 개인이 저지른 사건임을 언론들은 보도했다. 시청자들의 냉정함도 빛났다.

언론의 관심은 참사의 원인을 규명하고 재발 방지 대책을 찾는데 초점이 맞춰졌다. 정신 이상자의 총기 소유 제도의 허점과 대학 내부의 치안 문제 등 사회적 시스템을 주요 쟁점으로 보도했다. 그리고 수사 결과를 재촉하거나 서둘러 대책을 내놓으라는 주장은 하지 않았다. 대신에 수사 당국을 믿고 기다리는 차분함이 이어졌다. 슬픔 가운데서도 학교는 며칠이 지나지 않아 일상의 모습으로 돌아갔다. 만약 한국에서 이런 사건이 일어났다면 과연 어떤 일이 일어나고 사건은 어떻게 진행되고 있을까? 많은 인종이 섞여 살지만 문제를 풀어가는 방법과 국민성에서 미국이 왜 세계를 지배하는지 이유를 알 수 있게 하는 대목이다.

국제결혼이나 일자리를 찾아 우리나라에 정착한 이민자와 그 자녀들을 다문화라고 분리해서 바라보지 말고 우리 국민으로 보고 정책과 대안을 마련해 나가야 한다.

정지윤 명지대 국제교류경영학 교수(한국 이민 다문화정책연구소 소장)는 "어린 시절부터 '우리랑 똑같은 한국인이야'라고 가르쳐야 한다"며 "다문화 자녀 중에는 2~3개 언어를 구사하는 등 재능이 뛰어나 나중에 우리 사회를 이끌 인재가 될 아이들이 많다. 이런 좋은 면을 자꾸 알려야 한다"고 말했다.[21]

저출산과 맞물려 다문화 가정이 우리 사회의 중심 세력으로 자리 잡고 있다. 무시와 편견보다는 포용과 함께 사는 공동체라는 인식으로 바뀌어야 한다. 만약 그렇지 못한다면 버지니아 공대 총기 사건이 우리 앞에 벌어질 날도 멀지 않은 것 같다.

한국 사회를 공포로 몰아넣었던 일련의 연쇄살인 사건에 대한 관심은 피해자나 가족들의 눈물이 채 마르기 전에 대중과 사회에서 금세 잊히

---

[21] 다문화'로 분리하는 것에서 차별 시작, 낙인 효과 없애야, 중앙일보, 2018. 12. 12.

는 것이 한국 사회다. 개개인의 물질적 이익만을 중히 여기며 주변과 사회에 무관심한 극도의 개인주의 사회에서 '피해자들은 어떤 사람들이었을까? 그들을 살리기 위해 어떤 노력을 했나?'라는 생각조차 하지 않는 사회가 되었다.

아무런 망설임도 없이 상상에서 살인으로 건너가는 구체적인 대상에 대한 분노나, 증오에 매개되지도 않은 채 주저함 없이 다른 사람에게 총격을 가하는, 이 공허하고 이유 없는 악은 어디에서 무엇으로부터 탄생한 것일까? 우리들의 문명적 수준은 이 악에 대한 탐구를 시작할 준비가 되어 있는 것일까?

조○○는 20년 동안 간직하며 키워 온 성격적 결함과 정신적 문제 등으로 말미암아 자신만의 '악마'를 배양해온 것이 아닌가 한다.
_제임스 알렌 폭스 범죄학 박사

너희들은 너희가 원했던 모든 것을 가졌지만 만족하지 못해, 이 속물들아.
_조○○

고통은 귀먹은 세상을 불러 깨우는 하나님의 메가폰이다.
_C.S. 루이스

술 권하는 사회

...음주 문화

새벽 2시, 몸을 가누지 못할 만큼 취하여 돌아온 남편에게 "누가 이렇게 술을 권했는가?" 하고 물었을 때 남편은 "이 사회란 것이 내게 술을 권했다오!"라고 푸념하였다.

"술 아니 먹는다고 흉장이 막혀요?"

남편은 "아아, 답답해!"를 연발하며 붙드는 소매를 뿌리치고 또다시 밖으로 나간다. 아내는 멀어져가는 발자국 소리에 "그 몹쓸 사회가 왜 술을 권하는고!" 하고 절망을 되씹는다.

일제 치하 부조리한 현실의 고통을 술로 달래는 나약한 지식인의 초상을 해학적으로 그린 현진건의 단편소설 〈술 권하는 사회〉[22]는 끝내 남편을 이해하지 못하는 아내의 절망적인 탄식으로 끝맺는다.

술 광고는 또 어떤가.

"처음 뵙겠습니다. 술은 좀 하세요?", "…음~~ 이슬 한 방울?", "한 잔 받으세요…. 당연히 첫 잔은 원샷이겠죠? 반샷 안 돼요~", "나~~순한 네가 너무 좋아."

....

22 〈술 권하는 사회〉는 1921년 11월 《개벽》에 발표된 현진건의 초기 단편소설이다. 식민지 조선 사회의 부조리함을 알면서도 저항하지 못하고 술을 벗 삼아 주정꾼으로 살아가는 나약한 근대적 지식인을 풍자한 자전적 신변 소설이다.

젊은 남녀의 닭살 돋는 대화가 아니다. 국민 여동생이라 불리는 스타들이 등장하는 소주 광고다. 소주 CF 모델은 스타의 인기를 가늠하는 바로미터가 된 지 오래다. 당대 최고의 스타들은 모두 술 광고 모델을 거쳤다. 텔레비전 맥주 광고에서 술을 벌컥벌컥 마시는 장면은 상표를 기억하는 데 영향을 준다는 연구도 있다. 맥주 광고는 목 넘김 소리를 극대화하고, 거품의 부드러움을 최상급으로 표현하는 데 사활을 건다. 술 광고의 힘이 막강하다는 뜻이다.

"많으면 해가 되고 적으면 이로운 여덟 가지가 있다. 술, 부, 섹스, 여행, 노동, 수면, 더운 목욕, 피 흘리는 싸움."

'탈무드'의 한 구절이다. 무엇을 금지하거나 권고하는 것은, 그만큼 인간의 욕망이 크거나 반대로 행동하는 사람이 많다는 얘기다. 포도주는 대홍수에서 살아난 노아가 방주에서 나오자마자 맨 먼저 포도나무를 심고 열매를 수확해 술을 만들어 마셨다고 성서는 기록하고 있다.

대한민국 사회에서 음주 문화는 빠지지 않는다. 일상의 고단함을 덜어주고 시름을 잊기 위해 술 한잔 먹으며 업무에 쌓인 스트레스를 풀고, 친구들과 직장 동료와 술 한잔 마시며 조직의 단합을 다짐한다. 술은 어떤 이유로든 인간의 삶과 늘 함께한다.

그러나 일시적인 위로의 동반자인 술의 어두운 면을 잊어서는 안 된다. '술은 처음엔 친구이지만 나중에 적이 되는 변절자'라는 영국 속담이나 '악마가 너무 바빠 사람들을 찾아갈 수 없을 때에는 대신 술을 보낸다'는 탈무드에 나오는 말처럼 항상 경계해야 한다.

분위기 좋게 시작한 술자리는 잔이 돌고 술기운이 올라오면 돌이킬 수 없는 어리석음을 범하게 된다. 탈무드는 '사흘에 한 번 마시는 술은 금 (金)이고, 밤술은 은(銀)'이라면서 낮술은 독(毒)과 같다고 했다. 그러나 우리식 표현이 훨씬 가슴에 와 닿는다. '낮술에 취하면 에미애비도 몰라본다.'

2016년 세계적으로 술 때문에 300만 명(남성 230만 명)이 사망했다고 WHO는 분석했다. 지구상에서 1분에 6명 정도가 술로 인해 사망한다고 한다.

최근 발간된 《술과 건강에 대한 국제 현황 보고서 2018》(WHO(세계보건기구))에 따르면 우리나라 연평균 1인당 알코올 섭취량은 알코올 16.7ℓ 이다. 소주 273병, 맥주(5도, 500㎖) 668캔을 마셔야 섭취할 수 있는 알코올 양이다. 1주일에 소주 5병이나 맥주 13캔가량을 계속 마셨다는 의미다. 남성이 16.7ℓ로 여성(3.9ℓ)보다 4배 이상 많았다.

일본(8ℓ)과 중국(7.2ℓ)뿐 아니라 미국(9.8ℓ)도 우리보다 술을 덜 먹는 것으로 조사됐다. 리투아니아(15ℓ), 나이지리아(13.4ℓ), 프랑스(12.6ℓ), 호주(10.6ℓ) 등 같은 기간 한국이 연간 1인당 알코올 섭취량이 가장 많다.

한국 사회가 다른 나라에 비해 '술 권하는 사회'인 것만은 분명하다. 과거와 달리 회식 자리에서 음주를 강요하는 문화가 많이 사라졌지만 여전히 술을 잘 마시는 사람이 모임에서 환영받는다.

"술은 200가지 정도의 사고, 질병 등을 초래하는 것으로 추산된다"며 "러시아 사례처럼 정부가 의지를 가지면 술 소비량을 획기적으로 줄일 수 있는 만큼 각국 정부는 알코올로 인한 해악을 줄이기 위한 노력을 멈추지 말아야 한다"고 WHO는 경고한다.

보건복지부가 최근 국민의 건강을 위해 암 예방 수칙 중 음주 관련 사항을 종전 '술은 하루 두 잔 이내로만 마시기'에서 '하루 한두 잔의 소량 음주도 피하기'로 음주 수칙을 변경했다. 하루 한두 잔의 음주도 간암, 식도암, 유방암 등의 발병 위험을 높인다는 해외 연구 결과에 근거한 것이다. 유럽 연합은 암 예방을 위해 우리보다 2년 앞서 기존 '남자 두 잔, 여자 한 잔 이내'에서 '음주하지 말 것'으로 수칙을 고쳤다. 국제암연구소에선 음주를 1군 발암 요인으로 규정한다.

아름다운 연예인들이 광고에서 부드럽고 깨끗함을 강조하는 술은 건강 수명을 단축하는 질병 위험 요인으로 꼽힌다. 정부 통계에 따르면 매년 10만여 명이 음주와 관련된 질병으로 사망한다. 교통사고 사망자의 20배에 달하는 수치다. 음주로 인한 사회적 비용은 무려 9조 4,000억 원이다. 담배보다 많다. 흡연의 경우 건강 위험 때문에 담뱃갑에 위협적인 경고 그림도 넣고 담배 가격도 인상한다. 그러나 술은 어떠한가? 한국을 방문하는 외국인들은 소주를 보고 두 번 놀란다고 한다. 소줏값이 너무 싸서 한 번 놀라고, 소주병에 예쁜 스타 연예인 얼굴이 있어서 두 번 놀란다고 한다.

술 권하는 문화가 술 광고 탓만은 아니다. 우리나라 국민이 하루 평균 3시간을 넘게 보는 TV에서도 술은 주인공이다. 영화나 드라마, 케이블 방송 등 대중 매체에서도 음주 장면은 흔하다. 인사불성으로 만취한 장면이 양념처럼 나온다. 이쯤 되면 술 권하는 사회라는 말이 나올 법하다.

음주의 사회적 폐해는 심각하다. 음주운전, 성폭력, 묻지마 폭행 등 강력 사건 상당수가 음주와 관련 있다. 음주 관련 사건에서 "술 마셔서 기억이 안 난다"는 것이 면죄부가 되고, "술 마시고 그럴 수도 있지." 하며 관용을 베푸는 사회적 분위기가 문제다. 음주의 이유를 외부에서 찾는 이런 문화가 한국 사회를 음주에 관대한 분위기로 만들고 있다. 술 마시는 이유를 어디서 찾든 그건 본인 마음이다. 다만 음주 운전 사고나 음주로 인한 사고의 책임은 온전히 자신에게 있다는 점은 명심해야 한다.

음주 운전 사고에 대한 경각심이 고조되는 등 무분별한 음주 문화의 폐해를 지적하는 목소리가 높아지자 정부도 예방 대책을 내놨다. 핵심은 2022년부터 초중고교와 병의원, 공공기관 등을 금주 구역으로 지정하고, 주류 광고를 규제하는 내용이다. 주류 광고에서 모델이 술을 마시는 장면이나 소리를 금지하고, 주류 광고 금지 시간을 확대했다. 방송인들에게 음주 장면을 자제해줄 것을 요청하는 미디어 가이드 라인도 만들었다. 이전보다 강도 높은 금주 정책이지만 외국에 비하면 여전히 관대하다.

캐나다에선 공원에서 술에 취해 휘청거리면 영장 없이 체포할 수 있고, 노르웨이에서는 모든 술 광고를 금지하고 있다.

담배 광고가 미디어에서 전면 금지되고, 흡연이 건강을 해친다는 것이 알려지면서 흡연 문화가 서서히 바뀐 전례가 있다. 한 사회의 문화를 선도하는 광고와 미디어가 노력하면 음주 문화도 조금씩 바뀔 수 있다. 더 늦기 전에 '술 권하는 사회'라는 오명을 벗어야 한다.

2016년 우리나라 모든 사망자 중 7.6% 정도는 '술 때문에 죽었다'고 WHO는 분석했다. 세계 평균(5.3%)보다 2.3%포인트 높다. 특히 남성이 여성에 비해 훨씬 높았다. 남성 100명 중 12명이 술 때문에 사망한 것이다.

과음은 몸 전체에 문제를 일으키지만 정신 건강에도 암적인 존재다. 추하다는 한자 醜(추)는 酒(술)와 鬼(귀신)로 이뤄져 있다. 실제로 술이 술을 마시면 결국 머리를 풀어헤친 귀신처럼 추하게 된다. "한 사람이 '당신은 취했소' 하거든 조심하라, 두 사람이 그렇게 말하면 마시는 속도를 늦추고, 세 사람이 그렇게 말하면 자리에 누워라."는 말이 있다.

인생의 지혜서라 할 수 있는 잠언에는,

그것이(술) 마침내 뱀같이 물것이요 독사같이 쏠 것이며

또 네 눈에는 괴이한 것이 보일 것이요 네 마음은 구부러진 말을 할 것이며

너는 바다 가운데에 누운 자 같을 것이요 돛대 위에 누운 자 같을 것이며

네가 스스로 말하기를 사람이 나를 때려도 나는 아프지 아니하고

나를 상하게 하여도 내게 감각이 없도다 내가 언제나 깰까

다시 술을 찾겠다 하리라(잠언 23:32~35)

"원샷?" 하면 "반 잔만 할게요", "전 술 못 해요" 하고 당당하게 사양할 수 있는 아름다운 문화가 하루빨리 자리 잡기를 바란다.

○●○

그때 위로의 말 한마디만 건넸더라면

...자살

올림픽 금메달을 딴 유명 운동선수는 과거 자신의 우울한 삶을 말했다. 이십 대 젊은 나이, 최고의 자리에서 은퇴한 후 찾아온 건 지독한 우울증이었다. 간암 말기 판정을 받은 어머니를 한 달 만에 떠나보내고 조울증과 거식증까지 찾아왔다. 먹고 토하길 반복하는 그에게 병원에선 '회복이 어려울 정도로 심각한 상태'라고 했다. "키우던 강아지가 짖는 것도 날 비웃는 것 같아 괴로웠다"고 말했다.

우울증을 극복한 이야기를 솔직하게 털어놨다. "사람들에게 우울증은 감기와 같다고, 부끄러워할 일이 아니라고 말해주고 싶었다"고 했다. 그는 "돌아보니 환경 탓만 하며 눈먼 장님처럼 살고 있었다"며 자신의 얘기를 들어주고 도와주는 상담자가 없었다면 자신도 쉬운 선택을 했을지도 모른다고 고백했다.

한 경찰관은 자신의 이야기를 들어주지 않는다며 근무 중 민원인으로부터 얼굴에 황산 테러를 당했다. "처음 붕대를 풀고 거울을 봤는데 괴물이 서 있었다"고 말했다. 퇴근길 아파트 엘리베이터에서 만난 어린아이는 흉터를 보고 무서워 우는 모습을 보고 자신의 아파트 베란다에서 뛰어내리려 했다고 한다. "경찰 생활 20년 동안 극단적 선택을 하는 사람 많이 봤습니다. 나약하고 문제가 있는 사람이라고만 생각했습니다. 제가 자살을 결심하고 베란다에 서기 전까지는요. 그 순간 나약한 사람이 자살하는 게 아니라 누구나 나약해지는 순간이 오고, 자살은 그때 불현듯 벌어지는 걸 깨달았다"고 했다.

2018년 자살예방 백서에 따르면 3월에서 5월 사이가 연중 자살률이 가장 높은 시기라고 한다. 만물이 소생하는 봄은 행복해질 것 같지만 일조량 변화로 불면증, 우울증 등으로 오히려 마음 건강이 힘들어진다. 전문가들은 봄에 자살률이 높아지는 게 세계적 현상이라고 한다. 2017년 1만 2,000명으로 하루 평균 34명이 스스로 목숨을 끊었다. 우리나라 자살의 심각성을 보여주는 숫자다. 동(洞) 하나가 사라질 정도다. 지금 가족이나 직장동료나 친구 중에도 자살을 생각하는 사람이 있을지 모른다. '자살 예방법'은 자살 위험에 노출되거나 위험한 경우 국가 및 지방자치단체에 도움을 요청할 권리를 규정하고 있다. 중앙과 지방에 자살예방센터가 있으나 실제 도움을 요청하는 경우는 많지 않다. 2016년 국민건강 영양 조사에 따르면 자살을 생각해본 사람은 약 246만 명, 그중 1년간 정신 문제 상담을 받은 경우는 17%에 불과하다.

보건복지부는 2014년 자살자의 사망 원인 분석 및 유가족의 심리 지원을 수행하기 위해 중앙심리부검센터를 설립했다. 심리 부검(Psychological autopsy)이란 자살한 사람이 남긴 자료를 분석하고 남겨진 사람들과의 면담을 통해 사망자가 자살에 이르게 된 원인을 찾아내는 과학적 도구를 말한다. 사체가 아니라 심리를 들여다보고 무슨 생각으로 자살했는지를 확인하는 것이 심리 부검이다. 심리 부검을 하다 보면 죽겠다는 의지가 사실은 살고 싶다는 의지, 살려달라는 마음속의 호소였음을 알게 된다고 한다.

자살을 개인적 문제로 치부해온 우리나라의 잘못된 문화를 지적하는 전홍진 중앙심리부검센터장은 한 언론과의 인터뷰에서 이렇게 강조했다.

"자살 사망자 수는 2011년 정점을 찍은 뒤 감소하는 추세지만 여전히 높은 수준"이며 "매년 7~8만 명의 유가족이 발생하고 있고 자살로 영향을 받는 사람도 100만 명에 달한다"고 말했다.

미국을 비롯한 북유럽 국가에서는 제2차 세계대전 직후 자살이 급증하자 자살을 사회적 문제로 인식하고 국가 차원의 대응을 하고 있다.

자살은 가장 가까운 가족도 원인을 모르는 갑작스러운 죽음으로 마음의 준비를 할 시간이 없기 때문에 정신적 충격이 더 크게 다가온다. 살아남은 유가족은 가족의 자살이 쓰나미 만큼 큰 정신적 고통으로 남게된다.

교통 사망 사고도 자살처럼 급작스러운 죽음이지만 자살에 비해 사망 원인은 확실하다. 자살은 가족조차 원인을 정확히 추정하기 어렵다는데 문제가 있다.

전홍진 중앙심리부검센터장은 "사랑하는 가족이 갑자기 곁을 떠나면 '집에 빨리 들어와라, 공부 좀 열심히 해라 등 말을 안 했더라면 이런 일이 벌어지지 않았을 텐데' 하고 가족들은 자책합니다. 특히 자녀가 세상을 떠난 경우 비난의 화살이 어머니에게 돌아가며 큰 고통을 받습니다. 하지만 이건 절대 가족의 잘못이 아닙니다."

부검이 사인 규명을 위해 시신을 해부하는 것이라면 심리 부검은 마음을 대상으로 한다. 유가족에 대한 면접을 통해 고인의 삶을 돌아보고 왜 극단적 선택을 했는지 답을 찾는다. 심리 부검을 통해 보호자들은 자살 위험성에 놓인 사람들을 더 잘 이해할 수 있을 뿐 아니라 국가도 적절한 자살 예방 프로그램을 계획하고 실행할 수 있다. 전 센터장은 "심리 부검을 해보면 극단적 선택을 하는 분들의 심리 변화는 보통 자살 6개월 ~1년 전부터 나타나기 시작한다"며 "눈치를 못 챘다는 것이 의아할 수 있지만 가족도 알기 힘들다"고 말했다.

래니 버먼(전 미국 자살예방협회 회장)은 이렇게 말한다.

"신종 질병이 출현해 사람이 죽었다고 가정하자. 가족이나 주변 사람들은 원인과 예방책을 찾으려는 당국의 조사에 적극 협조할 것이다. 자신들이 다음 희생자가 되기를 바라지 않기 때문이다. 심리 부검도 이와 다를 게 없다"

자살 위험 징후

"죽고 싶어 자살하는 사람 심정을 알 것 같아."

"나는 쓸모 없어", "고통이 빨리 끝났으면 좋겠어." 등 죽음을 직간접적으로 표현

소중한 물건이나 주변을 정리

수면, 식습관 등에서 평소와 다른 행동

24시간 핫라인 상담 '희망의 전화(129)' 상담 및 자살예방센터, 정신건강복지센터 방문

_〈자료〉 중앙자살예방센터

일반적으로 자살하기 전에 나타나는 대표적 특징은 정서적, 언어적, 그리고 행동적 측면 등 크게 세 가지가 있다. 정서적으로 쉽게 화를 내거나 우울감에 사로잡히고, 불면증에 시달리거나 자신만의 세상에 빠지는 행동을 하며 말로 죽음에 대해 자주 언급하게 된다고 한다. 주변에서 이런 행동을 보일 경우 가족, 직장, 친구 등 주변의 도움이 매우 중요하다. 상대방이 자신의 이야기를 계속할 수 있도록 해주고 그 이야기를 들어줘야 자살로 이어질 수 있는 부정적 생각의 올무에서 벗어날 수 있다고 전문가들은 말한다.

　극단적 선택을 고민하는 사람들에게 위로의 손길을 내미는 것도 중요하지만 잘못된 접근 방법은 오히려 상황을 악화시킬 수 있기 때문이다.

　전 센터장은 어렸을 때부터 생명 존중에 대해 체계적으로 교육을 받아야 한다는 점도 강조했다. 학교에서 이뤄지고 있는 생명 존중 교육을 강화하면 집단 따돌림을 막을 수도 있고 자살을 생각하는 사람들에게 도움도 줄 수 있다는 것이다. 또 평소에 다양한 사람들과 어울리면 좋다고 조언했다. 우리가 어려울 때 도움을 받는 사회적 안전망처럼 여러 사람들과 연결된 네트워크가 '정서적 안전망'의 기능을 한다는 것이다. 일상 속 작은 실천과 작은 행동이 모여 변화를 이끌어낼 수 있다는 것이다.

　"누군가 죽고 싶다고 하면 예전에는 야단을 치거나 술 한잔 사주는 게 전부였어요. 이건 좋은 방법이 아닙니다. 술을 마시면 기분 전환보다는 우울감이나 분노가 더 극대화하면서 술김에 극단적 행동을 할 가능성이 커지거든요. 불에 기름을 들이붓는 것과 같습니다."

　"상대방의 자존심을 지켜주는 일은 사소하지만 정말 중요합니다. 사람은 누구나 존중받아야 하니까요. 그리고 주변에 어려움에 처한 분이 있다면 먼저 다가가 손을 내밀어주면 어떨까요. 작은 행동이지만 분명 큰 변화를 만들 수 있습니다."

죽지 말고 살아야 한다

"자살을 예방하는 시작은 속마음 털어놓기"다. 어려움을 호소하면 가정이나 사회에서 나쁜 평가를 받을까 봐 걱정하지만, 절박감을 숨기지 말고 말해야 하며 주변 사람들도 남의 일처럼 바라보는 분위기를 바꿔야 한다. 우리 모두 조금만 관심을 기울이면 주변 사람들을 자살에서 구조할 수 있다.

자살을 남의 일로, 정신적으로 이상한 사람들이 하는 행동으로 치부해 버리는 우리 사회의 냉정한 태도가 자살자들이 들어갈 공간이 없다는 것을 말해준다.

자살률이 쉽게 줄어들지 않는 현재 근본적인 대책을 마련해야 한다. 저출산 시대 자살 예방이라는 절박한 공감대를 갖고 함께 노력해야 한다.

자살 위험에서 벗어나기 위해서는 첫째, 자살을 생각하는 바로 당신이 힘들다고 도와달라고 요청을 해야 한다. '시간이 지나면 괜찮아지겠지.'라며 속으로만 끙끙 앓지 말아야 한다. 죽고 싶다는 생각이 드는 것만으로도 도움을 요청할 권리를 가진다. 주위를 둘러보면 도움받을 수 있는 곳은 많다.

둘째, 주변 사람에게 적극적으로 관심을 가져야 한다. 자살 사망자의

92%는 사망 전에 마음의 감정이나 불면의 밤, 주변 사람에게 죽고 싶다는 말 등 어떤 형태로든 자살 위험 신호를 보낸다고 한다. 전문가들은 위험 징후를 보이는 사람에게는 자살 생각이 있는지를 직접 물어보는 것이 중요하다고 한다.

얼마 전 서울의 한 지하철역에서 소동을 일으킨 취객을 '포옹'으로 진정시킨 청년의 모습이 유튜브에 올라와 화제가 됐다. 영상을 보면 지하철역에서 술에 취한 중년 남성 한 명이 언성을 높이며 두 명의 경찰관과 실랑이를 벌이고 경찰관 중 한 명은 남성을 붙잡으며 "공무집행방해죄로 처벌될 수 있다"고 말하지만 남성의 난동은 멈추지 않는다. 경찰관은 남성을 붙잡으며 증거 영상을 찍자 남성은 "(동영상) 찍어요, 찍어"라고 소리치며 저항한다. 이때 벤치에 앉아 지하철을 기다리며 상황을 지켜보던 한 청년이 남성에게 다가와 그 남성을 안아주며 "그만하세요."라고 말하면서 등을 토닥이며 진정시킨다. 청년의 품에서 중년 남성은 순간 마음의 안정을 되찾았다. 영상을 본 네티즌은 "사람의 체온과 진정한 마음만큼 위대한 제압 기술은 없으며, 원래 나그네의 외투를 벗기는 건 세찬 바람이 아니라 따스한 햇빛"이라는 반응을 보였다. 위협이나 고함이 아닌 진정한 포옹의 힘이다. 따뜻한 마음만큼 위대한 힘은 없다. 지금 당장, 내 주변의 가장 힘들 것 같은 사람에게 연락해보는 것은 어떨까.

어떻게 그들을 막을 것인가

...정신 질환자 범죄

"위층 할머니와 내 머리가 연결돼 있다."

"할머니가 내 몸에 들어와 뼈를 깎는 고통이 느껴져 범행을 저질렀다."

"할머니만 죽이면, 할머니만 살해하면, 그 연결만 끊으면 나는 자유로워질 줄 알았는데 지금도 힘들어요. 망했어요."

그러니까 대화 자체가 정상적으로 안 되는 상황이군요.

아파트 위층에 사는 70대 노인을 흉기로 찔러 숨지게 한 10대 조현병 환자가 경찰 조사에서 상식적으로 이해하기 힘든 내용을 진술했다. (2019. 4. 25.)

"세상이 나를 무시했다."

정 씨(당시 30세)가 고시원 3층에서 미리 사둔 휘발유를 자신의 방 침대에 뿌려 방화한 후 대피하던 거주자들에게 흉기를 휘둘러 6명이 사망하고 7명이 부상(서울 논현동 고시원 살인사건 2008년 10월)당했다.

"사람들이 나에게 피해를 준다. 나를 무시한다."

안 모 씨(42세)는 아파트 4층에서 미리 사둔 휘발유를 자신의 집 주방 바닥에 뿌리고 신문에 불을 붙여 던졌다.(진주 방화 살인, 5명 사망, 13명 부상, 2019년 4월)

미리 범행을 계획한 점, 가장 강력한 방화 수단인 휘발유를 미리 사서 준비한 점, 무방비로 놀라서 뛰쳐나오는 주민들에게 흉기를 휘두른 계획적인 범행 수법이 똑같다. 흉악하고 무차별적이다. 나를 죽이려 한다는 피해망상, 나에게 명령하는 환청에 따라 행동하기 때문이다. 불특정 다수에게 분노를 폭발시키는 묻지마 범죄는 매년 잇따라 발생하고 있다.

시스템이 문제다

조현병, 예전엔 '정신 분열증'이라고 부른 질환이다. 현악기의 줄이 잘 안 맞으면 소리가 잘 안 나고 악기가 제 역할을 못한다는 의미다. 의학적으로 생각과 감정의 밸런스가 깨져 있다는 의미로 2011년 조현병으로 명칭을 바꿨다.

정신적인 아픔으로 인한 살인 범죄가 계속 발생하고 있다. 피해자들은 이해관계도 없고, 아무 잘못이나 원한 관계도 없이 희생되어 환자들을 격리해서 치료해야 한다는 목소리가 커지고 있다. 치료하면 일반인보다 범죄율이 낮지만 치료가 중단되면 위험한 상황이다. 그러나 요즘은 정신과 환자의 퇴원을 막을 수 없다. 가족들은 항상 불안 속에 산다.

정신 분열증(조현병) 자체가 아니라 정신 건강 시스템에 문제가 있다. 조현병 환자의 범죄율을 논하려면 우리 사회의 의료 체계나 시스템이 조현병 환자들을 얼마나 잘 치료하고 관리하고 있는지 살펴보아야 한다. 최근의 조현병 환자들의 범죄율이 증가한다는 보도는 조현병 환자 의료 관리 시스템이 제대로 작동하고 있지 않다는 방증이다. 진주 사건도 오죽했으면 친형이 입원 치료를 위해 백방으로 알아보고 뛰었지만 헛수고였다. 형은 직계가족이 아니므로 동생의 강제 입원을 시킬 권한

이 없었다. 이웃들이 불안해 일곱 번이나 경찰에 신고했지만 어떠한 조치도 취하지 못했다. 시청에 행정 입원과 경찰을 통한 응급 입원도 문의했지만 거절당했다고 한다.

정신 질환자 강제 입원 문제는 어느 나라나 민감하기 마련이다. 선진국에서 가족은 강제 입원을 신청할 수 있으며 가족이 아니더라도 주변 이웃 등이 신청할 수 있다. 영국, 호주에서는 정신건강심판원이, 미국이나 프랑스에서는 법원이 본인이나 전문가의 의견을 듣고 국가가 입원을 결정하고 있다. 이런 제도를 도입하자는 요구는 여전히 묵살되고 있다. 입원도 퇴원도 가족이 결정해야 하므로 가족에게 과도한 책임과 부담을 주고 있다.

가해자 처벌은 당연하다. 아픈 사람이 치료를 받지 못해 범죄자로 몰리는 사회 시스템을 바꾸지 않으면 현재도 앞으로도 계속 발생할 것이다. 아픈 사람이 치료를 받지 못하고 있다가 증상이 심해지면 범죄자가 되는 것이다. 치료를 받을 수 있는 시스템을 빨리 만드는 게 중요하다. 거의 모든 조현병 환자에 의한 상해 사건은 치료받지 않고 있는 상태에서 발생했기 때문에 치료를 잘하는 것이 무엇보다 중요하다. 정신 질환자에게 희생된 한 의사 유족은 "안전한 진료 환경과 마음이 아픈 사람들이 쉽게 치료와 지원을 받을 수 있는 사회"가 고인의 유지라고 밝혔다.

진주 방화 살인 사건의 경우도 피의자는 평소 정신병력적 폭력 성향으로 인해 주변 사람들과 잦은 마찰을 일으켰고, 사건 발생 전에도 경찰에 신고가 접수되는 등 사고 예견이 가능한 상황이었는데 제대로 조치를 취하지 못했다.

'진주 사건은 막을 수 없었는가'를 주제로 국회에서 열린 긴급 좌담회에서 "사건의 1차적 책임은 범인에게 있다. 그러나 가장 큰 책임은 경찰에게 있다"며 "경찰은 경찰권 행사로 국민의 신체, 생명의 안전을 지킬 책임이 있지만 특별법을 정신건강복지법에서 정했음에도 불구하고 이를 구체화하기 위한 노력을 하지 않았다"고 말했다.

"누군가 나를 해치려고 한다"는 피해망상이 가장 많이 나타나고 있다. 환청이나 환각 때문에 본인이 불안해지고, 너무 불안해지다 보면 상대방을 공격하는 방식으로 스스로를 보호하려고 한다. 실제로 상대방을 공격하라는 환상에 사로잡혀 상해를 한다.

진주 방화 살인 사건에서 증상이 악화한 피의자의 입원을 위해 피의자의 형이 적극적으로 노력했음에도 입원이 이뤄지지 못했고, 그 결과 참혹한 결과가 발생했다. 현행 정신건강복지법상 강제 입원 절차는 전보다 훨씬 엄격해졌다. 정신 질환자를 강제 입원시키려면 정신과 의사 두 명이 같은 진단을 내리고 다른 병원 의사가 합의해야 한다. 환자 자발적으로 입원하겠다는 경우는 거의 없다. 자해와 남을 해치는 사고를 막으려면 강제 입원밖에 없다. 요즘 정신과 의사들은 입원 치료를 받아야 할 환자가 동네에 돌아다닌다고 걱정한다.

대한신경정신의학회는 "현행 강제 입원 절차는 지나치게 까다로워 위기 상황에서 적절히 작동하기 어렵다"며 "사법 입원제를 도입하고 강제 입원 절차를 완화해야 한다고 주장한다. 환자가 거부하면 외래치료를 강제할 수 없다"고 했다.

경희대 정신건강의학과 B 교수는 "정신 질환자의 강제 입원을 보호 의무자인 가족에게 전적으로 맡기다 보니 가족의 잘못된 판단으로 타인까지 다치는 상황이 수차례 일어났다"며 "사법 입원제는 국가가 환자 관리를 책임지고 가족의 부담도 덜 수 있어 인권을 위해서도 필요하다"고 했다.

사법 입원제도는 정신 질환자의 입원 여부를 사법 기관이 결정하도록 해 강제 입원에 대해 국가가 책임지도록 하고 환자의 인권보호와 가족 및 의료인의 부담을 경감시켜 입원 치료를 활성화하는 제도다. 더불어 외래치료 명령제 강화를 통해 외래 치료의 꾸준한 이행만으로도 증상이 개선될 수 있는 환자가 치료를 기피하는 것을 차단해야 한다.

한국 정신장애인 자립생활센터는 "조현병 환자 대부분은 약물치료와 외래 진료를 정기적으로 받으면 사회생활에 문제가 없는데도 모든 흉악 범죄의 원인이 조현병인 것처럼 선정적으로 알려졌다"며 "응급 상황도 있지만 지원 체계가 제대로 갖춰지지 않은 현실에서 사법 입원제 등 강제 입원만을 논의하는 게 안타깝다"고 말했다.

정신장애인단체는 강제 입원이 정신 질환자에 대한 혐오를 강화한다며 지역 사회가 환자를 공동체의 일원으로 받아들여 달라고 호소해왔다. 이들은 정부가 각 광역 지방자치단체에 권역별 위기 대응 센터를 운영하라고 주장한다

예전에는 약을 국이나 음료수에 섞어 몰래 먹이기도 했는데 지금은 불법이므로 처방할 수도 없고, 환자를 대면하지 않고 의사가 처방하는 것

도 어렵다. 점점 증상이 나빠지고 있는 상태에서 강제적으로 일가친척들이 다 동원이 돼서 병원에 데려가도 강제 입원은 지금은 어렵다. 문제는 당사자를 설득해야 하는데 이게 말처럼 쉬운 일인가.

입원이 아니라 치료 목적으로 병원 데려가는 것도 강제성은 인권 문제와 충돌된다. 누가 관리해야 하는가. 국가와 지자체, 경찰 보건 당국이 머리를 맞대고 환자를 관리하고, 필요하면 강제로 입원시키고 꾸준히 모니터링할 수밖에 없다. 정신 질환자도 힘들고 혼란스럽지만 막을 방법도 혼란스럽기는 마찬가지다.

정신 질환 범죄는 강자가 약자를 억누르는 통상의 범죄 공식에서 벗어나 있다. 가정과 사회에서 소외된 정신 질환자들이 그나마 접근 가능한 곳은 또 다른 힘없는 사람들이 사는 주거지다. 정신 질환 범죄자들은 자신만의 세계에서 분노를 키워 이들에게 쏟아내는 경우가 많다.

의사가 치료를 더 받아야 한다고 판단하더라도 환자가 거부하면 즉시 퇴원을 시키도록 규정한 '정신건강증진 및 정신질환자 복지서비스 지원에 관한 법률'로 인해 치료받아야 할 환자가 퇴원해서 거리를 활보하는 위험한 상황이 벌어지고 있다. 강제 입원을 더 어렵게 만들 때는 병원 밖에서의 관리를 더 강화하는 방법이 따라야 하는데 그러지 못했다.

정신 질환자 범죄의 피해자들은 어디다 하소연해야 할지 막막하다. 책임을 온전히 묻기도 어렵다. 가해자는 심신 미약 감경을 받지만 피해자는 형편이 어려운 가해자를 상대로 손해배상을 받을 길이 막막하다. 지금처럼 정신 질환자 범죄가 방치되면 피해자들은 회복할 수 없는 상태가 되고 정신 질환자들은 책임질 수 없는 책임으로 내몰린다.

의료계는 "의료진의 의학적 판단보다는 환자의 퇴원 의사를 우선해야 하는 정신건강복지법을 개정해야 한다"고 진단했다.

정신 질환자에 대한 관리 수위를 정하는 일은 그들의 인권과 다른 사회적 약자의 생명권을 절충해야 하는 어려운 작업이다. 졸지에 정신 질환자의 범죄에 억울하게 희생된 가족의 처지에서 생각해 봐야 한다. 정신병력 정보가 적절히 공유되고 필요하면 강제 입원도 가능해야 하지만 지나칠 경우 환자들이 음지로 숨어 치료 공백이 더 커질 수 있다. 또한 정신 질환자의 인권 못지않게 사회를 정신 질환 범죄로부터 방어하는 것도 중요하다. 정신 질환자는 한 명이지만 사고 피해자는 직간접적으로 수십 명이 될 수 있다. 정신 질환자를 관리하기 위한 입원, 치료 절차를 현실에 맞게 서둘러서 개선해야 환자도 국민도 안전하게 살아갈 수 있다.

○●○

"손들어" 탕 탕 탕

…노인 범죄

"손들어" 탕 탕 탕!

2018년 8월 경북 봉화에서 70대 귀농인 A(77) 씨가 ○○면사무소에서 엽총을 난사해 공무원 2명이 숨졌다. 4년 전 귀농한 A 씨는 2년 전부터 상수도관 설치 공사 비용과 수도 사용 문제, 화목 보일러 매연 문제 등으로 이웃과 갈등을 겪어왔다. 이와 관련한 민원을 제대로 처리해 주지 않는다며 공무원들에게 불만을 가진 것으로 수사 결과 드러났다.

가슴에 총탄을 맞은 두 공무원은 소방 헬기와 닥터 헬기로 후송했지만 도중에 둘 다 숨졌다. A 씨는 최후 진술에서 "일부러 아무런 관계가 없는 이들을 죽여 나라를 구하고자 했다"는 황당한 말을 반복했다.

지난해 아파트 계단에서 이웃 청년을 머리로 들이받아 코뼈를 부러뜨린 70대 김 모 씨. 공무원이었던 그는 정년퇴직 후 평소 인사를 하지 않던 이웃 청년이 거슬려 그런 행동을 했다는 것이다. 결국 벌금형을 선고받았다.

한 70대 남성은 소포가 오지 않았다며 배달원을 폭행했다. 하지만 경찰 조사 결과 가해 남성은 이틀 전 소포를 받았으며 이를 잊고 있었던 것으로 드러났다. 현재 국내에는 개인이 소지하고 있는 총기가 1만 4,000정에 달해 더 적극적인 총기 관리 대책이 필요하다는 목소리가 나오고 있다.

미국 CNN이 우리나라 노인 범죄 증가를 다룬 특집 기사를 보도해 눈길을 끌고 있다. CNN은 '급증하는 한국 노인 범죄를 들여다보다(Inside South Korea's elderly crime wave)'라는 제목의 기사를 홈페이지 '톱'으로 올렸다.

CNN은 첫 문장에서 한국에서는 10대보다 노인을 주의해야 한다며 2018년 8월 경찰의 공식 통계를 소개했다. CNN은 "한국 인구의 14% 이상이 65세 이상으로 '고령 사회'에 진입했지만 상당수 노년층이 경제적으로 자립하지 못하고 있다"며 "노인 60%가 국민연금 혜택을 받지 못하고 있으며 빈곤한 노인이 많다"고 지적했다. 통계에 따르면 65세 이상의 범죄율은 지난 5년 동안 45% 증가했다. 살인, 방화, 강간, 강도 등 강력 범죄는 2013년 1,062명에서 2017년 1,808명으로 70.2% 증가했다. CNN은 노인 재범률이 높은 점도 지적했다. 노인들의 재범률은 약 30%로 일반적 재범률인 20%를 상회하는 것으로 나타났다.

조윤오 동국대 교수는 "노인 범죄 예방을 위해서는 사회 지원망을 잘 갖춰야 한다"며 "2025년 초고령 사회 진입이 예상되는 상황에서 노인들이 직면한 문제를 알아야 범죄를 줄일 수 있다. 많은 노인은 갈 데가 없어 오히려 교도소를 더 편하게 생각하고 있다"고 전했다.[23]

강원도 홍천에서 농사를 짓는 74세 남 모 씨는 농장을 잃게 되자 소송을 냈으나 패소했다. 판결에 불만을 품고 대법원장 면담을 요구하며 1인 시위를 벌이다가 대법원장의 출근 차량에 불붙인 화염병을 투척했다. 다행히 인명 피해는 없었지만 대한민국 사법부 수장이 피습당한 사상 초유의 불상사였다. 이 사건을 바라보는 사회의 시각은 매우 다양했다.

유엔(UN)은 65세 이상 노인 인구가 전체 인구의 7%이면 '고령화 사회', 14%를 넘으면 '고령사회', 20% 이상이면 '초고령 사회'로 규정한다. 우리나라는 2000년 고령화 사회에 들어섰고 17년 만인 지난해 고령사회로 진입했다.

의학의 발달과 함께 노인 범죄도 급증하는 추세다. 자연스럽게 다가온

....
23 CNN, 한국의 노인 범죄 증가 주목, 뉴시스, 2018. 12. 19.

고령사회는 다양한 사회 문제를 야기한다. 전체 범죄 수가 지속적 감소 추세인 것과 정반대의 흐름이다. 노인 범죄는 전과자 비율이 80% 이상일 정도로 재범률이 높고, 그 양상도 흉악하고 대범해졌다.

노인 범죄가 늘어나는 이유는 우선 노인들의 '분노와 원한'을 가장 주요하게 꼽는다. 지난 2008년 발생한 숭례문 방화 사건은 노년기에 두드러진 심리적 불안정과 사회적 고립이 범죄에 영향을 미친 것으로 보인다. 노인 부양 부담에 따른 가족 기능 약화, 경제적 빈곤과 사회적 갈등, 환경적 요인도 노인 범죄 증가에 영향을 미치고 있다. 노인 범죄 증가로 교정 시설의 고령 수용자도 크게 늘었다. 지난해 교정 시설에 수용된 전체 수용자 5만 5,198명 가운데 65세 이상 노인은 2,542명(4.61%)이었다. 2008년 886명(1.85%)이었으니 10년간 3배 가까이 늘어난 것이다.

일본에서는 노인 범죄 증가 이유로 '사회 변화 부적응'이 꼽힌다. 폭력 노인의 문제를 다룬 《폭주노인》(2008년)의 저자 후지와라 토모미는 "노인들이 폭력적으로 변해가는 근본적인 원인은 정보화 사회, 물질 만능 사회 속에서 사회의 정보화에 적응하지 못했기 때문이며, 사회에 속하지 못한 채 소외되고 고립된 고독한 노인들이 결국 폭력으로 나타난다는 것이다. 젊은 세대조차 따라가기 벅찰 정도로 빠른 기술 변화의 속도에 적응하지 못한 노인들의 불안이 분노로 이어진 것"이라고 분석했다.

저자는 "고령자 세대는 대부분 '개인방'에서 성장하지 않았기 때문에 고립에 익숙지 않다"며 "홀로 생활하는 노인들의 고독이 폭력적이고 반사회적인 행위로 표출되는 것"이라며 사회적 고립이 주된 원인이라고 설명했다.

저자는 '폭력을 휘두르는 노인들'을 주제로 삼고 있지만, 일방적으로 노인을 비난하고 있지는 않다. 단지 우리가 '노인'이라고 할 때 느끼는 너그러움, 양보, 다정함, 나약함을 여지없이 깨뜨린 요즘 노인들 모습에서 급속한 사회 변화와 공간적으로 개인화되고 감정적으로는 홀로 고립된 현대인들의 단면을 드러내고 있다.

무너진 가족 관계, 소외된 고령자들을 제대로 배려하지 않고 보살피지도 못하는 우리 사회, 자신의 삶의 공간에 갇힌 채 이웃과 교제하고 싶어 하지 않는 현대인의 성향 등 우리 사회 전체에 숨어있는 문제를 짚어보고자 하는 것이다. 실제로 독거노인의 범죄 중 재범을 저지른 65세 이상 범죄자의 독신율은 2016년 기준 77.9%로 초범의 독신율(23.1%)보다 크게 높았다.

한국과 일본의 노인이 저지르는 강력 범죄를 비교해보면 더욱 두드러진다. 일본 노인 범죄는 5건 중 3건이 절도로 생활 범죄가 많지만 우리나라 노인 범죄(2011년 기준)는 폭력 (32.5%), 사기(20.9%), 절도(10.5%) 순으로 10년 사이 강도와 강간은 4배씩, 방화는 2.7배, 살인은 2배가 증가하는 등 흉악 범죄가 중심을 이룬다.

영국《파이낸셜타임스》는 "일본 독거노인이 받는 기초연금은 연 78만 엔(약 790만 원)으로 최저생계비 98만 엔(992만 원)의 80% 수준"으로 "일본 교도소 수감자의 생활 여건이 기초연금 생활자보다 낫다"고 분석했다.

일본 간호 신문《민나노카이고》는 "교도소에 세끼 밥과 잠자리가 있기 때문에 죄를 짓고 감옥에 들어가고 싶어하는 노인도 많다"며 "고령 범죄자 재범을 막으려면 노인 빈곤 문제를 해결해야 한다"고 지적했다.

'자상하고 지혜로운 노인'은 사라진 것일까?

보통 사람은 나이가 들어가면서 정신적으로 더 성숙해지고 지혜롭고 인자로워지는 반면 신체적으로는 나약해진다는 것이 일반적인 상식이다. 하지만 최근 우리 주변엔 그런 상식을 뒤엎는 난폭한 언행과 폭행, 살인도 서슴지 않는 노인들이 급증하고 있다.

2007년 10월 보성 앞바다에서 한 70대 어부가 젊은 남녀를 성추행하고 바다에 밀어 넣어 살해했으며, 우리나라 국보 1호인 숭례문을 방화한 노인은 자신이 소유하고 있던 토지 보상 문제에 불만을 품고 방화를 저질렀다. 2003년 '대구지하철방화(사망 192명, 실종 21명, 부상 151명) 역시 정신이상의 50대 중년 남자가 사회에 불만을 품고 저지른 범죄였다. 준비 안 된 급속한 고령화 시대를 맞은 우리나라에서도 노인들이 일으킨 잔인한 범죄로 인한 사회적 문제가 점차 커져가고 있다.

노인 살인범들의 특징은 대부분 초범(初犯)이고 순간의 화를 억누르지 못한 경우라고 한다. 이런 현상은 우리보다 고령화가 빠르게 진행된 일본과 비슷하다.

전문가들은 노인 범죄 원인을 정서적 좌절에서 찾는다. 급변하는 사회 환경과 변화에 노인들은 적응하지 못하며, 먼저 새로운 기술의 변화가 사람들의 태도와 사고방식, 즉 마음의 변화를 가져온다고 진단한다. 생활필수품인 휴대폰과 첨단 제품은 단지 편리하게 사용하는 것으로 끝나는 게 아니라 시간과 거리와 그것을 사용하는 사람들의 정신세계까지 바꾼다는 것이다. 이 새로운 현실에 제대로 적응하기 힘든 노인들은 결국 정보화 부적응으로 소외당하고 고립될 수밖에 없다.

사회는 고령화와 핵가족으로 독거노인 세대가 많아졌지만, 노인들의 생활 범위는 한정되어 있다. 외로운 시간을 혼자 달래느라 지하철이나 공원 등을 어슬렁거리는 노인들도 많다.

노인들의 폭력적 행위는 버림받은 정보화 사회에 대한 절규이자 외침이다.

'신 노인'이 일으킨 사건에는 하나의 공통점이 있다. "날 좀 봐라, 나를 좀 주목해라." 하며 자포자기적인 범행이 많다는 것이다. 죄의식이나 사회에 대한 미안함도 없다. 오히려 꾸짖고 있다. 범죄의 뿌리에는 이 사회에 대한 분노와 좌절 등을 세상에 알리고 싶은 욕망이 있는지도 모른다. 관심을 끌고 싶다는 어린아이 같은 마음이 있고, 그 깊숙한 곳에 고독과 외로움의 냄새가 감돈다. 나이 들어 노인이 되는 것은 누구도 피해 갈 수 없는 일이다. 더 이상 남의 일이 아니다.

○●○

혼자 죽기 억울하다

…대구 지하철 방화 사건

"불이 났어. 나 먼저 하늘나라 간다."
"엄마, 숨을 못 쉬겠어.(…) 엄마, 사랑해….."
"아빠, 구해주세요. 문이 안 열려요."(고등학생 딸)
"오빠, 영원히 사랑해….."(갓 결혼한 20대 여성)

16년 전 대구 지하철 화재 사고 순간 희생자들이 휴대폰 문자 메시지로 가족들에게 남긴 작별의 말이다. 1995년에 아제르바이잔 바쿠에서 벌어진 지하철 화재로 289명이 숨졌는데 2003년 2월 18일 대구 지하철 방화 참사로 192명이 사망했다. 세계에서 2번째로 많은 지하철 화재 희생자가 한국에서 나왔다.

지난 2003년 2월 18일 오전 9시 52분, 대구 지하철 1호선 중앙로역에 정차한 지하철 객차 안에서 정신 지체 장애인 김○○이 특별한 이유 없이 휘발유가 든 자동차 세척용 샴푸통에 불을 붙였다. 김 씨는 자신의 옷에 불이 붙자 황급하게 가방을 객실 바닥에 던져 불길은 순식간에 객실 내로 번지면서 화재가 확산했다.

192명이 숨지고 21명이 실종됐으며, 151명이 부상해 지하철 사상 최악의 참사로 기록된 대구 지하철 참사가 시작되는 순간이었다. 이 전동차에 타고 있던 승객들은 대부분 빠져나갔다. 문제는 맞은편에서 역으로 도착한 다른 전동차에 불이 순식간에 옮겨붙은 것이다. 불이 옮겨붙자 당황한 기관사는 마스터키를 뽑은 채 대피했고 불이 났는지 모르고 앉아있던 승객들은 전기가 차단되고 문이 굳게 닫힌 열차 안에서 희생됐다. 삼풍백화점 붕괴 참사 이후 최악의 사고였다.

론 하워드 감독의 영화 《분노의 역류》(원제 Backdraft, 1991)에서 방화범이 사회에 불만을 품고 방화를 한다. 소방관들이 목숨을 걸고 불과 싸워 사람들의 감동을 이끌어 냈다. 영화 속 범인은 돈을 벌기 위해 소방 인력을 감축하고 소방관 생명을 위협한 시의원 '스와이잭'과 그 동료들을 살해하기 위해 방화를 택했다. 영화는 소방관의 고충과 동료애를 그리고 있지만, 원제목처럼 일반에게는 좀 생소한 화재의 역류(Backdraft, 화재 발생으로 산소가 부족한 실내에 갑자기 공기가 유입될 때 화염이 분출되는 현상) 현상을 다뤄 깊은 인상을 남겼다. 또한 방화 목적과 범인을 밝히는 과정에서 감옥에 수감 중인 다른 방화범에게서 사건 단서를 얻기도 한다. 방화 사건의 특수성을 암시하는 대목이다.

한국 영화 《리베라메》(최민수, 차승원 주연, 2000년)에서 방화범 희수(차승원)는 어린 시절 끔찍한 아버지의 폭력으로 깊은 정신적 상처를 안고 살아간다. 그는 가석방으로 출소한 뒤 예전에 자신이 치료를 받은 적이 있던 병원에서 근무한다. 그는 결국 어릴 적 학대 경험을 극복하지 못하고 정신이상으로 인해 병원에 불을 지른다.

《싸이렌》(신현준, 정준호, 2000년)도 방화범이 나오는 화재 영화다. 범인은 알 수 없는 증오심에 불타는 미치광이로 그려진다. 이들 영화는 시뻘건 '화마(火魔)'를 생생하게 보여주며 화재의 위험성을 우회적으로 경고한다. 또 사회와 개인적 복수심에 불타는 방화범들을 등장시켜 사회적 병리 현상을 꼬집는다. 불특정 대상 범죄를 소재로 삼은 최근 영화들은 특별한 이유보다는 범행 자체를 즐기는 '사이코패스'를 다루고 있다. 한 영화평론가는 "방화 등 불특정 다수를 대상으로 한 범죄가 특별한 이유 없이 저질러지는 사례가 늘자 영화계도 이러한 사회 현상을 반영하고 있다"고 말했다.

다시 대구 지하철 참사 이야기로 돌아와서, 뇌졸중으로 쓰러진 뒤 심한 우울증을 앓았던 방화범 김 씨는 택시 운전사 등으로 근무하다 이후 뇌졸중으로 인한 울분을 방화로 분출했다. 2001년 뇌졸중으로 한쪽에 마비 증상이 와 몸을 잘 쓰지 못하는 2급 지체 장애인이었던 50대 방화범이 저지른 방화였지만 이 사건은 단순한 방화 사건이 아니라 지하철 공사 관계자들의 무책임하고 어설픈 대처 능력과 미흡한 소방 안전 대책의 문제점을 드러냈다. 소방 시설은 소화기 비치가 전부였고 근무자의 위기 대응 능력은 허술했다. 거기다 전동차의 내장재까지 불량이어서 전반적인 안정망의 허점이 만들어낸 '인재'로 기록됐다.

살아남은 사람들도 당시의 충격 때문에 외상 후 스트레스 장애(PTSD)와 유독가스 노출에 의한 후유증으로 평생을 고생하며 살아야 한다. 가스 자체의 유독 성분도 문제지만 고열의 가스로 인해 피부와 호흡기에 상당한 화상을 입었다고 한다. 충격으로 자살하거나 정신 이상을 일으킨 사람, 울화병으로 사망에 이른 사람 등도 적지 않았다.

대구 지하철 참사의 희생자들이 우리에게 깨닫게 한 것은 우리와 우리 가족의 안전은 누군가에게 맡기는 것이 아니라 우리 스스로 챙기고 살펴야 한다는 것이다. 세월호 등 대형 참사 이후에도 계속해서 발생하는 대형 인명 사고는 단순히 우연이라고만 보기 어렵다. 한국 사회 곳곳에서 공공성의 위기이자 총체적인 안전 의식과 기강이 심각하게 흔들리고 있는 것이다.

총기 소지가 자유로운 미국에서는 총기에 의해 학교나 극장 등 다중이 밀집한 장소에서 많은 인명 피해가 발생한다. 다수의 대중을 위한 범죄자들은 일반적으로 평소 화를 잘 내고 대인관계에 서투르며 과격한 성향을 나타내는 성격의 소유자로, 자신이 겪는 고통과 실패의 원인을 '사회를 향한 분노와 남의 탓'으로 돌리며 세상을 증오하는 '반사회적 성격 장애'를 지니고 있는 것으로 파악된다.

대구 참사의 범인 역시 자신이 겪은 좌절과 질환의 탓을 사회에 돌리며 반사회적 보복 심리를 키워온 것으로 보인다. 게다가 범인이 앓은 우울증은 조기에 적절한 치료를 하지 않으면 충동 조절 장애, 망상, 편집증 등 정신병적 증상으로 악화하여 자살이나 공격적인 행동으로 이어질 위험성이 많다. 우리 사회는 차량 돌진과 연쇄 방화 등 비극적 사건을 이미 겪었으면서도 사건 발생 직후에만 관심을 보일 뿐 실질적인 대책 수립에는 미흡했다. 반사회적 성격 장애와 우울증을 앓는 사람이 주위의 냉대와 방치 상태에 놓였을 때 얼마나 위험한 결과를 초래하는지를 우리는 너무나 큰 대가를 치르고 경험하고 있다.

정부는 '정신보건법'을 제정해 중증 정신 질환자의 수용과 보호를 법제화했지만 정작 위험한 인격 장애자의 치료와 정신 질환자 관리 체계는 제대로 갖추지 못했다. 감기만 걸려도 병원을 찾으면서 이유 없이 화가 나고 공격적인 태도나 심한 불안 증세를 겪을 때 쉽게 찾을 만한 심리 치료 센터는 갖추지 않고 있다. 메르스, 홍역 등 전염병 환자가 발생하면 추적하고 관리하느라 야단인 보건 당국이 움직이는 시한폭탄이나 다름없는 중증 공격성 성격 장애자에게는 무관심하다.

미국에서는 전체 살인 중 다중 살인이 차지하는 비율이 1970년대에는 3%였지만 1990년대 이후에는 4%로 증가하고 있는데, 이러한 흐름은 우리나라도 예외는 아니다. 경찰이 발표한 보고서에 "불만 표출 등 개인 목적을 달성하기 위한 테러가 발생할 가능성이 높다"며 "공통적인 특징은 극단적 성향을 가진 개인의 목적 달성이 주된 원인이었다"고 했다. "특히 개인적인 목적에 의한 테러는 외로운 늑대(Lone Wolf)와 같은 자생적 테러가 될 가능성이 매우 높다"고 덧붙였다.

이런 사회적 배경에는 물론 급격한 사회 변동과 양극화, 빈부 격차 등 사회 전체적인 영향도 있다. 하지만 가장 직접적인 원인은 반사회적 성격 장애 등 정신적 심리적 고통을 당하는 환자들에 대한 치료와 보호, 관리 체계의 부재이며, 주위의 상처받은 이들을 포용하고 감싸 안지 못하는 우리 사회의 미성숙함에도 책임이 크다. 이제 정부와 지방자치단체는 물론 사회 전반의 각성과 실천이 있어야 한다. 그렇지 않으면 이같은 비극이 언제 어디에서 또 일어날지 알 수가 없다.

○●○

세상이 나를 무시했다

...방화광

어떤 사람은 범죄를 저지르는데, 또 다른 사람은 같은 환경과 조건인데도 범죄 행위를 하지 않는 이유는 무엇인가?

우리 사회는 일반적으로 흉악한 사건이 발생하면 범죄를 저지른 사람이 놓인 개인이나 사회적 환경보다는 그 범죄자의 개인 심리 상태에 더 많은 관심을 가진다. 범죄자가 정신 질환자인지, 반 인격 장애자인지, 사이코패스인지 등 개인적인 심리 상태에 더 주목한다. 심리보다는 개인이 그런 행동을 할 수밖에 없는 성장 과정과 주위 환경에 더 관심을 갖고 들여다봐야 한다. 그리고 마음의 상처를 치료하는 것이 우선이다.

2008년 10월 20일 서울특별시 강남구 논현동의 D 고시원에 거주하던 정○○ 씨가 불을 지른 뒤 연기를 피해 복도로 뛰어 나온 피해자들을 미리 준비하고 있던 칼로 무차별적으로 찔러 살해 또는 중상을 입힌 살인 사건이 발생했다.(사망자 6명, 중상 4명, 경상 3명)

왜 방화를 통해 스트레스를 해소하려는 것일까. 화가 났을 때 소리를 지르거나 물건을 파괴하는 방법에 그치지 않고 방화를 저지르는 경우, 해방감과 함께 강한 쾌감을 경험하기 때문이라는 분석도 있다. 방화는 열등감과 좌절감이 쌓인 이들이 불을 통해 자기 힘을 표출하기 위한 수단이며 소외감이 심해질 경우 자신을 위로하기 위한 강박적 방법으로 선택하기도 한다. 불은 따뜻한 이미지로 긴장을 완화해주고 안정감을 주기 때문이다.

방화가 증가하는 이유는 경제 발전과 관련이 있다. 경제적 여유가 생기면서 화재는 줄고, 방화는 늘고 있다. 일본이나 미국의 경우 화재 사고에서 방화가 차지하는 비중이 50%를 넘는다. 두 건의 화재 중 한 건이 방화란 얘기다. 선진국일수록 사회적, 경제적으로 소외된 계층이 확산하면서 불특정 다수를 향한 '묻지마 방화'가 늘기 때문이다. 이런 이유로 방화를 '선진국형 범죄'로 본다.

최근 우리 사회에 방화 범죄가 늘고 있는 것도 소외 계층의 확산과 무관하지 않다. 1997년 금융 위기 이후 빈곤층 인구가 두 배나 증가했다. 빈부의 격차가 심해지고 계층 간 사회적 갈등이 심화할수록 범죄는 증가하고 사회적 비용도 급증하고 있다. 특히 방화는 살인이나 강도보다 훨씬 위험하고 치러야 하는 대가도 크다. 한 번의 방화는 수많은 생명과 재산에 피해를 준다.

대구 지하철 참사는 방화가 얼마나 끔찍한 결과를 초래하는지 극명하게 보여줬다. 전국 9개 교도소에서 복역 중인 방화범 55명을 만난 한국 형사정책연구원 박형민 박사는 "대다수의 방화범이 내성적이고 소극적이며 경제적으로 하류층이었다"고 분석했다. 이들의 공통점은 남과 어울리지 못하고, 함께 문제를 풀지 못하는 사회적 장애가 있다는 것이다. 이런 성향은 빈곤과 맞물려 방화범 자신을 막다른 길로 몰아넣어 분노 폭발로 이어진다.

국립과학수사연구소는 방화범의 특징을 세 가지로 나눈다. 우선 방화범에겐 남다른 편집증이 있다. 툭하면 남을 의심하고, 의부증이나 의처증이 심하다. 때론 누군가 자신을 공격할 것으로 생각한다. 특히 경제적으로 궁핍한 방화범은 가난 때문에 주위에서 무시당한다는 피해 의식을 항상 갖고 있다. 방화범에겐 분열적 장애성도 있다. 어린 시절 학대 경험이 있거나 타인과 관계를 끊고 고독을 즐긴다. 외톨이 생활을 하며 남이 무슨 말을 해도 관심이 없다. 주변 사람들과의 관계에서 보상을 받지 못한 상태로 분노가 억압돼 충동을 조절하지 못해 방화를 저지른다. 이런 사람들은 대개 겉으론 점잖아 보이지만, 남이 하는 얘기를 잘 이해하지 못한다. 문제가 생겨도 남과 대화하지 않고 혼자 해결하려고 한다.

한국의 방화범에게서 발견되는 공통점 중 하나는 방화전에 술을 마신다는 사실이다. 이는 분열적 장애자의 특징이기도 한데, 이들은 술의 힘을 빌리지 않으면 범죄를 저지르지 못한다. 그렇다고 만취할 때까지 마시지도 않는다. 불을 지를 정도의 정신은 남겨두는 것이다.

우리 사회에 방화광이 늘어난다는 것은 우려할 만한 사건이다. 경제가 발전할수록 그늘도 짙게 드리워지고 있다. 수사관들은 "범죄자 중에서 가장 못난 놈이 방화범"이라고 말한다. 그만큼 자신감이 없고 소극적이란 얘기다. 모두가 못살 때는 몸은 고달파도 정신적인 고통은 적다. 하지만 선진국으로 갈수록 빈부의 격차는 심해지고 그에 따른 스트레스도 심해진다. 삶은 경쟁이 아니라 전쟁이고, 노력해서 안 되는 것들이 분명히 있다. 경쟁에서 뒤처진 사람들은 노력하지 않고 절망부터 하게 되며, 이웃의 무관심 속에 홀로 끙끙 앓다가 어느 순간에 불처럼 폭발한다.

오랫동안 방화범을 만난 한 경찰관은 "이들의 마음을 치료하려면 따뜻한 사랑밖엔 없다"며 "진심으로 얘기를 들어주면 울면서 다 털어놓는 사람들"이라고 말했다. 정부의 대책도 중요하지만, 가족이나 이웃의 관심도 그에 못지않게 중요하다는 지적일 것이다.

정신분석학자들은 이런 방화 심리를 성장 과정에서 과도한 충동 억제나 정상적인 심리 보상을 받지 못한 데 따른 불안을 불을 질러 해소하려는 충동 조절 장애로 본다. 이런 장애가 심해지면 파이로마니아(pyromania), 즉 방화광(放火狂)이 된다.

방화를 일으키는 사람이 사회 취약 계층인 경우가 많아 복지 제도 개선을 통해 빈부 간 격차를 줄여나가야 한다. 한남대 경찰행정학과 박미랑 교수는 "방화는 취약 계층에 있는 사람들이 '욱'하는 감정을 범죄로

표현하는 것으로 해석할 수 있다"며 "사회 복지 제도를 개선해 빈부 간
격차를 줄이고 안정적인 사회로 나아간다면 이 같은 범죄를 줄일 수 있
을 것"이라고 말했다.[24]

방화는 재범률이 상당히 높다. 사법 기관이 방화범의 특성을 파악하고
유형별 데이터를 구축·분석하고 조금만 더 주의를 기울이면 방화 사건
을 예방하는 것도 가능할 것으로 본다.

비상구, 소방 시설 강화해야

방화는 흔적과 증거를 없애기 용이하다는 점 때문에 범죄자를 유혹
한다. 방화는 내성적인 성향을 가진 방화범에 의해 갑자기 일어나는 사
건의 특성상, 방화를 사전에 인지하거나 예방하기는 어렵다. 현실적으
로 가장 걱정스러운 것은 방화범을 줄일 만한 적절한 대책을 찾기 어렵
다는 점이다. 대부분의 방화범들은 내성적인 경우가 많아 다른 사람에
게 직접적인 물리력을 행사하기보다는 방화를 통해 피해를 입힌다. 직
접 공격을 못 하겠으니 인화성 물질을 뿌리고 불을 붙이는 행동으로 불
만을 표출하는 것이다.

대검찰청 통계에 따르면 1994년 이후 방화 전과가 있는 사람이 다시
방화하는 비율은 10%대를 꾸준히 유지하고 있다. 방화범 10명 중 한 명
은 또다시 불을 지른다는 것이다. 아직 범인을 잡지 못한 수많은 미해결

....
24 종로부터 군산까지 계속되는 '홧김에 방화' 대책 없나?, 천지일보, 2019. 06. 19.

사건까지 감안하면 지속적으로 불을 지르는 사람은 10%를 훨씬 상회할 것으로 추정된다. 사정이 이런데도 정부는 방화범을 특별 관리의 대상으로 보지 않는다.

방화범이 정신과 진료를 받게 하거나 필요하다면 전문가의 상담을 받아 근본적인 원인을 치료해야 하지만 현재 이 같은 프로그램은 없다. 시간이 지날수록 분노 충동적인 감정 폭발로 방화하는 범죄자가 늘고 있지만, 아직 우리 사회는 방화죄를 재산 침해 범죄 정도로만 보고 있다. 방화광으로 전락하는 정신적인 이유를 고려하지 않는 것이다.

전문가들은 가족 해체와 경쟁 심화, 경제적 양극화 등으로 우리 사회에 분노 범죄가 더 늘어날 것으로 전망한다. 순간 폭발하는 방화를 미리 알고 대처하기란 쉽지 않다. 비상구와 소방 설비에 대한 강화를 통해 피해를 줄여야 한다. 또 방화범이 주로 취약 계층에서 나온다는 점을 감안해 사회 복지 제도를 보강해야 한다

최근 화재에서 사망자가 많이 발생하는 이유는 주 출입구에 화재가 발생해 피난을 하지 못해 연기 질식에 의한 사망자가 많기 때문이다.

방화를 예방하기 위해서는 폭발적 연소를 확대하는 휘발유나 시너 등의 판매와 취급에 엄격한 단속이 필요하다. 막대한 인명과 재산 피해를 계속 입히고 있는데도 위험물 취급 관리 감독은 허술하기 짝이 없다. 누구나 너무 쉽게 주유소에서 인화성 물질을 구입하는 것이 문제의 출발이다. 위험물이라고 표시된 규격 용기 사용과 신분 확인, 이 두 가지만 제대로 지켜도 방화 범죄는 획기적으로 줄어들 것이다.

PART 03

맞서 싸울 것인가, 함께 사라질 것인가

○●○

범죄는 왜 생겨나는가

"법 없이도 살 사람이 왜? 인사성 밝은 착한 아이였는데….."

범죄가 발생하고 범인이 잡혔을 때 뉴스를 보면 의외의 사람이 범죄를 저지르면 '그 사람이 도대체 왜?'라는 의문이 들면서 보는 이를 혼란스럽게 한다. 그러나 반대로 생각해 보면 성실한 사람, 착한 아이는 범죄와 관련이 없는 걸까? 의외의 사람이 범죄를 저지른 것은 우리가 무관심했기 때문인지도 모른다.

사람은 누구나 마음속에 다양한 갈등을 안고 있으며, 갈등의 씨앗을 지니고 살면서 주변 사람에게 표현하거나 겉으로 다 드러내지 못하고 살아가고 있다. 스위스 정신과 의사 융은 "모든 사람은 사회에서 살아가기 위해 겉으로 보이는 인격과 반대되는 내적 심상을 지녔다"고 말했다. 그러한 자기의 외적 측면을 페르소나(가면)로 불렀다. 선생님은 선생님으로서의 가면을 쓰고, 성실한 사람은 누구에게나 성실함을 인정받는 가면을 쓰고, 경찰은 경찰로서의 가면을 쓰고 살아가는 것이다. 가면을 계속 쓰고 살다 보면 내면의 갈등으로 스트레스가 쌓인다. 가면을 쓴 모습과 다른 사람에게 말할 수 없는 본래 자신의 욕망 사이에 갈등이 쌓여 스트레스를 받고, 그러다 마침내 마음속에 쌓여있던 스트레스가 폭발하면서 범죄로 이어진다.

범죄자의 특징을 연구한 사람들은 약 200년 전 범죄 인류학자였다. 범죄자에게 어떤 신체적 특징이 있으며 범죄자를 결정하는 생김새를 연구하였다. 이탈리아 정신과 의사 롬 브로소는 수많은 범죄자의 두개골을 연구하여 범죄자의 공통점을 찾으려 했고, 또한 범죄자의 집안 내력을 조사해 선천적으로 태어난 범죄자를 찾으려 했다. 물론 설득력이 부족하고 억지스럽다는 비난을 면치 못했다. 그러나 범죄 인류학은 범죄 유전자에 의한다는 범죄 생물학으로 발전하고, 범죄는 운명적으로 일어난 것이 아니라 세상에 범죄 행위를 만드는 환경이 존재하기 때문에 일어난다는 범죄 사회학으로 발전하게 된다.(프랑스 법의학자 라카사뉴)

범죄 환경은 어떻게 만들어지는가?

미국의 도시 사회학자 버제스는 이민에 따른 인구 유입과 빈곤층의 이동으로 슬럼가가 생겨나고 그런 곳에 범죄와 질병, 자살 등이 빈번하게 발생한다는 사실을 발견했다. 불법 쓰레기나 낙서를 방치하면 도심 거리는 점점 더러워진다. 아주 사소한 범죄를 지나치면 나중에는 중대한 범죄까지 막을 수 없고 시민의 안전을 위협한다고 한다.

똑같은 생활환경 속에서 어떤 사람은 욕구와 탐심 때문에 사람을 죽이지만 다른 사람들은 그렇지 않은 상황을 어떻게 해석해야 할 것인가?

최근 발생한 강력 범죄를 보면, 한 가지 분명한 점은 시간이 지나고 사회가 발전할수록 사람들이 자기 절제를 못 하고, 쉽게 분노하고 거기에다 남에게 깊은 상처를 준다는 것이다. 자기 마음을 다스리지 못하면 시간이 지날수록 오염되고 마음 깊숙이 죄의 성품이 싹 트기 시작한다. 마음속에 끊임없이 일어나는 죄의 성품을 날마다 죽이고 다스리는 것이 필요하다.

범죄를 직접적으로 당해보지 않은 사람은 범죄는 자신과는 거리가 멀다고 생각하는 경향이 있다. 내성이 생긴 탓인지 웬만한 사건에는 이제 놀라지도 않는다. 그러나 범죄는 항상 우리 주위를 맴돌고 있다. 날로 진화하는 범죄를 심각하게 인식하고 범죄자의 심리를 파악해 자신의 가정과 자신을 지켜야겠다는 마음을 가져야 한다. 이렇게 하는 것이 범죄로부터 자신과 가족을 보호하는 방법이다.

몸과 심리와의 관계

우리 몸과 심리는 따로 분리되는 것처럼 보이나 사실은 동전의 양면과 같은 관계로 감정에 의해 서로 연결돼 있다. 몸이 무거우면 마음이 힘들다. 그래서 몸과 마음은 하나다. 어느 하나가 없으면 나머지 하나도 생리적, 심리적으로 존재할 수가 없으며 마음과 생각이 행동을 지배하고 마음의 작용이 몸을 지배한다.

"인간의 행동은 타고난 인간 본성과 각자 겪어온 독특한 환경과 경험, 이 두 가지가 함께 낳은 결과물이다. 이 두 가지 모두가 우리의 생각과 감정, 행동에 중요한 양향을 미친다"(앨런 S 밀러)

인간은 아침에 눈을 뜨고 잠자리에 들 때까지 수많은 사람과의 관계 속에 살아가고 있다. 사회가 발전하고 윤택해질수록 행복해야 하는데 많은 사람은 인간관계 상실과 자기만의 세계 속에 갇혀 이기적으로 변하고 미래에 대한 불안감 속에 하루하루를 살아가고 있다. 이런 현상들은 감사보다는 자신에게 없는 것에 집착한 결과물이다. 급격한 사회 변화와 뚜렷한 개인화 현상, 생각 자체가 스마트폰처럼 기계화돼가고 있는 자연스러운 결과다. 경쟁 사회에서는 모든 사람이 똑같이 만족할 수는 없다.

가정이 무너지고 이혼율이 증가하는 것도 범죄의 중요한 요인으로 자리 잡고 있다. 가정이란 한 인간의 처음과 끝을 형성하는 가장 기본적인 단위로 생물학적으로 보면 출산의 장소이며 사회를 구성하는 한 세포다. 인간은 어린 시절 가정에서의 성장 과정을 통하여 사회에 어떻게 적응해 나갈 것인가에 대한 가치관을 만들기 때문에 가정은 인간과 인간관계를 습득하는 배움의 장이다. 따라서 아이들의 행동에 영향을 미치는 것 중에서 매우 중요한 요소는 건전한 가정의 기능이다. 자라면서 서로 아끼고 사랑하는 부부간의 역할과 관계를 제대로 경험해보지 못한 아이들은 성장해 결혼하더라도 배우자에 대한 친밀한 분위기 그 자체가 익숙하지 않을 것이며, 또한 어린 시절 경험했던 결정적 사건이 한 인간을 범죄자로 만들 가능성도 있다. 실제로 일어나는 강력 범죄 대부분은 가정 폭력과 억압 등의 불우한 가정생활과 관련이 깊다.

가정에서 폭력은 청소년의 공격 성향을 높인다는 사실은 많은 범죄학 관련 연구 결과들에 의해 입증되었다. 특히 부모의 자식에 대한 육체적 학대와 구타는 반발심을 불러일으켜 자신에게 힘이 생겼을 때 보복하고 싶은 심리를 불러일으킨다.

인간이 성장하면서 만나는 환경적인 요소 중 학교생활은 사람에게 중요한 영향을 미친다. 우리나라 학교 교육은 동료들과 서로 협력하기보다는 상대방을 이겨야만 살 수 있다는 생존법칙이 작동한 지 오래다. 전통적으로 내려오던 스승은 존경의 대상이 아니라 전달자일 뿐이다.

한마디로 우리 사회는 잘못을 듣지도 않을 뿐 아니라 꾸짖을 어른도 없는 사회가 돼 버렸다. 부모의 권위, 스승의 권위가 무너진 지 오래다. 그러나 여전히 가정의 기능과 학교의 역할은 아무리 강조해도 지나치지 않는다. 사회 문제와 범죄를 감소시키고 인간의 존재와 가치를 배울 수 있는 유일한 장소이기 때문이다.

TV나 언론 인터넷에서는 거의 매일 주변에서 일어나는 다양한 사건 사고를 보도한다. 중대한 사건일수록 범죄의 발생 원인이 무엇이고, 범인은 어떤 사람인지에 큰 관심을 보인다. 범죄는 범죄자의 개인적인 자질 외에도 기회나 상황 등 환경 요인에 따라서도 발생한다는 사실이 밝혀지면서 최근에는 범죄자의 자질보다는 성장 환경과 상황 요인이 큰 역할을 해왔으며, 따라서 그 부분에 관한 연구가 활발하게 이루어지고 있다. 즉 나쁜 유전자를 갖고 태어나서 범죄자가 되는 것이 아니라 어린 시절부터 줄곧 학대를 받아온 탓에 범죄자가 됐다는 것이다. 그렇기 때문에 시대 배경을 빼놓고는 논할 수 없다. 어떤 시대에는 범죄로 여겨지던 행동이 오늘날에는 범죄가 아니기도 하고 그 반대의 경우도 있기 때문이다.

범죄자와 직접 부딪히는 것보다는 의지와 지혜를 이용해 범죄 예방을 하는 것이 효과적이다. 노출이 심한 옷을 입는 것은 자극 성범죄를 높일 수 있다. 여성의 입장에서 억울한 측면이 있지만 중요한 것은 피할 수 있다면 그 방법을 따라야 한다는 것이다. 범죄 발생 원인에는 '피해자의 유혹'이라는 공식이 있다. 범죄자에게 유혹의 욕망을 최대한 낮게 느끼게 하는 것이 아주 중요한 범죄로부터 벗어나는 전략이다.

범죄뿐만 아니라 대형 사건 사고는 얼핏 복잡해 보여도 일정한 패턴을 유지하면서 발생한다. 범죄자 스스로 범행 수법을 연구 개발하기도 하지만 범죄 발생 분석을 해보면 대개 일정한 형태로 이루어진다. 크레이그 퓨게이트 前(전) 미 연방재난관리청장도 "과거 재난 분석이 사고 예방의 시작이다."라고 말했다. 이미 발생한 사건과 피해 상황을 살펴보는 것이 중요하다.

최근 사회의 불안정한 분위기는 앞으로 범죄 발생이 질적으로 지능화·첨단화하거나 양적으로 늘어나고 잔혹해질 것을 예고하고 있다. 사회가 빠르게 변화하듯 범죄도 끊임없이 진화한다. 그렇기 때문에 진화하는 범죄 수법을 알고 대처 방법을 생각해야 한다. 후회를 하기 전에 미리 대비해야 한다.

범죄의 순간, 기지를 발휘해 현명하게 위기를 피해 가는 것은 대단히 중요한 문제이다. 범죄는 한 사람의 운명은 물론 한 집안의 운명까지 순식간에 절망으로 떨어뜨리기 때문이다.

범죄 없는 사회를 만드는 것은 국가의 중요한 책임이자 의무이다. 그러나 불행히도 우리 사회는 국가가 모든 것을 책임질 수도 없다. 개인이 범죄를 예방할 수 있는 환경이나 조건을 미리 알고 대비하는 것도 필요한 시대에 살고 있다.

○●○

범인은 바로 너

...내 DNA를 검사하라

① 공개된 DNA 족보 데이터베이스(GED 매치, 23앤드미, 앤세 스트리 등)
② 범행 현장에서 발견한 DNA 조회(유럽계 백인 미국인은 공개 데이터베이스에서 8촌 이내 친척 DNA가 있을 확률 60%)
③ 범인 검거

1970~1980년대 미국 캘리포니아주에서 60여 건에 달하는 강간과 살인으로 공포에 떨게 했던 희대의 연쇄 살인마 '골든 스테이트 킬러'가 첫 사건 발생 42년 만인 2018년 체포됐다. 네덜란드에선 2017년 '가계 DNA 프로파일링'을 통해 1992년 발생한 강간 살해 사건을 해결했다. 네덜란드 사법 당국은 현지 언론에 '가계 DNA 테스트' 참여를 강제화하

는 방안을 검토 중이라고 밝혔다.

1888년 영국 런던을 뒤흔든 연쇄 살인범 '잭 더 리퍼', 약 2개월 사이에 윤락 여성을 차례로 참혹하게 살해했지만 범인을 찾을 수 없어 미궁에 빠지면서 세계에서 가장 유명한 미제 사건으로 알려졌다. 그러나 사건 발생 131년이 흐른 지금 최신의 DNA 해석 기술로 잭 더 리퍼의 신원이 특정되었다고 알려지면서 화제를 모으고 있다.

15년 전 부산에서 성범죄를 저질렀던 택시 기사가 DNA 감정 기술 발달로 덜미가 잡혔고, 마산에서 발생한 17년 전 미제 사건인 성폭행범이 국립과학수사 연구원의 새로운 시약 개발에 따른 유전자 DNA 재감정 과정에서 검거됐다.

이렇듯 수십 년 묵은 장기 미제 사건을 종결하고 완전 범죄를 노린 살인마의 정체를 밝힌 숨은 주역은 범인이 현장에 남긴 DNA(유전자 정보)였다.

DNA 기술이 가장 먼저 응용되는 곳은 바로 범인을 잡는 경찰이다. 목격자가 없는 사건에서 범인이 자신의 DNA를 현장에 남겼지만 DNA 데이터베이스에 일치하는 사람이 없는 미제 사건에서 범인의 윤곽을 알수 있는 가이드라인을 제시해줄 수 있다.

미국 캘리포니아주 연쇄 살인 사건에서 수십 년간 묻혀 있던 사건을 해결할 수 있었던 결정적 단서는 온라인상에 떠다니는 일반인의 DNA 데이터베이스(DB)였다. 미국 연방수사국(FBI)이 갖고 있던 범죄자 데이터베이스에는 범인의 정보가 없었다. 사건이 미궁에 빠졌던 이유다. 유전자 분석 기술이 발달하고 값이 싸지면서 많은 사람은 잃어버린 가족을 찾기 위해, 자신의 뿌리를 찾기 위해, 질병 예측을 위해 유전자 분석을 했다. 40여 년이 흘러 온라인 사이트에 100만 명도 안 되는 DNA 정보가 등록된 데이터베이스 'GED 매치'에서 연쇄 살인범의 먼 친척으로 추정되는 DNA가 발견된 것이다. FBI는 가족 관계와 연령대, 위치 정보를 종합해 범인을 잡는 데 성공했다.

1998년 8월 네덜란드 남부의 한 숲에서 열린 여름 캠프에 참여한 열한 살짜리 남자아이가 강간 살해됐다. 범인의 것으로 추정되는 DNA가 검출됐으나 경찰의 범죄자 데이터베이스에 일치하는 DNA는 없었다. 2017년 10월, 네덜란드 경찰은 '가계(家系) DNA 프로파일링'을 위해 네덜란드 남성들에게 자발적인 참여를 요청하며 대규모 DNA 수집에 나섰다. 이 DNA 수집에 1만 7,500명이 지원했다. 검출된 범인의 DNA와 이렇게 수집한 DNA를 비교해서 범인이 속한 특정 가계가 지닌 DNA 상의 특징들을 발견함으로써 용의자를 압축하는 기법을 사용했다.
그 결과 두 남성의 DNA에서 한 용의자로 지목할 만한 가계적 특징이 발견됐다. 두 사람은 용의자의 가까운 친척이었다. 20년 전 네덜란드에서 발생한 한 강간 살해 미제(未濟) 사건이 수많은 남성의 자발적인 DNA 검사 덕분에 해결됐다.

과학 수사 지형이 변하고 있다. 각종 유전자 분석 서비스와 공개 DB가 많아지면서 범죄 용의자를 에워싼 포위망이 점점 좁혀지고 있다. 미국 컬럼비아대 연구진은 최근 국제학술지 《사이언스》에 발표한 연구에서 "미국에 살고 있고 당신이 백인이면 설령 자기의 DNA 샘플을 족보

DB에 올리지 않았더라도 약 60%는 수사망에 걸릴 것"이라고 밝혔다.

공개 유전자 데이터베이스가 증가하면서 본인도 모르는 사이에 8촌 이내 친척이 인터넷에 DNA를 업로드했을 가능성이 60%에 달하는 것으로 조사되기도 했다. 미국 FBI는 범인이 남긴 신원 미상의 DNA 샘플과 연령 정보만 가지고 흔적을 쫓는다. DNA 정보가 업로드된 사이트로부터 용의자 후보를 추린 뒤 범인 검거에 나선다. 범인들은 더 이상 숨을 곳이 없어진 셈이다

전문가들은 GED 매치에 미국 성인 인구의 0.5% 이용자가 정보를 등록한 것에 불과한데 이 정도 성과를 냈다는 점을 감안하면, 이용자 비율이 2%만 돼도 유럽계 백인 미국인 90%의 신원이 밝혀질 수 있을 것으로 보고 있다.

앞으로 범죄 현장에서 발견된 DNA로 용의자의 친척을 비롯해 건강, 외모 정보를 아는 것도 시간문제다. 수백 명을 대상으로 한 DNA 샘플 연구 결과 수사기관에 등록된 유전자에서 그 사람의 가까운 친척, 부모, 형제자매, 자녀 등을 정확하게 찾아낼 수 있고, 용의자 DNA 샘플에서 가족 관계뿐만 아니라 눈 색깔 등 외모 정보, 질병 등 의료 정보까지도 속속들이 알 수 있다고 한다.

수천 년 전의 화석에서 얻은 미량의 DNA를 분석하는 기술의 완성도가 높아지면서 인류가 이제껏 몰랐던 지식도 점점 쌓이고 있다. 영화 《암수살인》에서도 수년 전 일어난 살인사건을 해결하기 위해 오래된 시체에서 DNA를 채취하는 모습도 나온다. 이미 6·25 전쟁 전사자 확인에 DNA 분석이 이루어지고 있으며 현재에도 충분히 가능한 일이다. 최

근에는 수천 년 전 화석에서 DNA를 추출해 이를 분석하는 기술도 완성되고 있다.

서울대 의대 이환영 법의학 교실 교수는 "미국처럼 일반인 족보 DB가 있고 검색이 허용되면 모르겠지만 우리나라는 이런 DB가 없기 때문에 범죄자 DB에 등록돼 있지 않은 한 현장 증거물에 의존할 수밖에 없다"며 "이때 용의자의 친척까지는 못 찾아내더라도 대강의 연령대나 반복되는 습성 등을 추적해 수사에 적용할 방법을 연구하고 있다"고 밝혔다.

이 교수는 "유전자가 메틸화하는 특성을 이용하면 범인 신원을 특정하지는 못하더라도 수사 범위를 축소할 수 있다"며 "아직 수사 현장에 활용되고 있지는 않고 국립과학수사연구원에서 기술 유효성과 정확도를 검증하는 단계"라고 설명했다.

최근 과학수사에서는, DNA에는 유전자의 발현을 조절하는 '메틸기'라는 스위치가 달려 있는데 이 스위치 형태를 'DNA 메틸화 분석' 기법으로 분석하면 정액인지 침인지 담배를 피우는지, 운동을 많이 하는지, 젊은 사람인지 등을 유추할 수 있다고 한다. 메틸기를 정밀하게 분석하면 범인의 생활습관 등도 알아낼 수 있다.

미국 할리우드 스타 안젤리나 졸리는 2013년 유전자 검사 뒤 유방암에 걸리지 않기 위해 예방적 유방 절제술을 받았다. 모계에서 유방암을 발생시키는 '브라카1(BRCA1)'이란 유전자 변이를 자신에게서도 확인했기 때문이다.

DNA를 이용한 수사에 있어 개인정보 보호 등 법적 논란은 넘어야 할

과제이다. 에를리히 박사는 "공개 데이터베이스 활용은 범죄 해결 측면에서는 바람직하지만 법률을 준수하는 선량한 시민들의 사생활 침해 논쟁을 불러일으킬 수 있다"고 말했다. 의료 연구와 가계(家系) 질병 치료 등의 목적으로 제공했던 정보가 원래 목적과 다르게 검찰과 경찰의 수사 과정에 노출되기 때문이다. 또한 본인이 정보를 올리는 데 동의했다고 해도 그 친척까지 동의했다고 보기는 어렵다는 것이다. 따라서 유전자 정책학자들을 중심으로 수사기관의 정보 접근을 허용하되 가능한 한 상황을 엄격하게 제한하는 법과 제도를 만들어야 한다는 주장이 제기되고 있다.

미국과 달리 우리나라는 유전자 공개 데이터베이스가 제대로 구축돼 있지 않아 인터넷상에서 이 같은 수사를 하기는 어렵다. 그러나 수사 단계에서 다양한 DNA 분석 기술을 활용해 용의자 단서를 포착하려는 시도가 진행되고 있다.

흉악한 범죄가 급증하는 이때에 유전자 정보 활용은 범죄를 예방하고 범인을 신속하게 검거하는 데 필요하다. 그러나 예나 지금이나 정보의 남용은 항상 경계해야 할 것이다.

○●○

넌 내 거야

…안전한 이별은 없다

애정으로 시작된 이별 범죄가 어디까지 왔는지 대표적 사건이 최근 발생했다.

이별 → 치밀한 준비 → 잔혹한 살해 → 극단적 선택 → 참극(2018년 일가족 4명 피살, 범인 자살)

'부산 일가족 피살 사건'에 대해 범죄 심리학자는 "범행 흐름과 수법을 보면 우발적이거나 격분해서 저지른 행위라기보다 자포자기한 심정과 자신의 감정에 대한 분풀이를 엿볼 수 있다"고 말했다. 경찰에 따르면 "범인은 특별한 강력 범죄 경력이 없으며, 정신질환으로 치료받은 기록도 확인되지 않고, 다만 10년 전 부모의 이혼으로 다니던 대학을 자퇴했다"고 밝혔다. 가해자 S(32)는 이별 통보에 앙심을 품고 둔기와 흉기, 전기 충격기, 비닐, 질소 가스통, 스패너 등 총 14가지 범행 도구를 준비하고 가족들을 차례로 살해했으며 한때 연인이었던 여성을 가장 잔인하게 살해했다.

이별한 뒤에 헤어진 여성의 집 앞을 서성이거나 폭력을 행사해서 상상을 초월한 잔혹한 범죄를 일으키는 것이 심각한 사회문제가 되고 있다. 이것은 바로 이별 범죄다. 분노와 충동 조절에 어려움을 겪는 사람들이 늘어나면서 이별 범죄에 대한 사람들의 인식 개선이 필요하다는 지적이 나온다.

만남 속에서 일어나는 의심과 폭언의 시작은 폭행의 준비 단계다. 폭언을 일삼는 남성이 평소에 잘해주는 것은 상대가 좋아서가 아니라 소유물로 생각하기 때문이며, 가해자는 피해자를 상습적으로 폭행하고 이를 당연시한다. 남성의 폭발적인 분노 뒷면에는 상대방을 소유하고 통제하겠다는 근본적인 집착이 숨어있다. 처음 만남을 시작할 때는 친절하고 배려했지만 만남을 지속함에 따라 어두운 면이 서서히 드러난다.

그럼 언제 끝낼 것인가? 갑자기 교제를 끊는다는 것은 위험하다. 그렇다고 관계를 지속하면 위험의 연장일 뿐이다.

심각한 피해를 경험하고도 쉽게 저항하지 못하고 지속적으로 당하는 이유는, 벗어나는 방법을 알지 못하거나 상대에 대한 두려움이 있기 때문이다. 오랜 가정 폭력에 익숙한 아내가 수십 년간 폭행을 당하면서 아무런 조치를 취하지 못한 이유는 자포자기 상태에서 빠져나오지 못하기 때문이다. 상대방은 피해 여성의 심리와 폭력에 대처할 힘이 없음을 알고 있다고 할 수 있다. 여기서 빠져나오지 못한다면 평생 폭력으로 인생을 망칠 수 있다. 남자는 자신과 사귀었던 여성의 거절은 자신에 대한 배신으로 여기고 모든 책임을 상대방에게 전가한다. 결국 절망과 좌절은 분노로 이어져 폭력적으로 변한다.

남성들은 여성과 성적 관계를 통해 자신의 지배 아래 통제할 수 있다고 생각하기 쉽다. 이미 몸을 허락했으니 마음대로 해도 된다는 잘못된 생각이 자리 잡게 된다. 성행위 자체를 통해 주도권을 획득하고 상대를 완전히 자신의 손아귀에 넣었다고 착각하기 쉽다. 그래서 아무 장소나 거리낌 없이 무리한 성관계를 요구하고 강요하는 것이다. 폭행한 후 성관계를 통해 자신의 잘못을 정당화하는 수단으로 여기며 성관계를 단지 여성을 통제하기 위한 수단으로 사용한다.

남녀가 만나 사귀는 동안 성관계를 했다면 남성은 여성을 자신의 소유물로 생각해 여성이 만남이나 요구를 거절하면 원망과 초조감으로 조급하게 행동한다고 한다. 돌아선 여성의 마음을 돌이키려고 많은 노력을 기울이다가 안 될 경우 분노로 복수를 준비한다는 것이다. 애원과 사정에도 되돌릴 수 없는 상황이란 것을 깨닫는 순간 폭력으로 복수하겠다는 생각으로 돌변한다는 것이다.

이별 범죄와 스토킹은 일방적으로 애착과 집착에 뿌리를 두고 있다. 사랑하고 아껴서 단념할 수 없는 마음은 인간관계를 중심으로 많은 영향력을 미친다. 대부분 행위는 어떤 행동을 하면 상대방이 반응해 줄 것이라는 믿음의 바탕에서 출발한다. 이런 믿음과 신뢰가 무너졌을 때 좌절과 분노를 통해 복수하게 된다. 사랑으로 시작했다가 이별의 배신감에 인생을 파멸로 이끄는 경우가 지금도 진행 중이다.

자살 현장에 가보면 애인을 찾는 경우가 많다. 만나주지 않으면 죽겠다는 것이다. 이런 경우 정말 자살하겠다는 의사보다는 죽음이라는 극단적인 상황을 연출하여 여성에게 심적 부담을 주면서 마음을 돌이키려는 것이다. 그 상황에서 여성의 애원하거나 놀란 표정을 보고 성취감을 느낀다. 여성에게 이런 메시지를 전달할 때 여성이 자신에게 어떤 반응을 해줄 것을 바란다는 것이다. 만약 아무런 반응을 보이지 않는다면 이 방법은 포기하고 다음 단계를 계획한다고 한다.

잘못된 만남에서 모호한 태도나 반응은 상대방의 판단을 더욱 강화하는 역할을 하므로 처음부터 대응을 분명하게 하고 선을 그어야 한다. 가해자의 요구에 순순히 응했다가는 더 큰 위험을 당할 수 있다. 헤어지지 않으려고 상대방의 반응을 수시로 확인하고 수정하는 전략에 속아서는 안 된다. 전문가들은 이럴 때 헤어지겠다고 결심했다면 어떤 반응도 보여서는 안 된다고 조언한다. 왜냐하면 반응을 보이면 상대에게 끌려다닐 가능성이 있기 때문이다. 인간관계의 기본은 동일한 인격을 가진 사람으로서 서로 존중하고 배려하는지를 잘 생각해 봐야 한다.

여성은 단순하게 사귀다가 헤어진 사이 정도로 가볍게 생각하는 반면 남성은 자신의 소유물로 여기고 모든 상황을 자신에게 유리한 방향으로 행동하거나 감정적으로 반응한다고 한다.

"열 길 물속은 알아도 한 길 사람 속은 잘 모른다"는 말이 있다. 그 사람이 어떤 사람인지 경험해 보지 않고는 제대로 알기 힘들다. 남녀도 자라온 환경이 다르고 마음속에 무엇이 자리 잡고 있는지 알기는 쉽지 않으므로 성장 과정이나 평소 언어나 행동들을 살펴보는 것이 중요하고, 친구들이 그 사람에 대해 어떻게 평가하는지를 알아보는 것도 최소한의 위험 가능성을 줄일 수 있는 방법이다.

이별 통보와 함께 염산 테러로 화상을 입는 사고가 종종 발생하고 있다. 이러한 행동은 사랑과 소유의 개념을 잘못 이해한 것이다. 이별 통보를 받은 남성이 여성의 얼굴을 훼손시키는 행위는 자기를 거부한 여성이 다른 남자와 사귀지 못하게 하려는 의도를 품고 있다. 언론에 공개된 범죄자는 잘못을 뉘우치기보다는 자신의 입장만 되풀이하며 죄책감보다는 자신을 배신한 대가를 지불한 것이라고 합리화하는 모습을 종종볼 수 있다.

남성이 이별 통보를 한 경우 여성에 의한 이별 범죄 가능성은 낮다. 사람은 기본적으로 강한 자를 공격하기 쉽지 않다. 인생을 길게 보면 만남과 헤어짐은 잠깐이고 반복되는 것이 인생이다. 처음 만난 사람과 결혼해서 평생을 함께하는 사람들은 이 세상에서 그리 많지 않음을 알아야 한다.

데이트 폭력, 핵심은 통제다

데이트 폭력은 신체적, 성적 폭력 외에 경제적, 정서적, 언어적 폭력을 포괄하는 것으로 정의되는 게 국제적 기준이다. 폭력 발생 초기일수록 이것이 폭력인지 아닌지를 구별해 내기는 쉽지 않다.

《범죄는 나를 피해가지 않는다》에서 폭력의 전수 개념을 사회학습 이론으로 설명한다. 인간의 공격성을 결정짓는 가장 강력한 요소는 문화이며, 문화는 사회 구성원의 공격성과 과격성의 정도를 결정하는데, 공격성을 일으키는 장기적 요인 중 가장 중요한 것은 어린 시절의 사회화라고 한다.

"폭력을 통해 문제를 해결하려는 사고방식은 당사자가 힘이 없던 어린 시절 주위에서 폭력 현장을 목격했거나 폭력의 전수를 통해 폭력의 효과를 확인했을 때 형성되었을 가능성이 높다. 일단 폭력을 쓰고 난 후 사랑하기 때문이라는 이유를 대는 것이 일상적이며 피해자도 이를 수용하면 둘의 관계는 폭행과 폭행 피해 메커니즘의 장기적 관계로 돌입한다. 이런 분위기를 수용하다가 50년 동안 폭력에 시달려 인생이 거의 망가진 70~80대 여성들도 있다. 평생을 두들겨 맞으면서 살 자신이 있는가? 없다면 바로 헤어질 마음의 준비를 하고 이를 결행하라. 동정심에 낙타가 텐트 안으로 들어오는 것을 허용하면 얼마 가지 않아 텐트가 찢어지게 될 것이다. 작은 폭행을 눈감아주면 더 큰 폭행으로 이어지고 빈도가 잦아질 것이다. 장기간 가정 폭력에 노출되어 있는 매 맞는 아내의 특징은 스스로 자존감을 떨어뜨리는 것이다. 장기적으로 폭력을 당하게 되면 때리는 상대의 잘못이 아니라 자신의 잘못 때문에 맞는 것이라고 생각하게 된다."[25]

이별 범죄는 연인에게 이별을 통보받은 사람이 이별을 인정하지 않으려는 심리적 과정에서 저지르는 끔찍한 범죄로 보통 분노 조절 장애 범죄의 한 유형으로 분류된다. 반드시 연인이 아니더라도 이혼한 아내를 계속 쫓아가 행패를 부리다 결국 살인까지 한 남성 역시 이런 이별 범죄의 극단적인 사례다. 더 무서운 건 이렇게 보복에 나선 피의자들에게서 특별한 정신 병력도 확인되지 않는 경향이 많다는 것이다. 데이트 폭력은 가정 폭력과 결국 유사한 범죄라고도 볼 수 있다.

'데이트 폭력'이라는 말이 연인의 사랑 다툼이란 뉘앙스로 그동안 가벼운 문제로 인식돼왔다. 지난 19대 국회에서도 '데이트 폭력 방지법'이 발의됐지만 '데이트 폭력'이란 단어 정의를 하는 것에서부터 막혀 통과되지 않았다.

이수정 경기대 교수(범죄심리학)는 "가정 폭력의 끝이 살인이듯, 데이트 폭력의 끝도 살인이 될 수 있다. 안전한 이별이란 건 없다. 집착은 일회성이 아니다. 상습적이고 지속적인 폭력이다."라고 말했다.

점점 더 잔혹해지는 데이트 폭력은 보통 단순 폭행으로 분류돼 처벌 수위가 낮다. 이별의 위험성은 언제나 존재하는데 피해자를 보호할 만

....
25 《범죄는 나를 피해가지 않는다》 오윤성, 지금이책, 2017, 171쪽

한 법률적 보호 장치가 없다. 피해자의 안전을 고려해 물리적 폭력뿐만 아니라 정신적인 협박까지 처벌할 수 있는 근거가 마련돼야 한다.

○●○
스토커 벗어나기

쉽게 접근할 수 있는 SNS에서 사생활 노출로 범죄가 늘고 있다.

회사 업무와 개인적인 활동을 구분할 필요가 있다. 스토커는 항상 새롭게 시작한다.

무조건 친절하게 응대하다가는 문제가 될 수 있고, 이 반응을 통해 스토커는 자신의 행위를 더 강도 있게 한다. 스토커는 자신의 감정만 일방적으로 중요할 뿐 상대의 입장은 전혀 고려하지 않는다. SNS 스토커는 타깃이 정해지면 그 사람의 움직이는 동선과 사진 등을 전부 수집해 많은 정보를 알아낸다. 차단되면 가짜 계정을 만들어 그만하라고 거절해도 끊임없이 계속 메시지를 보낸다.

인터넷상에서 주의할 점

인스타그램 등에서 사생활을 공개하는 사람이 많다. 거기에 따른 피해도 증가하고 있다. 주의하지 않으면 누구라도 스토킹 피해자가 될 수 있다. 어디서 차를 마시는지, 쇼핑은 어디에서 하는지 등 움직임을 쉽게 파악할 수 있다. 온라인상의 접근으로 시작했다가 거절하면 온갖 협박과 욕설을 하고 오프라인까지 접근해서 돌이키기 힘들다. 그래서 처음부터 개인 정보를 공개하지 않거나 SNS를 멀리하는 사람도 있다.

일상적 친절을 베풀었는데 나의 의도와 상관없이 상대방은 자기 방식대로 해석하는 경우가 있다. 친절하게 처음부터 대화해준 것이 불씨가 되어 한 번도 본 적이 없는 사람으로부터 집요하게 접촉과 만남 요청의 피해를 당하는 경우가 있다.

남성은 여성을 성적으로 좋아하기에 친절하게 대한다고 생각하면 성적인 기회를 엿본다. 남성에게 있어서 삶은 동물적인 본성과 도덕성 사이에서 끊임없이 투쟁하는 삶이라고 할 수도 있다.

처음 본 사람이 말을 거는 경우는 사회생활하다 보면 얼마든지 있을 수 있다. 마음에 드는 상대가 적극적으로 말을 걸며 다가서면 호감을 보인 것으로 착각에 빠지는 경우도 있다. 이때는 일절 대응하지 않아야 하며 놀라거나 두려운 모습을 보여서는 안 된다. 만약에 있을지도 모르는 범죄 발생을 예방하기 위해서는 농담이나 말대답을 하는 것은 바람직하지 않다.

웃으면서 받아주면 상대방은 자신의 작전이 성공했다고 생각할 수 있으므로 처음부터 단호하게 거부 의사를 밝혀야 한다. 접근하기로 마음먹은 상대는 조그마한 틈만 보여도 그 사이를 비집고 들어오기 때문이다. 모든 사건 사고 사례에서도 알 수 있듯이 초기 대응 여부가 생사를 가른 경우가 많다.

전문가들은 거부 의사가 통하지 않는다면 가족들에게 알려 피해 여성이 주변에서 관심을 지속적으로 받고 있음을 드러내야 상대방은 자신의 전략이 효과가 없음을 알고 포기한다고 한다.

스토커 기질을 가진 남성은 여성의 작은 호의에도 좋아한다는 심리를 강화한다. 이야기할 때 농담으로 웃어넘기는 아주 사소한 것들을 자신을 유혹하는 행동으로 이해하며 자신을 거부하는 여성에게는 배신감과 함께 분노를 통한 폭력으로 나타낸다. 어떠한 반응을 보이더라도 스토커는 자신에게 유리한 방향으로 해석한다. 상대방이 잘못 이해하지 않도록 처음부터 모호한 태도를 취하지 말고 주의하는 것이 범죄를 예방하는 지름길이다. 스토킹 처벌 수위가 낮기 때문에 스토커의 의지를 꺾는 효과는 미미하다.

스토킹 처벌 외국과 우리나라 입법례

1990년대 미국, 독일, 영국, 캐나다, 벨기에 등은 스토킹을 범죄로 정의하고 처벌 규정을 만들었다. 미국은 1990년 캘리포니아에서 처음 스토킹법을 제정해 무기를 소지하거나 신체 상해를 입히는 위험 행위 시 가중적 스토킹으로 중죄로 처벌하고, 1998년부터 인터넷을 통한 스토킹도 처벌 대상에 포함시켰다. 일본은 2000년부터 스토킹 규제법을 제정해 징역 1년 이하 벌금 천만 원에 처한다. 자택이나 근무지 등에서 기다리기, 도청, 미행, 반복된 교제 요구, 명예훼손이나 성적 수치심을 불러일으키는 행위 등에 경찰의 경고와 공안위원회의 금지 명령 등의 조치를 내릴 수 있다. 우리나라는 2013년부터 시행 중인 경범죄처벌법이 유일하다. 처벌 대상도 3회 이상 이성 교제 요구를 하거나 신고를 당한 뒤에도 지켜보거나 따라다니는 행위를 반복해야 한다. 스토킹 행위가 반복된다 해도 명시적 거절 의사 표현이 없으면 처벌할 수 없다. 개정법에서는 상대가 거부 의사를 확실히 표현했음에도 메일을 반복해서 보내는 행위를 추가했고, 2014년에는 SNS 또는 메시지에 담긴 내용도 포함했다. 처벌은 10만 원 이하의 범칙금, 주로 8만 원의 범칙금이 부과되는데 가해자 입장에서 보면 8만 원이면 스토킹 문제를 해결할 수 있다.

피해자는 극심한 정신적 고통, 우울증, 극단적 선택에 시달린다. 스토킹 처벌 강화 법안은 국회에서 계속 잠자고 있다. 사람을 맹목적으로 쫓아다니는 행위를 경범죄처벌법상 과태료로는 실효성이 없다. 신변 보호를 요청했을 때 실질적으로 신변 보호 조치를 해주는 시스템 보완, 격리 접근을 금지하는 법을 도입해야 한다. 우리나라 스토킹 방지 대책은 너무 미약하다. 이 법망의 틈새를 타고 잔혹한 스토킹 범죄가 파고들고 있다.

한 번 점찍은 상대에게 병적으로 집착하고 따라다니며 괴롭히는 스토킹 범죄, 스토킹으로 고통받고 있는 사람들이 늘어나고 있다. 아직도 우리 사회는 "얼마나 처신을 잘못했으면…" 하면서 개인적인 사소한 일로 보는 시각이 여전하다. 경찰에서도 남녀 간의 애정 문제는 흔히 있는 일이므로 법보다는 가장 잘 아는 당사자가 풀어야 할 문제로 인식한다. 강력 범죄가 일어날 수 있다는 두려움에 떨고 있는 피해자가 오히려 자신이 당한 피해를 증명해야 하는 기막힌 현실이다. 잘못된 사회적 인식 때문에 피해자는 점점 더 큰 피해자가 되고 가해자는 더 날뛴다. 피해자는 어두운 수렁 속으로 빠져간다.

운동 경기에서도 공격수는 항상 어느 지점, 어느 부위가 가장 취약한가를 항상 파악하는 일을 게을리하지 않는다. 스토커들도 마찬가지로 상대의 약점을 정확히 파악해 먹잇감을 정한다. 상대와 눈을 제대로 맞추지 못하고 피한다든가 하는 행동은 스토커에게 강한 확신을 준다. 어떤 행위를 해도 단호하게 대처하지 못한다는 인식을 주면 피해 기간과 강도가 세질 수밖에 없다. 더 이상 망설이거나 자책하지 말고 주변에 적극적으로 도와 달라는 메시지를 보내야 한다.

스토커를 설득하는 것은 행동 변화에 별로 효과가 없고, 단지 만남의 기회를 제공한 것에 불과하다. 내가 자초한 일이라 혼자 해결해야겠다고 생각하는 것은 더 위험하다. 상대는 그렇게 물러서려면 쉽게 접근하지 않았을 것이다. 경찰이나 주변의 도움을 받아 해결하는 것이 중요하다.

스토커 대처 방법

스토커를 식별하는 방법이 있다. 스토커는 상대방의 이야기를 잘 듣지 않고 자기 이야기만 하는 경향이 있다. 방금 했던 질문을 반복하고 갑자기 우는 등 튀는 행동을 하며 상대방을 감시한다. 별로 친한 사이도 아닌데 반지 같은 값비싼 선물을 주거나 프로포즈를 한다. 문자나 전화를 지속적으로 보낸다. 주변 사람들의 고충을 앞장서 해결하거나 윗사람에 대한 배려도 각별해 주변에서 인정받고 출세하는 경우도 있다. 흑백 논리로 이분법적 사고를 가지고 있다. 일단 화를 내면 자제력을 잃고 오래간다. 남을 염탐하는데 신경을 많이 쓰고 필요하다면 도청이나 쓰레기 뒤지기 등 극단적인 방법도 마다치 않는다. 스토커에게는 분명한 태도로 거절 의사를 밝히고 질문에 대답을 하거나 화를 내지 않는 것이 좋다. 혹시 모를 소송과 고소에 대비하여 스토킹과 관련한 사소한 증거들을 확보한다. 평소 편지나 컴퓨터 통신 등에 필요 이상의 개인 신상 정보가 누출되지 않도록 한다. 도청 장치 등에 대비하고 문단속을 철저히

한다. 스토커와 접촉이 가능한 모든 방법을 차단해야 하며 마지막에는 스토커 피해 증거를 확보해 경찰에 신고 방법을 강구한다.[26]

스토킹의 심리 과정

스토커의 마음속에는 기본적으로 거부에 대한 두려움과 불안감이 자리 잡고 있다. 분노와 그 분노를 해소하기 위한 폭력적 행동과 소유욕이 깔려 있다. 전쟁 중 군대가 후퇴할 때는 가지고 가지 못하는 모든 군수 물자를 불태우거나 못 쓰게 만든다. 적군이 군수 물자를 재활용하지 못하게 하기 위함이다. 즉 내가 가질 수 없는 것을 아예 파괴하는 심리다. 스토커가 무엇이냐고 묻는다면, 단 한마디로 이것이다. 스토커 심리도 이와 동일하다.

스토커는 상대를 인간으로 인식하는 것이 아니라 물건으로 인식하고 소유하려는 경향이 있다. 인간을 물건으로 인식하는 것을 물건화라고 하는데 범죄자들에게 있어서 물건화 현상은 가장 보편적인 생각이다. 그런 의미에서 스토킹은 자칫 경범죄법에 의해 처벌받는 가벼운 범죄로 생각되나 범죄학적 측면에서는 매우 심각한 범죄다. 사람이 아니라 물건이라 인식하니 아무도 가질 수 없는 내 것으로 생각하는 것이다. 그래서 내 맘대로 하려는 것이다.

거부에 대한 두려움은 어디에서 비롯됐을까? 어린 시절 부모로부터 경험한 거부였을 것이다. 거부에 대한 불만을 이야기할 수 없는 상황에서 순순히 거부와 통제를 받아들일 수밖에 없었을 것이고 그에 대한 좌

....
26 《범죄는 나를 피해가지 않는다》 오윤성, 지금이책, 2017, 204쪽

절은 내면에 분노로 축적되어 오랜 기간 숙성되었을 것이다.

이런 생각이 오래 축적되어온 사람은 사귀는 여성이 자기를 거부하고 떠나가는 사실에 대해 생각의 유연성을 가질 수 없다. 남녀가 사귀면서 헤어지는 과정을 통해 성숙해진다는 의식이 전혀 없다. 그 대신 여성은 자신이 통제할 수 있는 소유물이며 사귀는 것은 자유지만 헤어지는 것은 마음대로 할 수 없다는 생각으로 가득 차 있다.

힘이 약한 상대가 자신을 거부하는 것에 대해서는 속으로 열등감과 불안감, 두려움을 가지고 있다. 그러나 물리적 힘이 강한 자신을 거부하는 약한 상대의 행동은 지금까지 자신이 겪어 왔던 상황에 비추어봤을 때 이해하기 힘들다. 자신의 경우 강한 상대로부터 통제를 받으면 수용하고 인내했는데 약한 상대인 여성이 그렇게 하지 않고 오히려 거부하는 것을 보면 참을 수 없는 것이다.

이들은 처음 만났을 때에는 간이라도 빼줄 정도로 잘해 주며 상대를 자신 곁에 놔두기 위해 모든 정성을 다한다. 여성들은 이러한 면에 감동하여 마음을 준다. 그러나 점차적으로 상대를 통제하고 마음대로 조종하려는 경향이 금세 드러나기 때문에 여성은 두려움을 느끼게 된다. 그 과정에서 이들은 과도하고 비굴한 동정을 구하거나 자살한다고 협박하는 등의 행동으로 여성의 약한 마음을 조종하기도 한다. 시간이 흐르면서 한두 번 사용하던 자살 협박이나 눈물 등의 효과가 점차적으로 떨어지기 때문에 궁극적으로 폭력적인 방향으로 갈 수밖에 없다.

처음에는 과도하게 잘해준다거나 동정을 구하는 행위, 자살, 협박 등은 모두 여성을 자기 손아귀에 넣기 위한 초기적인 접근 방법이었다. 주로 이러한 방법들은 주기적이고 반복적으로 이루어진다. 시간이 흐르면서 피해 여성의 두려움은 점차 커지고 남성으로부터 벗어나야겠다는 생각이 강해져 서로의 관계는 점점 더 악화한다. 특히 성적인 관계가 이미 있는 경우라면 스토커의 생각은 더욱 완고하고 고정적이 된다. 자신의 소유물이라는 생각이 머리를 지배하고 있는 것이다. 키우는 반려견이 이빨을 드러내고 주인의 손을 물어 피를 냈을 때 분노한 주인이 반려견에게 폭력을 가하거나 죽이는 심리와 유사하다. 힘이 강한 상대에게 복종하고 살아왔던 피해 망상적 경험이 생각의 밑바닥에 깔린 상태에서 판단하고 행동한다.[27]

스토커가 어떤 행위를 성취하려는 의식적 또는 무의식적 심리 과정을 이해하고 대처 방법을 숙지해 둔다면 사전에 큰 피해를 막을 수 있을 것이다.

○●○

피해자가 먼저다

…법이 문제다

범죄자의 인권이 더 중요하다?

국민들의 커다란 분노를 일으키는 사건 사고가 발생하면 온통 범죄자 중심으로 방송이나 언론의 관심이 집중된다. 범죄자는 경찰과 변호사의

....

27 《범죄는 나를 피해가지 않는다》 오윤성, 지금이책, 2017, 204~206쪽

인권 보호를 받고, 병원 치료 혜택을 누린다. 경찰의 사건 처리도 마찬가지다. 피해자는 보복 위험과 또 다른 위험에 무방비로 노출되고 있는 실정이다. 찢어진 마음과 상처는 치료받기도 힘들다.

국가는 국민의 안전을 지킬 의무가 있다. 헌법 제30조는 "타인의 범죄 행위로 인하여 생명, 신체에 대한 피해를 받은 국민은 법률이 정하는 바에 의하여 국가로부터 구조를 받을 수 있다."고 말하고 있다. 범죄로 인하여 생명 또는 신체의 피해를 당한 국민은 국가에 대하여 금전적인 구조(救助)를 청구할 권리가 있음을 선언한 것은 국가가 범죄를 예방하지 못한 데 대한 책임을 묻는 것이다. 그러나 범죄로 인해 생명을 잃게 된 경우에 지급되는 유족 구조금은 2015년 기준으로 약 3,450만 원. 2018년 발생한 강서구 PC방 살인 사건의 유족들도 약 3,100만 원을 지급받는 데 그쳤다. 생명의 가치에 비하면 터무니없는 액수다.

2018년 부처별 총 범죄 피해자 보호기금 예산은 880억 400만 원으로 법무부, 여성가족부, 보건복지부에 주로 배정되고, 경찰청은 그 돈의 1.4%인 12억 원만 배정돼 있다. 피해자와 가장 가까이에 있는 경찰이 긴급 지원을 제대로 할 수 없는 구조다. 피해자 보호는 경찰이 하고 있는데 정작 예산은 법무부에서 관리하고 있다. 피해자 긴급 지원에 평균 50일이 걸리고 범죄 피해자는 다시 검찰에 나와서 당시 상황을 증언해야 한다. 경찰의 예산 비중이 전체적으로 작은 것도 문제로 꼽힌다.

미국의 경우, 주 정부 차원의 재정적 보상으로 시작되어 연방 정부 주도의 피해자 지원 센터를 중심으로 각 주 정부와 지역사회 및 다수의 민간단체에 의해 다양한 프로그램이 제공되고 있다. 피해자들과 가장 가까운 곳에서 피해자들의 삶을 재건하는데 실질적 도움을 주고 있다.

영국의 경우, 민간단체들이 자발적으로 운영하다가 국가 차원에서 수용하면서 중앙 집중화되어 오다가 2014년부터 중앙 정부와 지방경찰위원장이 책임을 분담하는 이원적 형식으로 변화되고 있다.

일본의 경우, 경찰청 중심의 관 주도적인 지원 체제와 전국 범죄피해자 지원 네트워크 및 그 가맹 지원센터의 구조로, 우리나라의 법무부 중심의 관 주도적 지원과 범죄 피해자 지원센터의 모델이기도 하다.

독일의 경우, 민간단체가 범죄 피해자 지원에서 선도적·중심적 역할을 하고 여기에 국가의 각종 지원 제도들이 상호 간에 조화로운 시스템을 갖추고 있다.

우리나라의 범죄 피해자 보호·지원 체계가 효과적으로 운영되기 위해서는 문제점과 앞으로의 해결 방안들을 진지하게 고민해야 한다.

범죄 피해자 보호는 국민을 보호하는 일이라는 인식이 커지면서 모든 국가가 피해자의 아픔에 공감하고 고통을 덜어주기 위한 다양한 사회 안전망을 만들어가고 있다. 최근 법무부는 피의자의 인권을 보호하고 방어권을 강화하는 차원에서 중범죄자 체포 시 국선 변호인과 유사한 형사 공공 변호인을 도입한다는 내용을 발표했다. 현재 범죄 혐의자가 체포된 경우 영장실질심사를 받고 재판 단계에서 국선 변호인이 선정된다. 법무부는 체포 직후부터 수사 단계까지 확대한다고 한다.

국가 예산 재원은 국민 세금이므로 우선순위에 따라 편성하고 집행해야 한다. 헌법에 정해진 범죄 피해자를 보호하고 구조하는 것도 어려운 실정에서 중범죄자들에게 막대한 예산을 지출하여 수사 단계부터 변호인을 선정해주는 것이 국가의 보호조차 받지 못한 범죄 피해자에게 또 다른 고통을 안겨주는 것은 아닌지, 국민 정서에 맞는 것인지 되돌아봐야 한다. 국선 변호인 제도도 경제적 형편과 관계없이 법원의 판단으로 변호인이 선정된다는 비판이 있다. 그 대상을 확대하는 것이 현시점에서 올바른 방향인지 진지한 검토가 필요해 보인다.

인권보다 중요한 것

범죄 사건이 발생하면 경찰의 사건 처리는 범죄자 중심으로 이뤄진다. 범죄자는 경찰과 변호사의 인권 보호 아래 적절한 치료와 보호 조치를 받으나 피해자는 범죄자들의 보복 위험에 노출되어 거의 무방비 상태다. 신체적·심리적 상처를 치료받기도 힘들다. 최근 경찰관직무집행법이 개정돼 범죄 피해자 보호가 명시됐다. 수십 명, 수백 명이 함께 몰려다니면서 떼쓰고 울분을 토로했으면 뭔가 달라졌을지도 모르지만 대다수 범죄 피해자들은 그럴 형편이 못 된다.

최근 비상식적인 동기와 잔혹한 수법으로 국민들의 커다란 분노를 일으킨 살인사건이 계속 발생하고 있다. 진주 방화 살인 사건은 아무 이유 없이 억울하게 당한 피해자가 무려 18명이다.(2019년 4월, 진주 방화 살인 5명 사망, 13명 부상) 피해자 중에는 미성년자도 2명이나 포함되었다. 국민은 범죄자의 엄벌을 촉구하며 분노한다. 범죄자에 대한 제대로 된 처벌이 있어야 하지만 피해자보다 범죄자 인권이 날로 중시되는 사회 풍토가 문제의 중심에 있다.

2001년 출범한 국가인권위원회는 초등학생 일기 검사, 중고등학생 두 발 검사, 군대 내 사병 간 지시 등을 금지하도록 권고했고, 외국인 불법 체류자 단속, 범인 검거와 조사 시 장구와 무력 사용을 금지하는 인권 수칙 이행 등을 강력히 권고했다.

국가인권위원회의 이 같은 권고는 우리 사회에 여러 가지 변화를 초래 했다. 가장 먼저 나타난 것이 범죄자들이 인권부터 내세우는 현상이었 다. 국가인권위원회 권고 사항을 내세워 경찰, 검찰의 수사에 협조하지 않는가 하면 경찰의 명령에 불응하고 도주하다 부상을 입을 경우 소송 을 통해 해당 경찰에게 인사상 불이익을 주는 경우도 있다.

더 큰 문제는 국가 기관이 앞장서다 보니 경찰이 범죄자를 두려워하 고 인권에 대한 우리 사회 인식이 점점 비정상적인 방향으로 흘러간다 는 점이다. 인권 단체는 선진국과 비교했을 때 우리나라가 인권 선진국 이 되려면 아직 멀었다고 하는데 외국 사례는 어떨까?

미국, 일본의 경우 범죄자의 신상은 모두 언론에 공개된다. 미국이나 프랑스의 경우에는 상습적 성범죄자의 신상을 공개하는 것은 물론 화학 적 거세를 하는 경우도 있다. 미국은 특히 메건법, 제시카법에 의해 가 혹할 정도의 제재를 가하고 있다. 국민들은 잘못된 인권 정책에 우리 사 회가 '소수에 의해 평범한 다수가 고통받는 사회'로 변질되어 가고 있다 고 보고 있다. 울분과 함께 가장 많이 쏟아 낸 말이 '당신 가족이 이런 일을 당해도 인권만 말할 거냐'는 것이다.

"인권, 요새 이 인권 때문에 애들 교육하기가 너무 힘들어요. 구구단 도 못 가르치고 받아쓰기도 못 해요. 지옥으로 가는 길은 달콤하다고 합니다. 아이들이 힘들어도 어른들이 시키는 것을 해야 하는데 힘들다 그러면 안 하게 하는 게 인권입니다. 어머니들 인권 너무 좋아하지 마십시오."

한 학교 교장 선생님이 학부모 연수 중에 한 말이다.

"부모가 설거지를 딸에게만 시키거나 자녀 이메일을 열어보면 인권위원회에 신고하라"

중학교 3학년 사회 교과서에 실린 내용이다. 어느 학부모 단체는 부모의 가정교육을 인권 침해로 정했다며 교과서 사용 중지 가처분 신청을 법원에 내기로 했다. 성관계나 임신, 출산에 대한 학생 지도를 문제 삼는 학생인권조례가 나오더니 이젠 인권 들먹이며 부모 자식을 가해자와 피해자로 나누기 시작했다.

호주의 한 가정교육 단체는 아이가 말을 알아듣기 시작하면 장난감과 책 정리부터 시키라고 조언하고 있으며, 서양 부모들은 아이가 아주 어릴 때부터 집안일을 가르친다. 네 살이 넘으면 세탁물 정리하는 일을 돕게 하고, 여섯 살부터는 자신의 밥그릇을 설거지통에 갖다 놓거나 화분에 물주는 일을 시키라고 권한다.

피해자의 인권을 범죄자의 인권보다 존중하도록 사회 시스템을 확 바꿔야 하지만 범죄자의 인권만 강조하다 보니 주민들의 인권과 생명은 보호받지 못하고 있다.

미 해병대 사령관 로버트 넬러는 한 방송 인터뷰에서 군대 질서의 중요성을 이렇게 설명했다.

"2010년 아프가니스탄에 파병됐을 때 우리 부대에서 31명의 사상자가 발생했다. 그중 19명은 훈련소에서 배운 일을 하지 않았거나 하지 말라는 일을 했다. 군기는 허튼소리가 아니다. 전투력과 상관있다. 당신과 당신의 전우, 부대를 전투에서 살아남도록 만든다."

군대뿐만 아니라 사람이 모여 사는 곳에는 반드시 지켜야 할 기본 질서가 존재한다. 하지 말아야 할 것과 해야 할 일을 배우는 것이 당신과 당신의 이웃, 사회를 범죄로부터 안전하게 지켜 줄 것이다.

○●○

공권력이 무너지니 범죄가 날뛴다

2019년 5월 서울 구로구 한 술집 앞에서 일명 '대림동 여자 경찰 사건' 영상이 공개되면서 많은 문제점과 논란이 이어지고 있다. 현장에서 여성 경찰관이 제대로 대응을 못 했다는 것이다. 이 사건의 핵심은 여성, 남성 경찰관이 아니라 국가 공권력이 정작 필요할 때 작동하고 있는가에 관한 것이다. 경찰이 제때 물리력을 행사하지 못한 것이 문제였다.

경찰대 A 교수는 "같은 상황이 미국에서 일어났다면 경찰이 경찰봉으로 주취 난동꾼을 때려 진압했을 것"이라고 말했다.

가정 폭력 신고를 받고 출동한 경찰관은 문을 두드려도 인기척이 없자 열려 있던 문으로 진입했다. 그러자 유리병을 던지고 주먹으로 얼굴에 폭행을 당했다. 때린 남성에게 법원은 무죄를 선고했다. 법원은 주인

허락 없이 집에 들어간 경찰관 행위를 위법으로 본 것이다. 이미 범행을 했거나 당시 상황이 당장 범행을 행할 것처럼 위급하지는 않았다는 이 유다. 그런 상황에선 경찰을 폭행해도 공무 집행 방해로 처벌할 수 없다는 게 법원의 판단이다.

진주 방화 살해범의 난동 신고를 8번이나 받고도 범행을 막지는 못했다. 현장 상황은 사람 마음만큼이나 수시로 변하는데 고정된 판단으로 응급, 비응급 상황을 따진다면 경찰의 대응은 소극적이고 무기력할 수밖에 없다. 법정에 선 모든 피고인은 무죄 추정 원칙과 피의자 방어권이 보장돼야 한다. 위험한지 아닌지는 밖에서는 알 수가 없다. 집 안으로 들어가 봐야 안다. 순간 방심으로 현장을 한 번 놓치면 돌이킬 수 없기 때문이다.

미국에서는 경찰관 몸 자체에 손을 댄 것이 범죄다. 또한 피의자보다 한 단계 높은 물리력을 사용한다. 위험에 대한 경찰관의 주관적 판단을 최우선으로 고려해 피의자가 주먹을 휘두를 경우 가스총이나 전기 충격기를 사용할 수 있으며 칼을 들면 총을 쏠 수 있다. 영국도 합리적으로 인정된 범위에서 총기, 테이저건 등을 사용할 수 있다.

한 경찰관은 "법 집행 과정에서 발생한 일로 소송을 당하거나 징계를 당할 수 있다"는 분위기가 여전하다고 했다. 미국에서는 경찰관이 소송을 당하면 지원팀을 구성해 지원해 주지만 한국에서는 경찰관 개인이 대응하는 경우가 많다. 소송에 휘말린 경찰관 대부분은 개인적으로 변호사를 선임하고 재판을 진행한다. 소송을 제기하면 부상이 경미해도 합의금을 물어줘야 하는데 정당한 업무 집행 중 발생한 민원 발생 사고는 정부가 나서서 보호해줘야 한다. 경찰관을 고소한 상대방은 집행 유예 이상의 형(刑)이 확정되면 공무원 신분을 잃는다는 점을 알고 지나친 합의금을 요구하는 경향이 있다. 적극적으로 대응했을 때 과잉 진압 논란에 휩싸이고, 민형사 책임까지 져야 하니 몸을 사릴 수밖에 없다.

소송 부담 때문에 일선 경찰들이 치안 관리 현장에서 방어적이고 위축된다면 그 피해는 고스란히 시민의 몫이 된다. 실제로 독일의 경우는 민원인이 경찰이나 소방 공무원 개인에 대해 국가 배상 청구를 하는 것 자체가 법률상 금지돼 있다.

우리나라도 독일처럼 법 제도를 보완해서 공무원에게 개인적인 감정을 품고 괴롭히는 악성 민원인들로부터 경찰을 보호하고, 경찰은 소송 부담 없이 치안 관리 본연의 업무에만 집중할 수 있도록 법률이 뒷받침해주어야 할 것이다. 국회에서는 공권력 확립과 정당한 법 집행을 말로만 외칠 게 아니라 입법적으로 필요한 부분을 개정해야 한다.

한 치안정책연구소가 경찰관 대상 설문 조사에서 응답자의 97%는 아무리 급박한 상황이라도 엄격한 총기 사용 규칙과 법원 판례, 내부 징계로 총기 사용을 꺼린다고 답한 바 있다.

경찰관 직무집행법에 따르면 경찰관은 자신 또는 다른 사람의 생명과 신체를 보호하기 위한 경우(형법상 정당방위·긴급피난) 중범죄를 저지른 피의자가 항거·도주할 때, 영장 집행에 항거·도주할 때, 무기·흉기 등을 지니고 3회 이상 물건을 버리라는 명령을 받고도 따르지 않을 때 등에만 무기를 쓸 수 있다.

이에 대해 한 경찰관은 "1년 전쯤 지구대 근무 당시 테이저건으로 난동을 부리는 취객을 제압한 적이 있는데 이후 경위서 작성부터 상부 보고까지 정신이 없었다"며 "출동한 경찰관은 급박한 상황으로 보고 무기를 사용했음에도 추후 매뉴얼대로 했다는 사실을 증명하지 못하면 징계를 감수해야 한다"고 토로했다. 특히 총기 사용 시 정말 급박한 상황이었음을 증명하는 것은 경찰관의 몫이다. 현실적으로 총기 사용은 위축될 수밖에 없다.

각종 민형사상 소송도 경찰관 개인에게는 큰 부담이다. 소송을 당하면 정당한 공무 집행이라 해도 시시비비를 따지게 되면 입증이 쉽지 않다.

긴박한 치안 현장과 동떨어진 총기 관련 법규와 규정, 현장을 모르는 상부 지시와 업무 명령은 점점 난폭하고 잔인해지는 현장을 몰라도 너무 모르는 처사다.

백석대 경찰학과 이건수 교수는 "급박한 대치 상황에서 각종 규정을 생각하면서 동시에 생명에 지장 없는 부위를 골라 맞히기는 사실상 불가능하다. 총기 사용 규정은 현장과는 동떨어져 있다. 아울러 총기 사용으로 법정에 서면 판검사가 '꼭 총을 쏴야 했느냐'고 몰아세운다. 사실상 총기를 사용하지 말라는 것"이라며 목소리를 높였다.[28]

현장 경찰관들은 공권력 무시 행위가 끊이지 않는 이유 중 하나로 솜방망이 처벌을 꼽는다. 2018년 울산에서 현행범 체포 과정에서 경찰관이 떨어뜨린 테이저건을 집어 경찰관을 향해 쏜 20대 남성에게 법원이

....

28 "우린 매 맞는 경찰입니다" 공권력 수난 시대, 세계일보, 2018. 07. 17.

징역 8개월에 집행유예 2년을 선고했다. 사건 당시 발사된 테이저건 침은 다행히 경찰관 팔을 스치고 지나갔지만 자칫 큰 사고로 이어질 수 있었다.

공무집행 방해사건으로 입건된 피의자가 구속되는 비율은 10% 남짓에 불과하다. 대부분 집행유예나 벌금형이 선고된다. 경찰관을 폭행해도 대부분 집행유예 등의 솜방망이 처벌이다 보니 제복 공무원들을 너무 만만하게 본다. 국민 법 감정은 물론 치안 현장에서 느끼는 경찰들의 위협과는 너무 동떨어져 있다.

도심 시위 현장에서 시위대 폭력에 경찰이 속수무책으로 당하고, 검찰과 법원도 폭력 시위 주동자들에게 관대한 일이 수년간 반복되면서 우리 사회 전반에 공권력을 우습게 보는 풍토가 만연한 것이 사실이다.

집회와 시위로 서울 도심은 무단 점령당하고 곳곳이 요란한 확성기 소음과 현수막으로 뒤덮여 도시 미관은 물론 시민들의 평온할 권리가 내팽개쳐지고 있는 현실도 더는 방치할 수 없는 지경에 이르렀다. 공공질서 훼손이나 교통 혼잡 유발 행위를 원천봉쇄하는 미국, 일본 등 선진국에서는 상상도 하지 못할 온갖 불법 행위들이 스스럼없이 자행되고 있다.

최근 법원 판결들은 현장에서 얼마나 위험한 상황이 벌어지고 있으며 시민들의 난폭한 수준이 어느 정도인지 모르고 기계적으로 판결한 것은 아닌지 자문해 봐야 할 것이다.

왜 선진국에서 징역 1000년짜리 판결이 나오는지를 들여다보고, 국민 두려움을 어떻게 해소할지를 연구하고 검토해야 할 것이다.

미국 법원은 법관의 사후 판단보다 경찰관이 현장에서 얼마만큼의 위협을 느꼈는지를 최우선적으로 고려 판단한다. 경찰관을 때리거나 부상 당하게 하면 구속 수사를 원칙으로 강력하게 처벌한다. 독일도 경찰에 위험한 물건으로 위협을 가하면 부상 여부와 상관없이 강력하게 처벌한 다. 한국과는 완전 다르게 처벌한다.

최근 사람 이름을 붙여 부르는 법안이 부쩍 많아졌는데 여기에는 누군가 죽었다는 공통점을 가졌다. 국회가 사회 변화에 따른 입법에 빠른 응답을 해야 한다. 사람이 죽으면 만들어지는 ○○○법을 볼 때마다 국회가 법률의 허점을 검토해 봤다면 사람의 생명을 살릴 수도 있다는 생각을 가져야 한다.

법치국가에서는 국민이 믿고 따라주지 않으면 국가가 바로 설 수 없다. 국민의 지지를 받는 합법 정부가 행사하는 공권력을 무시한다면 그 폐해는 국민 모두에게 돌아갈 것이다. 가난하고 힘이 없는 약자가 더 큰 피해를 보는 것이 현실이다.

선진국치고 한국처럼 제복 공무원을 함부로 대하는 나라는 없다. 제복 공무원을 폭행하는 것은 법치주의에 대한 도전으로 무관용 원칙으로 일벌백계해야 마땅하다. 법치주의를 확립하기 위한 국민적 각성과 윤리 도덕 회복 노력이 절실한 시점이다.

과거 경찰이 인권 탄압이나 고문 등 "국민의 자유와 권리를 침해하는 비인권 기관"으로 묘사된 것도 영향을 주고 있다는 분석도 있다. 우리나라가 정치, 경제, 사회가 안정되고 자유 민주주의 국가로 계속 발전해나가기 위해서는 법과 사회 질서가 잘 지켜져야 한다.

선진국 사회 체제일수록 국가의 강제력은 더 촘촘하고 광범위하다. 국가는 국민이 원치 않는 세금을 징수하고 필요에 따라 자유를 제한하며 법을 어기면 신체를 감금하기도 한다. 선진국에서 공권력에 함부로 대들다간 혹독한 대가를 각오해야 한다.

공무 집행 방해에 대해서는 엄격한 처벌이 이뤄지도록 제도를 정비해서 경찰관이 공권력 집행을 주저하게 만드는 소송과 징계에 대한 부담감을 덜어주어야 한다. 경찰관이 취객에게 뺨 맞고 멱살을 잡히고 수모를 당하는 무법천지 장면은 이제 사라질 때가 됐다.

○●○
태워도 흔적은 남는다

2003년 2월 18일 오전 9시 53분, 불과 20여 분의 아주 짧은 시간에 192명이 사망하고 151명이 부상을 입었다. 세계 지하철이 생긴 이래 두 번째로 큰 인명 피해가 난 대참사였다.

대구 중앙로역에서 뇌졸중으로 직업을 잃고 신병을 비관해 오던 방화범 K 씨(당시 57세)는 병이 나을 가망이 없게 되자 담당 의사에게 적개심과 분노를 품게 되었으며 그 분풀이 대상을 일반인으로 삼았다.

방화범은 '병원 의사 죽이고 나도 죽겠다. 이렇게 살면 뭐하냐, 총으로 죽여 달라'며 파출소에 찾아가 경찰에 말한다. 사회적 고립감과 뇌졸중 후 생긴 분노나 통제 불능 증상이 주요 요인으로 작용된 것으로 판단된다. 휘발유를 미리 구입해 보관하고 있었고, 담배도 피우지 않으면서 라이터를 가지고 다녔다.

방화는 일단 발생하면 피해는 막대하지만 실제로 발생하기 아주 쉬운 편이다. 심신 미약이나 정신질환 등을 가진 방화범에게 방화는 특별한 기술이 부족하더라도 자신의 분노를 나타내거나 원한에 대해 보복하고 자기만족을 얻을 수 있는 방법이다. 방화는 현장 특성상 증거가 불에 타버려 증거 인멸이 잘되고 목격자도 찾기 어렵다.

2008년 숭례문 방화, 고시원 방화, 유흥주점 방화에 이르기까지 최근 심각한 생명과 재산 피해를 일으킨 사건이 지속적으로 발생하고 있다. 방화 범죄는 대구 지하철 사례에서도 알 수 있듯이 공공시설에 대한 범죄일 경우 한 번의 실행으로 심각한 피해를 일으키며 사회적 충격은 물론 강도 살인 등 강력 사건보다 더욱 심각한 국민 불안을 일으킨다. 방화 현장은 다른 범죄와는 다르게 모두 태워버리는 불의 속성으로 현장의 증거가 훼손될 위험성이 높은 범죄 유형이기도 하다.

역사적으로 방화범에 대한 처벌은 가혹하고 엄하게 다스렸다. 대부분의 국가에서는 사형으로 다스렸고 심한 경우 산 채로 화형에 처하기도 했다. 그 당시에는 목조 건물이 많은 데다 소방시설이 거의 없었기 때문에 한 번 불이 나면 피해는 엄청났기 때문이다. 과학이 발달한 지금도 방화범 잡기가 쉽지 않았는데 당시는 말할 것도 없다. 형량을 높여 범죄를 억제할 수밖에 없었다. 그러나 계몽사상과 정신의학의 발전으로 19세기 초부터 프랑스와 독일에서는 방화를 일반 방화와 정신질환으로 인한 방화로 구분해 다루기 시작했다. 방화광은 정신질환에 원인이 있는 것으로 보고 사형을 면제했다.

불 지르는 이유

방화는 일본에서도 화재 원인 1위를 차지할 만큼 발생률이 높다. 방화죄는 공공의 평온과 위험을 초래하고 사람이 거주하는 건물에 방화할 경우 현주건조물 등 방화죄가 적용되어 처벌이 무거워지고 사형도 선고받을 수 있다.

방화는 동기와 목적에 따라 7가지로 분류할 수 있다.
① 원한이나 복수 및 보복형 방화
② 경제적 이득을 위한 방화(보험금 등)
③ 고의적으로 기물 파손을 위한 반달리즘(vandalism, 공공 물건이나 문화예술품을 파괴하려는 행위) 방화
④ 범죄(살인 등) 은폐를 위한 방화
⑤ 정신 이상자에 의한 방화
⑥ 협박 및 위협을 가할 목적의 협박형 방화
⑦ 좌절, 충동 방화

방화 사건의 공통점은 피해자와 직접 싸우지 않고 쉽게 범행을 저지를 수 있다는 점이다. 지적 능력이나 체력이 필요 없고 여성이나 어린이, 노인 등 자신감이 부족한 사람이라도 쉽게 저지를 수 있다는 점에서 방화는 '약자의 범죄'로 불린다.

불과 함께한 인류는 화재 예방에 심혈을 기울일 수밖에 없었다. 조선 세종 때 음주로 인한 화재가 자주 발생하자 금주(禁酒)령을 내리는가 하면 화재를 가장 큰 재난으로 여겼기에 방화를 한 자는 극형에 처했다. 태종이 화재에 대한 경각심을 높이기 위해 내린 '금화(禁火)령'을 보면 알 수 있다. 실수로 자기 집에 불을 낸 자는 곤장 40대, 이웃집까지 태우면 50대였고, 종묘과 궁궐을 태운 자는 사형에 처한다고 했다.

방화벽이 있는 사람을 연쇄 방화범이라고 한다. 방화의 동기는 대부분 불만의 발산이다. 직접 대항해서는 이길 수 없다고 느낄 때 방화라는 수단을 선택한다고 한다.

방화의 원인은 다양하고 매우 주관적인데, 가장 큰 비중을 차지하는 방화 원인은 원한과 불만 해소를 위한 복수이다. 대표적인 사례가 2008년 '숭례문 화재 사건'으로 토지 보상 액수가 적은 데 불만을 품고 70대 방화범이 불을 지른 것이다. 방화의 다른 원인으로는 경제가 어려워져 보험금을 타려고 불을 지르는 경우가 있다. 또한 살인이나 강도 등 범죄를 저지르고 나서 증거를 은폐하기 위해 불을 지른다.

미국 방화범을 대상으로 연구한 결과에 따르면 남자 방화범의 비중이 높고 상당수가 결손 가정 출신으로 어머니 없이 성장한 경우가 많은 것으로 나타났다. 가정에서 어머니의 사랑을 제대로 받지 못하고 자란 것이 방화의 중요한 원인 중 하나라고 볼 수 있다. 방화범의 63%가 어렸을 때 부모 학대를 경험한 만큼 부모의 아동 학대는 방화 동기 중의 하나라고 할 수 있다. 방화범들은 대부분 대인관계가 원만하지 못하며 특히 여성과의 관계에서 어려움을 겪는 경우가 많은, 사회 적응력이 떨어지는 외톨이들이 많다. 상당수 방화범들은 음주나 마약으로 환각 상태에서 불을 지르는 것으로 조사되었다.

미국 방화범들의 43%는 음주로 인한 문제를 일으킨 것으로 나타났다. 방화범 중에서도 불 자체에 기쁨을 느끼는 사람을 방화광(pyromania)이라고 한다.

미국 정신의학학회가 정해놓은 방화광의 기준을 보면 아래와 같다.
① 방화하기 전에 긴장감이 팽창되고
② 방화 당시에 강렬한 기쁨이나 만족감을 경험하고
③ 방화하고 싶은 충동을 자주 억제하지 못하고
④ 금전적 이득이나 이념 등 다른 방화 동기와 중복되지 않고
⑤ 기타 장애와 관련 없어야 한다.

방화광 증세는 복합적으로 여러 요인이 결합하여 발생하며 일반적으로 심리적 우울증과 집착, 정신착란과 환각 증세, 충동 조절 장애가 주요 원인이다.

미국 FBI 행동과학부는 검거된 강력 범죄자들에 대한 인터뷰를 근거로 방화 범죄자의 유형을 파악해 범죄 분류 매뉴얼을 만들었다. 이 매뉴얼에는 방화 범죄를 보복 방화, 범죄 은닉 방화, 흥분 방화, 손괴 방화, 이익 방화, 극단주의 방화, 연쇄 방화, 연쇄 폭파로 분류하였다.

최근에 많이 발생하는 충동 조절 장애는 행위 자체에서 만족감이나 성적 흥분을 얻기 때문에 한 번 그 즐거움을 맛보면 반복해서 범죄를 저지

르는 특징이 있다. 이들에게는 불을 내기 전 긴장감이나 불을 지른 후 불타는 모습, 소방관이 화재를 진압하는 모습, 구경꾼들이 모여드는 모습 등 불과 관련한 모든 것이 쾌락의 요인이 된다.

방화광과 일반인과 비교 분석한 내용에 따르면 몇 가지 다른 특이한 점이 있다. 먼저 방화광은 외모 콤플렉스가 일반인보다 심하며 밖에서 활동하기보다는 주로 방에서 혼자 지내는 것을 좋아한다. 화가 나면 물리적 폭력을 행사하는 경우가 일반인에 비해 상대적으로 높으며, 경제적 독립심이 적고 사회나 정신적으로 성숙하지 못한 경우가 많았다. 내성적이고 독신으로 살거나 일반인에 비해 부모와 함께 사는 비율이 높았다. 가족의 방화 전력이 월등하게 높다는 점이 방화광의 특색이라 할 수 있다.[29]

한국의 방화범에게 나타나는 공통점 중 하나는 방화 전에 술을 마시고 술의 힘을 빌려 범죄를 저지른다. 그렇다고 만취할 때까지 마시지도 않으며 불을 지를 정도의 정신은 남겨둔다는 것이다. 방화광은 어린 시절부터 화가 나면 불로 태우는 상상을 하거나 소방차나 소방서에 관심이 많고, 유년 시절에는 야뇨증이 있거나 동물을 학대했다고 한다.

전문가들은 가족 해체와 경쟁 격화, 경제적 양극화 등으로 우리 사회에 분노 범죄가 더 늘어날 것으로 보고 있다. 분노 범죄는 사회적 비용이나 사회적 불안감을 만든다는 점에서 이제는 사회적 대책이 필요하다.

....
29 《한국 범죄심리학》 황성현 외, 피엔씨미디어, 2015, 313쪽

방화 현장에는 연소를 촉진하는 가연성 액체(휘발유, 신나 등)를 사용하는 경우가 대부분으로 주위에서 미리 대피할 틈도 없이 빠른 속도로 불이 번져 심각한 피해를 입히고 있다. 휘발유는 상온에서 쉽게 증발 폭발하는 성질이 있다. 인화성도 매우 좋아서 휘발 성분이 공기와 혼합하면 전기 스파크 같은 자극에서도 쉽게 폭발한다. 전국 주유소(1만 2,000개)에서 휘발유를 어디서나 쉽게 구입할 수 있는 것이 대구 지하철뿐만 아니라 최근 발생하는 방화의 결정적인 원인을 제공했다고 볼 수 있다. 위험물과 석유 판매 사업 관련 법을 개정해 '인화성 액체 구매 시 신분 확인', '위험물 규격 용기 사용' 이 두 가지만 확실하게 실천해도 방화 사건은 지금과 달리 크게 줄어들 것으로 확신한다.

　평소에 공격 성향을 보이는 사람은 쉽게 알아볼 수도 있어 주의를 기울이겠지만 방화범은 그렇지 않다. 사전에 알아차리거나 예방이 어렵기 때문에 소방 시설과 위험물 관련 법령을 개정해서 방화로 이어지는 연결 고리를 차단해 피해를 최소화하는 것이 필요하다.

　방화는 재범률이 상당히 높다. 불을 지르는 사람이 또 지른다. 사회 취약 계층에 있는 사람들이 '욱'하는 순간의 감정 폭발로 일으키는 범죄로 해석할 수 있다. 전문가들은 개인적인 성장 과정에 주목하기도 한다. "야뇨증을 겪었거나 가출한 사람에게서 방화범이 많다는 통계도 있다"며 "방화범의 인생사를 알아야 보다 근본적인 분석이 나온다"고 말했다.

　빈부격차를 줄이는 사회복지 제도를 개선해야 한다. 경찰이 이러한 방화범의 특성을 이해하고 데이터 관리에 주의를 기울인다면 방화도 사전에 예방하는 것이 가능할 것으로 보인다. 우리나라는 범죄 유형별로 예방 정책이 제대로 되지 않고 있다. 기본 데이터를 만들고 분석하는 작업을 통해 자료를 만들어 막대한 피해를 입히는 방화범에 대비해야 한다.

PART 04

기본이 무너지니 모든 것이 무너진다

○●○

그는 자기 딸을 망쳤다

'We all lie(우리 모두 거짓말을 한다)'《스카이캐슬》드라마 주제곡은 '이게 정말 사실이야?(Is this really true?)'라고 되묻는다.

얼마 전 끝난 입시 문제를 다룬 드라마《스카이캐슬》이 현실로 나타나 화제다. 3대째 (서울)의대 출신 가문을 만들려는 엄마 한서진과 수험생 딸 강예서는 시험지 유출이라는 최대 난관에 부닥친다. 위선과 욕망이 뒤섞인 드라마 속 이야기가 사실이 아니라고 말하기 어렵다.

> "정정된 문제 6개 중 정답이 바뀐 5개 문제에 대해, 쌍둥이들은 오답도 똑같이 적어냈습니다. 5개 문제를 똑같이 틀릴 확률은 0.0042%. 0.0042%는 10만 번 중 4.2번을 가리키는 말입니다"

통계학과 수업 시간에 나온 말이 아니다. 학교 시험 문제를 빼돌린 혐의에 대한 결심 공판에서 검찰 측 증인으로 계량경제학자가 법원에서 증언한 내용이다. 계량경제학은 통계학적인 방법을 이용해 경제 현상을 실증적으로 연구하는 경제학이다. 유출된 답안을 보지 않고 정정 전 정답을 답할 확률이 100만분의 1에 가깝다는 것을 보여줘 많은 화제를 낳았다

《스카이 캐슬》 드라마나 이번 ○○여고 사건은 대한민국의 과열 입시 경쟁이 낳은 비극이라는 점에서 사건을 돌아본다면 많은 과제가 남는다. 입시 전쟁 속 학부모와 학생들의 상처를 어떻게 치유할지 제도적으로 보완할 점은 없는지 등은 ○○여고 사건이 남긴 숙제다.

입시와 사교육 문제는 우리 사회 고질적 문제점과 병폐를 지니고 있다. 학교 교육은 건전한 시민으로서의 인격, 자질, 필요한 지식을 배우는 본래의 목적은 사라지고 오직 좋은 대학과 안정적 직장, 출세의 통로로 변질됐다. 과도한 사교육비, 교육 불평등, 소득 양극화 심화는 우리 사회 모두의 비극이다. 정부가 바뀔 때마다 고치려는 시도는 했으나 제대로 된 적은 없었다.

문제는 일부 몰지각한 부유층이 자기 자녀를 수험 엘리트로 만들겠다면서 무슨 짓이든 하는 데 그치지 않고, 자신들의 잘못된 행동을 '너를 위해서'라는 명분 아래 도덕으로 포장한다는 점이다. 《스카이 캐슬》 드라마 작가는 냉정한 과장을 통해 타락한 현실을 가혹하게 풍자했으며 상류층의 도덕적 타락을 적나라하게 폭로함으로써 인기를 얻고 대중의 갈채를 받았다.

교수들은 우리 사회 대표적 지식인이다. 교수들이 자신의 논문에 미성년 자녀를 공동 저자로 올리고, 자녀를 명문대에 입학시키기 위해 연구 논문과 봉사 활동 스펙을 만드는 데 자신의 대학원생들을 동원한 사실이 교육부 조사에서 드러났다. 딸이 고교생일 때는 교수의 대학원생들이 청소년학술대회 발표 자료를 대신 만들고, 학부생일 때는 연구와 논문 작성을 대신 해줬다. 갑질과 입시 부정을 통해 딸을 대학에 보내고 전문대학원에 진학시켰다. 해외 가짜 학회를 마치 권위 있는 해외 학술지에 논문을 발표한 것처럼 포장했다.

교수의 지위를 이용한 범죄에 끌어들인 대학원생의 양심에 상처를 줬고, 가장 공정해야 할 입시에서 믿었던 많은 학생과 학부모에게 박탈감을 줬다. 그보다 먼저 망가진 건 그 자녀일 것이다. 명문대 간판과 전문직 면허를 위해선 범죄를 저질러도 된다고 배웠으니 훨씬 더 소중한 삶의 가치를 알 수가 없다. 부모에게 부정과 불법과 갑질을 배운 자녀가 건전한 인성을 소유하기는 어려울 것이고, 지위와 권력은 봉사가 아니라 자신의 이익을 위해 사용하는 것이라고 배워 인간관계는 행복하지만은 않을 것이다.

많은 교수가 학문적 열정 속에서 최선을 다한다. 하지만 일부라고는 해도 지식인의 기본 윤리를 망각한 사람들이 줄지 않고 있다. TV 드라마에 묘사된 부유층 학부모의 행태는 현실과 크게 다르지 않았다. 불법과 부정한 방법으로 유명 간판과 직업을 가져야 한다는 인식은 갈수록 벌어지는 부의 양극화와 관련이 깊다. 이런 구조를 만든 요인을 찾아야 한다.

부정한 방법이 통했던 입시 제도는 획일적인 성적 지상주의에서 벗어나 공정성을 확보하면서 취지를 더욱 살리는 제도적 보완이 시급하다.

한국과 마찬가지로 미국에서도 자녀를 엘리트 대학에 보내기 위해 수백만 달러의 뇌물을 바친 혐의로 유명 연예인과 사업가를 포함한 수십 명의 부유층 부모들을 미국 연방수사국(FBI)은 기소했다. 자녀의 입학을 위해 대리 응시, 자료 조작 등의 방법이 동원되고 운동부 코치와 입학사정관을 매수했다. 누구나 노력만 하면 신분 상승이 가능한 기회의 땅, 미국의 자부심과 실력 위주였던 입시에 큰 상처가 났다. AP통신은 미국 시카고대 여론조사센터(NORC)와 공동으로 대학 입시와 관련해 여론조사를 벌인 결과 미국 국민 10명 중 4명은 대학 입시가 불공정하며 집안의 재력에 좌우된다고 말했다.

미국 입시 스캔들과 관련해 캐슬린 스티븐스 전 주한 미국 대사는 부와 유명세를 누리는 부모들이 자녀를 엘리트 학교에 입학시키기 위해 저지른 비윤리적이고 범죄적인 행위로 체포되는 사태와 이를 용납한 일부 대학 관계자들의 부패로 미국 사회는 충격에 빠졌다고 말하며 미국도 양극화가 심각하다고 말했다

"한국은 세계 어느 나라보다 미국으로 유학을 보내는 비율이 높습니다. 저는 한국인들에게 미국에 있는 전통 엘리트 학교에만 보내지 말라고 말합니다. 미국에는 훌륭한 대학, 커뮤니티칼리지(미국의 공립 2년제 대학), 직업 훈련 학교들이 있습니다. 또한 모범적인 소기업 등 다양한 직업 세계를 존중하는 미국 문화를 롤모델로 삼을 수 있는 부분들이 있습

니다. 한미 두 나라는 평등, 기회, 신분 상승 등 공동으로 추구하는 가치가 있습니다. 하지만 한국과 미국 사람들, 특히 젊은 세대 중 다수는 우리의 제도와 정치가 지나칠 정도로 소수 엘리트의 지배를 받고 있다는 의구심을 갖고 있습니다. 우리는 민주주의가 크게 도전받고 있는 시대를 살고 있습니다. 절실히 필요한 해결책을 마련하기 위해 과감하게 결단을 내리는 지도자와 이런 문제에 관심이 많은 시민이 필요해진 시대입니다."[30]

인공지능(AI)이 올해 일본 사법시험 1차 시험 문제의 예상 문제를 뽑아봤는데 60%의 적중률로 합격이었다. 시험 범위에 포함된 법률과 기출문제 등을 학습해 미리 문제를 예측하고 정답을 고르게 한 결과 95문제 중 57문제가 실제 시험에 출제된 내용과 일치했다. AI가 찍어준 문제를 공부하면 일본 사시에 합격할 수 있다는 말이다.

NHK에 따르면 도쿄의 한 벤처기업은 '미래문'이라는 이름의 AI가 족집게인 셈인데 개발 업체는 한국 수능 시험에도 적용할 수 있다고 자신하고 있다. 한국 엄친아들의 반응이 벌써부터 기대된다. 개발 회사 측은 AI가 예측한 문제를 사법 시험 응시자들에게 유료로 제공하는 서비스를 시작할 예정이다. 이 때문에 사법 시험 출제 방식이 바뀔 가능성이 있다고 NHK는 지적했다.

초연결 사회란 언제 어디에서나 즉시 필요한 지식과 정보를 얻을 수

---

[30] 대입 비리, 한국과 점점 닮아가는 미국. 중앙일보. 2019. 3. 21.

있어 암기력에 의존하는 수험 엘리트 시대가 종말을 고하는 사회다.

사회 변화가 느릴 때에는 사람들 대부분이 평생 한 가지 일만 하면서 살아가므로 이렇게 배우는 것이 더 효율적이었다. 새로운 지식이 잘 나타나지 않고 확산 속도도 빠르지 않아 반복 업무로 숙련된 가치가 아주 높아지기 때문이다.

조이 이토 MIT 미디어랩 소장은 "기술이 지배하는 세상의 변화 속도가 인류의 적응 속도를 추월했다"고 말했다. 새로운 혁신이 곧바로 일어나는 현대 사회는 오랫동안 해오던 일이 없어지거나 사회적 가치를 잃는 경우가 흔하다. 은행 직원들이 파업해도 예전과 달리 업무 처리에 별 지장이 없었던 한 은행 파업 사례는 이를 분명하게 보여준다. 익숙한 연결을 잘 반복하는 수험 엘리트보다 배운 지식을 창의적으로 적용할 줄 아는 힘과 새로운 가치를 창조하는 사람의 가치가 높아진 것은 당연하다. 현재의 입시 제도로는 창조자를 키울 수 없는 구조다.[31]

미국 《뉴욕타임즈》 경제팀은 대학 진학이 확정된 고교생들의 글을 소개했다. 어려운 경제적 여건에서도 치열한 노력으로 명문대 입학에 성공한 '흙수저' 학생들의 이야기로, '돈, 노동, 사회 계층'과 연관된 주제가 돋보인 다섯 편의 에세이를 소개했다. 미국에선 대학 입시에 에세이를 제출해야 한다. 성적뿐만 아니라 드러나지 않는 학생들의 다양한 면모를 확인하기 위해서다.

가정형편이 어려워 학업과 생업을 병행할 수밖에 없는 빈곤층 가정에

---

31 스카이캐슬의 원한, 매일경제, 2019. 01. 26.

서 하버드대에 합격한 학생은 어려운 환경을 받아들이고 스스로의 삶에 만족할 수 있었던 과정을 담담하게 소개했다. 이민자의 자녀는 자정까지 접시닦이로 일하면서도 스스로 변화를 만들어 낼 수 있다는 믿음을 가졌다고 했으며, 배관공 아버지를 도와 하수관 공사를 하며 깨달았던 특별한 통찰을 소개한 여학생도 있었다. 홀어머니와 함께 어린 시절 자신의 힘이 되어준 도서관에 대한 따뜻한 기억을 전하거나 쓰레기 트럭 청소부로 직접 일한 열정과 경험이 자신의 진로를 찾아가는 것에 도움이 됐다는 글도 소개했다.

학생들의 에세이에선 힘든 경험 속에서 깨달은 자신만의 통찰과 지혜, 목표 달성을 위한 열정과 끈기도 드러난다. 이러한 글은 어려운 상황에서 입시를 준비해야 하는 국내의 수험생들은 물론 취업으로 힘겨운 청년들에게도 위로와 힘을 주는 사연들이다.

미국 대입 시험인 SAT를 관장하는 칼리지보드가 대학 입시에 '역경 지수(Adversity Score)'를 도입한다고 발표했다. 수험생이 사는 지역의 빈곤율, 범죄율, 부모의 교육 수준 등 15개 요인을 고려해 점수화해 '역경 지수'를 만들어 입시에 반영하겠다는 것이다.

부모의 사회·경제적 배경이 좋으면 공부도 잘하는 것으로 각종 통계에서 입증되고 있다. 우리뿐 아니라 대부분 나라에서 그러한 현상이 일어나고 있다. 이 차이를 어떻게 좁혀 나갈 것인가에 대해 각 나라와 사회는 고민한다. 새로운 교육 제도를 도입하고 입시를 바꾸는 것도 그런 이유이다.

"투자 대비 수익이 가장 형편없는 것이 사교육이다."

《엄마, 주식 사주세요》 책에 나오는 대목이다. 매년 20조 원 안팎의 사교육비를 보다 생산적인 곳에 투입할 방안을 강구해야 한다. 이대로 간다면 머지않아 대한민국의 미래는 과거 봉건시대 신분제 사회처럼 될지 모른다. 학력이 지배하는 약육강식의 현 교육 제도로는 국가뿐만 아니라 그 누구에게도 도움이 되지 않는다.

○●○
넌 들킨 게 죄, 난 무죄

미국 37대 대통령 닉슨은 베트남 전쟁에 대한 반대 의사를 표명했던 민주당을 저지하려는 과정에서 불법 도청 사실을 부정 은폐하려다 테이프가 공개되어 거짓말로 드러나자 대통령직에서 바로 물러났다.

한국 고위 공직자 청문회를 보면 오전에 "모른다. 안 했다. 만난 적 없다. 그런 적 없다. 관여하지 않았다"며 청문회 내내 사실과 다른 말을 하다가 다음날 녹음 파일이나 영상이 공개되면 "위법은 아니었다. 죄송하게 생각한다"고 말한다. 주식 거래, 위장 전입 등 범법자들이 흔히 하는 방식이다. 청문회는 감추는 자와 찾는 자의 말싸움으로 범인과 수사관의 대질 심문을 보는 듯하다. 하룻밤이 지나면 어제의 해명과 변명이 거짓말로 돌아오는 거짓말 정국이다. 사람이 살면서 거짓말을 한 번도 안 해 본 사람은 없을 것이다. 그러나 거짓말이 사실로 드러나면 잘못을 사과하고 용서를 구하는 것이 기본 상식이다.

어느 대법관 후보자는 과거 위장 전입 혐의가 있는 한 피고인에게 징역형을 선고한 적이 있었다. 청문회에서 그 후보자도 위장 전입을 세 차례나 한 것으로 밝혀졌다. 똑같은 위장 전입인데 남에게는 징역형을 선고하고 자신은 아무런 처벌을 받지 않은 사실이 드러났다. 후보자가 징역형을 선고하는 법봉을 두드릴 때 "너는 들킨 게 죄, 난 무죄"라고 생각했을까? 어떤 심정이었을지 궁금하다.

2019년 6월 북한 목선 노크 귀순에 대한 은폐·조작 의혹은 군 기강 해이로 인한 군의 신뢰를 바닥으로 떨어뜨렸다. 목선이 삼척항에 들어올 때까지 군은 전혀 몰랐다. 북한 어선이 항구에 계획적으로 입항했지만 국방부는 '입항'은 '표류'로, '삼척항'은 '삼척항 인근'으로 바꾸었다. 조직적 은폐 의혹이 불거지는 이유다. 대북 경계는 완전히 뚫렸고 국가 안보의 최후 보루인 군이 국민을 속이는 일을 당연한 듯이 하고 있음을 보여줬다. 국민의 군대인 국군이 국가와 국민이 아닌 윗사람 눈치만 보고 있다는 것이 드러났다.

군 발표가 더 한심한 것은 국방부와 합동참모본부에 해군 장교들이 근무하고 있음에도 여름 바다에 대한 기본적인 상식이 없다는 것이다. 기상청 홈페이지만 봐도 알 수 있는 해상 파고에 대한 기본적인 조사도 하지 않은 거짓 발표문은 바로 들통이 났다. 당일 동해 실제 평균 파고는 0.5m, 삼척 앞바다 파고는 0.2m에 불과했음에도 파고가 1.5~2m라서 발견하지 못했다는 이해 못 할 거짓말을 했다. 기본적인 사항조차 체크하지 못한 군의 거짓 해명은 앞으로 국민 신뢰를 회복하기 힘들게 만들었다.

2019년 7월 해군 제2함대 사령부 무기고에 침입한 거동 수상자가 경계병에게 발견되자 도망치는 사건이 발생했다. 군 지휘관은 거동 수상자를 목격한 초병의 진술 등을 토대로 경계 실패 책임을 면하려고 서둘러 상황을 종결했다. 조사 결과 이 거동 수상자를 잡지 못한 해군 장교는 누군가 자수하면 상황이 종결된다고 제의해 한 병사가 자신이 거동 수상자라고 자수했는데, 사건과 무관한 한 병사가 허위 자수했다가 적발되어 충격을 안겨주었다. 상급 지휘관이 하급 병사에게 책임을 뒤집어씌우며 허위 자수를 시킨 것은 명백한 범죄 행위다.

이번 사건은 한 장교의 개인적 일탈로만 볼 수 없다. 더 큰 문제는 해당 부대가 이 사실을 숨기고 덮어 버리기 위해 일주일 동안 상부에 보고조차 안 했다는 사실이다. 사건을 덮기 위해 부하에게 허위 자수와 조작까지 한 것은 우리 군의 총체적인 기강 문란이다. 최근 북한 목선 노크 귀순 사건과 해군 2함대의 허위 자수 강요 사건은 장르는 다르지만 은폐 의혹으로 사건의 본질은 같다.

군은 왜 은폐하려 했을까? '윗선'의 심기를 거스르면 큰일 난다는 인식과 눈치 보기가 어느 때보다 팽배하기 때문이라는 게 군 안팎의 이야기다.

군이 자신에게 불리하면 어떻게 처리하는가를 알 수 있는 사건이 1996년 '강릉 북한 잠수함 침투 사건'에도 있었다. 이 사건 처리 과정에서 육군과 해군은 시기와 장소도 다른데 어떻게 이렇게 똑같은 방식으로 사건을 처리하고 은폐했는지 놀라지 않을 수 없다.

"강릉 잠수함 침투 사건이 벌어진 1996년 싸리나무 채취 작업을 하던 병사가 사라졌다. 군은 탈영이라고 했다. 소지품에서 연애편지가 나왔다는 이유로 '여자 문제가 복잡했다'고 했다. 얼마 뒤 무장간첩 사살 뉴스를 보던 병사 가족이 소스라쳤다. 무장간첩이 병사의 누나가 선물한 시계를 손목에 차고 있었다. 무장간첩에게 사살된 병사의 시신은 작업 지점 50m 떨어진 곳에서 발견됐다. 제대로 수색도 않고 탈영 보고부터 한 게 드러났다. 간첩이 안 잡혔으면 그는 영원히 탈영병으로 남았을지 모른다. [32]

2017년 일본의 경제전문지 《비즈니스저널》은 "거짓말이 만연한 한국 사회"라는 제목의 기사를 보도했다. 한국은 일본에 비해 월등히 많은 사기, 무고, 위증 사건이 발생한다고 말하면서 "한국인이 숨 쉬는 것처럼 거짓말을 한다는 사실은 한국인들조차도 부정하지 못할 것이다."라고 말했다. 그 근거로 "2000년 한국에서 위증죄로 기소된 사람은 1,198명, 무고죄는 2,956명, 사기죄는 5만 386명이었지만, 2013년 위증죄는 3,420명, 무고죄는 6,244명, 사기죄는 29만 1,128명으로 급증했다면서 이는 일본과 비교하면 66배가 더 높은 수치이며 인구 규모를 감안하면 무려 165배가 더 많은 것이다."라고 했다. 주목해야 할 점은 기소 건수가 이 정도라면 고발 건수는 훨씬 많을 것이라는 점이다.

《비즈니스 저널》은 "한국은 결과 지상주의 사회로, 과정에서 어떤 수단을 택했으며 얼마나 노력했는지는 전혀 중요하지 않다. 비리가 있어

---

32 2019. 7. 15. 조선일보, 양치기 소년 軍(군)

도 결국 부와 지위를 손에 넣은 사람은 칭송을 받고, 패배한 사람은 그 승자에게 굴복한다"고 마무리한다. 물론 과장된 보도라는 논란은 있지만 바깥에서 우리 사회를 바라보는 전체적인 분위기를 엿볼 수 있는 지적이다.

사기 범죄율이 가장 높은 나라는 과연 어디일까?

세계에서 가장 많은 범죄 1위는 절도지만 사기는 한국에서 범죄율 1위이다. 세계보건기구(WHO)도 '선진국 클럽'으로 불리는 경제협력개발기구(OECD)의 37개 회원국 중 한국이 사기 범죄율 1위라고 2013년 '범죄유형별 국가 순위'에서 발표했다. 미국이 강간과 폭력 범죄 1위, 스페인은 강도, 독일은 마약 범죄에서 각각 1위에 올랐다. 대검찰청이 발표한 '2018 범죄 현황'에서 2015년 이후부터 사기는 절도를 앞질러 1위가 됐다고 설명했다.

사기죄는 사람을 속여 돈이나 물건 등을 받고 갚지 않는 범죄이다. 남을 속이는 사기 범죄의 핵심 요체는 '거짓말'에 있다. 거짓에 무감각한 우리 사회는 고소 고발 사건이 난무하는 것이 사실이다. 돈이 윤리 의식보다 더 중요해진 요즘 사기 범죄율은 높아진다고 전문가들은 진단한다. 많은 사기 사건이 민사소송으로 해결돼야 하지만 시간이 오래 걸리고 받아내기가 어렵기 때문에 일단 채권자가 채무자를 고소해 문제를 해결하려는 경향이 있다. 변호사 숫자가 증가하고 법률 시장이 침체된 경제 상황을 고려한다면 사기, 무고, 위증 관련 범죄는 더 극성을 부릴 것으로 보인다.

사기, 위증, 무고는 모두 거짓말과 관련된 범죄들이다. 시민의식이 낮고 도덕적 기초가 빈약한 사회는 거짓말 범죄에 대한 죄의식과 수치심이 없다. 이런 현상을 두고 사람들의 개인적인 문제로 원인을 돌리는 부분도 있겠지만 그보다 거짓으로 얻을 수 있는 인센티브 구조에서 원인을 찾아볼 수 있다. 정치로부터 사법, 행정, 군사, 민생 현장에 이르기까지 사회 곳곳에 거짓말이 일상적인 현상으로 자리 잡고 있다. 국민 생명과 직결된 사건을 조작하고 거짓말을 하는 일들이 일상화돼 있기 때문에 사회 구성원들은 당연히 그렇게 해도 된다는 것으로 받아들인다. 정치가 나라의 가장 상위 질서를 형성하는데 타협과 협치보다는 반칙하며 다음 선거에 모든 걸 건다. 윗물이 맑아야 아랫물이 맑을 텐데 윗물이 썩고 악취가 난다.

거짓말 범죄에 대한 처벌이 너무 약한 것도 문제다. 사람은 원인과 동기에 반응하기 때문에 사기로 거둘 수 있는 이익은 많고 치러야 할 비용이 적다면 사람은 사기 사건을 범할 가능성이 높다.

미국 닉슨과 클린턴 대통령이 현직에서 탄핵 위기에까지 몰렸던 것도 위증과 사법방해죄 때문이었다. 우리 국민이 세계에서 가장 거짓말을 잘한다는 불명예를 벗어나기 위해서도 사법방해죄 도입이 필요하다.

한국 사회의 건강한 장래를 위해 정치 지도자들은 더 노력해야 할 이유가 많다. 한일 간 경제 갈등으로 번진 근본적인 이유도 상호 간 약속과 신뢰를 지키지 않은 거짓말 문제다. 한일 간의 격차는 눈으로 보이는 차이만이 아니라 눈에 보이지 않는 윤리 도덕적 시민의식, 질서 의식 자산 측면에서도 큰 차이를 보인다. 사기, 무고, 위증은 한국이 치유해야 할 사회악 가운데 하나인 것은 분명하다.

"한국인이 거짓말을 잘하는 이유는 머리가 좋아서가 아니라 잘 속는 사람들이 많기 때문이다. 한국인들이 잘 속는 이유는 머리가 나빠서가 아니라 욕심이 많고 불안하기 때문이다."

도산 안창호의 '민족개조론'과 네델란드인 '하멜표류기'에서 공통적으로 지적한 한국인의 문제점은 바로 '거짓말'이다. 도산 안창호 선생의 지적대로 민족의 번영과 국가 장래를 위해 힘써야 할 첫 번째는 '거짓말과 속이는 행실'을 없애는 것이다.

○●○
남의 고통을 이해 못 하는 사회

소묘를 뛰어나게 잘 그리는 슈투트가르트 출신의 젊은 여인이 초대 전시회에서 어느 평론가에게 이런 평론을 듣게 된다. 그는 악의적인 의도는 없었고 단지 그녀를 북돋아 줄 생각이었다.

"당신 작품에는 재능이 있어 보이고 마음에 와 닿습니다. 그러나 당신에게는 아직 깊이가 부족합니다"

평론가의 말을 이해할 수 없었던 젊은 여인은 그의 논평을 일상적인 말로 여기고 곧바로 잊어버렸다. 문제는 이틀 후 그 평론가의 평가가 신문에 실리게 된다.

"그 젊은 여류 화가는 뛰어난 재능을 가지고 있고 그녀의 작품들은 첫눈에 많은 호감을 불러일으킨다. 그러나 그것들은 애석하게도 깊이가 없다."

젊은 화가는 생각한다. 깊이란 무엇이란 말인가?

인간의 모든 불행의 시작은 자신이 가진 장점보다는 자신의 단점에 집착하는 데 있다. 그녀는 처음으로 자신에게 깊이가 없는 이유가 무엇인지 고민하면서 깊이를 갖기 위해 다른 화가의 전시회도 다니며 열심히 분석한다. 깊이를 채우기 위해 독서를 비롯한 모든 노력을 기울인다. 타인의 말 한마디가 부정적인 깊은 상처에까지 이르게 했던 것이다.

그날 저녁 젊은 화가는 초대를 받는다. 사람들은 비평을 외우듯이 나지막하게 속삭인다.

"그녀는 깊이가 없어요. 사실이에요. 나쁘지는 않은데 애석하게 깊이가 없어요."

그녀는 그림을 손에 대지 않고 멍하니 집안에 앉아 머릿속에는 딱 한 가지만 생각할 뿐이다. "왜 나는 깊이가 없을까?"

작품을 구상도 못 하고 마침내 붓을 물감통에 던지며 소리를 지른다

"그래 맞아, 나는 깊이가 없어."

미술 서적을 세심히 들여다보고, 다른 화가들의 작품을 연구하고, 전시회와 박물관을 살펴보기 시작한다. 서점에 가서 가장 깊이 있는 책을 요구한다. 비트겐슈타인의 책을 받아 들었지만 무엇을 어떻게 해야 할지 알 수가 없었다.

그림을 그리지 않았다. 밤새도록 불을 켜둔 채 술을 마시기 시작한다. 베를린에 있는 미술 상인이 전화로 그림 몇 장을 주문했을 때 그녀는 전화기에 소리친다.

"나를 내 버려두세요, 나는 깊이가 없어요."

그림을 잘 그렸던 젊은 화가는 순식간에 추락한다. 외출도 하지 않고 집안에 머물며 운동 부족으로 몸은 퉁퉁해졌으며 알코올과 약물 중독으로 깊은 수렁에 빠지기 시작한다. 상속받은 3만 마르크로 3년을 지낼 수 있었다. 돈이 떨어지자 자신의 그림을 갈기갈기 찢고 TV 방송탑 139m 아래로 뛰어내린다. 젊은 화가가 죽고 난 후 앞에서 말한 그 평론가는 당혹감을 표현하는 단평을 문예란에 기고했다.

"뛰어난 재능을 가진 젊은 사람이 상황을 이겨낼 힘을 기르지 못한 것을 다 같이 지켜보아야 하다니, 이것은 남아 있는 우리 모두에게 또 한 번 충격적인 사건이다. … 숙명적인 아니 무자비하다고 말하고 싶은 그 깊이에의 강요를?"

파크리크 쥐스킨트의 《깊이에의 강요》는 짧은 단편이지만 인간의 말이 한 사람을 어떻게 파멸시키는지를 비유적으로 나타내 문학의 묘미와 깊이를 보여준 작품이다. 말은 사람의 마음과 감동과 유익을 전달하는 훌륭한 도구지만 사람을 파멸시키는 무서운 살상 무기가 된다.

가장 먼저 떠오른 생각은 '말의 위력'이다. 특별한 의도 없이 던진 말 한마디가 한 사람을 죽음에 이르게 한다. 물론 극단적인 예이긴 하지만 우리 일상생활에서도 말로 생기는 문제들이 무수히 많다.

평론가의 어법은 우리들이 일상적으로 하는 어법에서 크게 벗어나 있지는 않다. 젊은 여인에게 "당신 작품은 재능이 있고 마음에 와 닿습니다."라고 말했다면 젊은 화가는 더 좋은 작품을 만들기 위해 노력했을 것이다. 부정적인 말 한마디는 젊은 여인의 인생을 파괴하고 그녀를 죽음에 이르게 한다. 말의 영향력은 생각보다 엄청나다는 것을 알 수 있다. 그러나 그녀에게도 어떤 문제가 있었을 것이다. 자신의 그림에 대한 확고한 자신감이 있었더라면 평론가의 말 한마디는 여유 있게 웃어넘길 수도 있지 않았을까.

유명한 작가들의 생애를 보면 처음부터 작품성을 인정받은 경우는 그리 많지 않다. 대부분의 작가가 어려운 시기를 겪은 후에야 겨우 인정을 받았다. 심지어 어떤 작가들은 죽은 후 많은 시간이 흐른 뒤에야 인정받은 경우도 많다. 자기 확신을 가졌던 작가들은 다른 사람들의 평가에 관계없이 열정적으로 묵묵히 창작 활동을 했다. 그 결과 불후의 명작으로 인정을 받았다. 무엇보다 중요한 것은 자기 확신과 삶에 대한 긍정적인 태도를 지녔다는 점이다.

예술 작품을 정확하게 평가할 수 있는 사람은 누구인가? 어떤 면에서 보면 예술작품에 대한 평가는 굉장히 주관적이고 모호한 점이 많은 것 같다. 화가나 소설가 등이 유독 자살로 생을 마감하는 경우가 많은 것은 그들이 날마다 빈 공간을 바라보기 때문이다. 화가는 하얀 캔버스를 채워야 하고 캔버스는 소설가의 원고지 칸과 같다. 그 공간을 채우지 못할 때 우울이 찾아오고 소설가는 날마다 원고지의 공백과 싸워야 한다.

불암아! 노인 역할은 너가 최고여!

전원일기, 수사반장으로 국민 아버지로 친숙한 최불암. 그도 처음부터 순탄하지만은 않았다고 한다. 대학 2학년 때 선배의 작은 칭찬 한마디가 오늘 자신을 만들었다고 고백한다. 졸업 작품 연극을 준비하던 중 우연한 기회에 맡게 된 역이 할아버지 역할이다.

"야, 불암아! 너 노인 역은 아주 타고났구나. 할아버지 연기는 너 따라올 사람 없겠다."

할아버지 연기로 인정을 받으면서 그는 할아버지를 많이 연구했다. 그리고 언제부턴가 방송 관계자들 사이에서 "할아버지 역할 하면 최불암이 최고"라는 공식이 생겨나게 됐다고 한다.

당시에 신성일 씨처럼 멜로물의 주연을 맡고 싶었으나 뜻을 이루지 못하고 스스로 목숨을 끊을 생각으로 강에 몸을 던지려는 순간 교회에서 울린 종소리를 따라갔다. 교회 옆 조그만 토담집에서 한 목사님 앞에 섰다. 목사님께서 "세상 모든 떡이 다 네 떡이 아니다."라고 말씀하시는 것을 듣고 자신이 가장 잘할 수 있는 할아버지 역에 최선을 다했다. 극단의 순간에 목사님의 위로와 선배의 칭찬 한마디로 최불암은 오늘날 국민배우로 거듭나게 되었다. 그는 이렇게 말한다.

"사람은 묘하게도 잘한다고 칭찬받은 일은 자신감도 생기고 더 잘하려는 의지도 불타오른다. 야단이 자극은 될 수 있어도 그것은 오기로 한계를 극복하려는 노력이 있어야 하나 칭찬받아 잘하는 일은 억지 노력이 없어도 마음에서부터 잘할 수 있다는 열정이 솟아오른다. 이것은 죽음을 목전에 두고 참삶을 되찾은 내 경험담이기도 하다. 폐인으로 인생을 마무리했을지도 모를 나에게 이름도 모르는 선배가 무심코 흘린 칭찬 한마디는 어느 훌륭한 위인의 명언보다 더 깊이 내 가슴속에 남아 있다. 그래서 나이 들며 나도 사람들을 만나면 칭찬하기를 게을리하지 않는다."

아주 작은 일이라도 칭찬하고 관심을 갖는다는 것은 죽어가는 한 사람을 살릴 수도 있는 작지만 가장 위대한 일일지 모른다.

소설가 김훈 작가는 현재 한국 사회를 "우리 사회는 악다구니와 쌍소리, 욕지거리로 날이 지고 샌다. 몇 년째다. 남의 고통을 이해하는 능력이 없어진 세상이랄까… 남과 적당한 거리를 유지하고, 남의 고통을 이해하는 능력이 전혀 없다."고 지적했다.

"세상의 목소리를 들어보면, 왜 떠들었는지조차 알 수가 없게 됐다. 어수선하고 천박한 세상이다. 우리 사회의 모두가 혓바닥을 너무 빨리 놀린다. 다들 혀를 놀리는데, 그 혀가 생각을 경유해 나오지 않았고 혀가 날뛰도록 두는 사회로 전락했으니…. 네가 나한테 침을 뱉으면 나는 가래침을 뱉는 세상, 이런 나라가 또 있을 수 있을까 싶다."

막말이 난무한 현 세태를 향한 적절한 표현이라 할 수 있다.

신약 성서 야고보서에서는 입조심, 말조심해야 한다고 경계한다.

"혀는 곧 불이요 불의의 세계라 혀는 우리 지체 중에서 온몸을 더럽히고 삶의 수레바퀴를 불사르나니 그 사르는 것이 지옥 불에서 나느니라"

버르장머리 고쳐야 하는 사회

일본 버르장머리를 고쳐놓겠다

"난징대학살을 어떻게 생각하느냐"는 질문에 장쩌민 중국 국가 주석은 "어렸을 때 내가 직접 봤는데도 일본은 그런 일 없었다고 잡아뗀다"고 말하자 김 대통령은 "일본 정치인들의 망언이 계속되고 있다. 버르장머리를 고치겠다"고 했다.

1995년 11월 14일 김영삼 대통령과 장쩌민 주석의 정상회담 직후 기자회견에서 김 대통령이 한 발언이 문제의 시작이었다. 당시 대통령 외교 비서관으로 현장에 있었던 유명환 전 외교통상부 장관은 "이 발언이 IMF행을 불렀다"고 했다. 일본이 우리에게 빌려 준 단기외채를 회수하자 주변국들이 가세하면서 외환 보유고 고갈로 이어졌다는 것이다.

백화점이나 마트 등에서 부모와 자녀의 실랑이를 자주 볼 수 있다. 아이가 떼를 썼을 때 무조건 들어주기 시작하면 아이는 울면 엄마가 들어줄 것이라는 생각에 공격적인 행동이 습관화되기 시작한다. 무조건 요구를 들어주기보다는 '네가 화나는 것은 이해하지만, 나쁜 행동은 인정할 수 없다'는 사실을 아이에게 가르쳐줄 필요가 있다. 나쁜 행동을 받아주거나 달래기 위해서 무작정 보상만을 해주는 것은 옳은 행동이 아니다. 떼를 써도 효과가 없다는 것을 알아야 아이의 행동에 변화를 이끌 수 있다. 어릴 때부터 인내심과 자제력을 가르쳐야 건강한 사회가 될 것이다.

버르장머리 고쳐야 하는 사회

A 광역시에서 시민단체 회원들이 공무원들과 승강이를 벌이면서 시장실 진입을 시도하자 시장은 "어디서 배운 버르장머리냐?"고 말했다.

시민단체 회원들이 '버르장머리'를 꼬투리 삼았다.

"정제되지 못한 표현을 한 것을 유감스럽게 생각한다."

시장이 유감을 표명할 수밖에 없었다. 시장을 면담하려면 사전 약속을 해야 하는 것이 기본이다. 이런 절차를 무시하고 '시민단체'라는 이유로 시장 면담을 떼쓰는 것은 기본 예의와 상식에 벗어난 일이다. 시민단체 회원들은 막무가내 그 자체였다.

언제부턴가 우리 사회는 잘못된 일을 꾸지람하기 힘든 사회가 돼버렸다. 교사가 학생들의 잘못을 지적하면 "남의 귀한 자식 기죽인다"며 부모들이 쫓아와 난리를 친다. '버르장머리'는 시민단체가 아닌 절차상의 무례함을 지적한 것이다. 무례함에 대한 사과는 없고 오히려 시장이 유감을 표명했다. 기가 막힌 우리 사회 현주소다.

B 광역시가 불법 설치한 조각상을 정당하게 철거했으나 시민단체 항의로 조각상을 돌려주는 것도 모자라 사과까지 하는 어처구니없는 행태를 보였다. 조형물은 B 지역 시민단체가 임의로 설치한 불법 조각상으로 행정 대집행을 통해 적법하게 철거했다. '철거는 친일 행위'라는 주장을 하며 시민단체는 B 시청 청사 로비를 점거하고 농성을 벌여왔다. 시는 이런 불법에 대해 경찰에 강제 퇴거를 요청하고 고발하는 게 당연한 임

무다. 그런데 시는 억지 요구를 다 들어주고 불법 행위에 눈감아주었다.

떼를 쓰면 불법도 무마된다는 '떼법 만능주의'가 우리 사회를 뒤덮고 있다. 시민단체의 안하무인 앞에 법과 공권력은 아무것도 아닌 존재가 돼버렸다. 행정기관이 이런 대응을 한다면 다른 기관들을 말할 필요가 없다.

막무가내 반대 운동과 법원 소송으로 대규모 국책 사업도 속수무책이다. 대표적인 것이 '천성산 도롱뇽' 사건이다. 터널 공사로 도롱뇽이 서식지를 잃게 된다는 일부 시민단체들이 "도롱뇽을 살려야 한다"고 주장하고 나서 수차례 공사가 지연돼 수조 원의 막대한 경제적 손실로 이어졌다. 반대했던 천성산 터널 공사가 완료되고 우려했던 고지습지 파괴나 도롱뇽의 떼죽음 같은 환경적 재앙은 일어나지 않았다.

정부나 지자체가 당연히 주어진 책무를 다하지 않은 채 불법을 묵인하고 방치한다면 존재 이유가 없다. 법치 위에서 불법을 더 이상 방치하지 말고 떼법에 엄정 대처하여 법질서와 공권력을 바로 세워야 한다.

떼법

옛말에 이청득심(以聽得心), 귀를 기울이면 사람의 마음을 얻을 수 있다는 말이 있다.

사람의 귀는 둘이고 입은 하나다. 말은 적게 하고 상대방 말은 들으라는 것이다. 오늘날 사람들은 남의 말에 귀 기울이기보다는 말하기에 바쁘다.

김훈 작가는 산문집 '연필로 쓰기'에서 "말이 병들면 민주주의는 불가능하다. 듣는 자가 있어야 말이 성립되는데, 악악대고 와글거릴 뿐 듣는 자는 없다"고 했다.

다양한 성격의 사람들이 모여 함께 도우며 살아가는 게 세상이다. 곳곳에서 갈등과 충돌도 빈번하게 일어나는 것도 사실이다. 이런 갈등과 혼란을 수습하고 사회 질서를 바로잡아 주는 건 바로 '원칙'과 '상식'이다. 지금 우리 사회는 상식은 그만두고라도 불법·탈법에 '떼법'까지 판친다.

"일단 떼쓰면 통한다"는 우리 사회 곳곳에 스며든 잘못된 문화가 나타나고 있다. '떼법'을 통해 국가 정책이 좌지우지된다는 것은 정상적인 국가의 의사결정 시스템을 무너뜨리는 것이며 헌법과 법치 질서에 명백히 반하는 행동이다. 연세대 사회학과 C 교수는 "보상 심리가 강한 소수 집단의 이기주의와 책임 의식이 부족한 지도층이 타협하는 것이 우리나라 선진화에 얼마나 큰 걸림돌이 될지 보여주는 단적인 현상"이라고 말했다. 정부의 역할이 어느 때보다 중요한 시점이다.

'국민 정서법'은 실제 존재하는 법은 아니지만 헌법보다 상위법이라는 우스갯소리도 있다. 국민감정에 어긋나는 행위를 법에 빗댄 용어다. 모든 국민의 감정이 옳거나 같지는 않지만 무소불위의 권력을 휘두르는 제왕적 대통령이 탄핵되는 사태를 본 우리에게 국민 정서의 힘은 '엄청남' 그 자체다.

법원과 검찰청이 있는 법조 타운 사거리 주변에는 법원과 검찰, 판사와 검사를 비난하는 플래카드가 수십 개 걸려있다.

"불공정 판사 파면하라, 불법 재판 다시 하라, 적폐 판검사 구속하라."

법원과 검찰에 대한 노골적인 불만을 표시한다. 판검사의 실명과 사진도 공개해 자신과 관련된 사건의 수사와 재판에 대한 불복을 표시하고 있다.

판사와 검사들은 "어쩌다가 이 지경이 됐는지 답답하고, 현수막을 보면 국민들이 다 함께 손가락질하고 있는 것 같다."고 했다. 한 부장판사는 플래카드에서 "내 얼굴을 본 적이 있었는데 그때부터 다른 길로 피해 다닌다. 명백한 명예훼손이지만 일일이 대응하는 것 자체가 망신이라 참고 있다"고 말했다.

'솜방망이 처벌'이 막가파식 시위를 부추기는 것이라는 지적이 나온다. 법조계에서는 관공서 근무 직원의 입장이나 민원인들의 편의는 전혀 고려하지 않은 것이며, 또한 폭력 행위가 없으면 처벌할 수 없다는 판례 때문에 수사기관도 소극적으로 대응할 수밖에 없다는 입장이다. 법원의 판결 기준에 우려하는 목소리가 나오는 이유다.

대중의 분노 앞에 재판도 복종했다

법조계와 학계 전문가들은 우리 사회의 "법치주의와 자유 민주주의가 흔들리고 있다"고 지적한다. 자유와 법치를 위한 변호사 연합은 "이제 우리 사회는 인권과 정의를 한반도 전역으로 확장할 것인지, 아니면 민족과 평화라는 미명 아래 자유와 법치를 제물로 바치고 전체주의의 노예가 되고 말 것인지 역사의 갈림길에 직면하고 있다"고 역설했다. 떼법이 법치를 위협하고 군중의 지배가 법의 지배를 대체하는 대중의 분노, 인력을 동원한 법 위에 '떼법'이 있는 사회 현실을 우려했다.

《보수의 재구성》(박형준 권기돈 공저)에서는 "떼법이 법치를 위협하고 군중의 지배가 법의 지배를 대체하는 일이 빈번히 일어난다. 거리의 목소리가 법전의 조문보다 강하다. 책임 있는 자유보다는 유아적인 무조건의 자유가 우세하다"고 지적했다.

서울외신기자클럽 마이클 브린 전 회장은 언론 기고문에서 "한국 정치 시스템의 약점은 정치 지도자와 사법부의 결정권자들이 민주주의는 민심에 복종하길 요구한다고 믿는 데 있다. 민심이 돌아서자 헌법재판소, 국회, 법원 같은 민주주의 실행 기관들이 민심의 요구에 복종했다"고 지적했다.

그 예로 대통령의 탄핵을 들었다. 민주주의를 구현한 지 30년이 지났지만 온갖 이슈를 들고 법원을 놔두고 시위대가 왜 거리를 점령하는가를 지적하면서 한국의 정치 리더십 결함이라고 말했다.

지금 우리나라는 떼법이 우선인 나라가 됐다. 무조건 단체로 모여 삭발하고 투쟁 구호를 외치면 다 들어주다 보니 무조건적 평등을 요구한다. 개인의 노력을 평가 대접하는 것이 진정한 평등이다. 1919년 3·1 운동에서 우리 선열들은 갈등 해결 방법으로 평화로운 질서를 꿈꾸며 힘의 상징인 법을 뛰어넘어 상대편과 함께 조화를 이루는 평화로운 나라를 추구했다.

인류는 시장경제를 통해 발전해 왔다. 자유 민주주의가 더욱 성숙하려면 시장경제의 발전이 밑바탕을 이뤄야 한다. 시장경제 속도에 맞춰 경제 성장이 이루어질 것이며 민주주의의 안정과 번영이 지속될 수 있기 때문이다.

물은 위에서 아래로 흐른다. 법이 모든 사람에게 공정하고 평등하게 집행된다면 국민들은 믿고 따를 것이다. 법의 결정에 따르는 모습을 정치 지도자들부터 행동으로 보여야 한다.

○●○

생각 위에 스마트폰

"스마트 시대 우리는 더 똑똑해지고 있는가?"

아침, 눈을 뜨자마자 스마트폰을 집어 들고 밤사이 온 메시지를 확인한다. 출근길엔 뉴스, 페이스북, 트위터를 검색한다. 사무실에 도착하자마자 컴퓨터를 켜고 필요한 정보를 검색하고 메신저로 답장을 한다. 그사이 새로운 이메일이 도착했음을 알리는 메시지, 이메일을 여는 순간 하루가 시작된다.

현대인이 살아가는 일상의 모습일 것이다. 인터넷이 일반화된 시대에 컴퓨터나 인터넷이 없는 세상은 생각하기 힘들고 새로운 정보와 지식은 인터넷 없이는 불가능한 것처럼 여겨진다.

저명한 칼럼니스트인 니콜라스 카는 자신의 책 《생각하지 않는 사람들(원제: The Shallows)》에서 "컴퓨터와 인터넷에 대한 무조건적인 믿음과 무분별한 사용이 얕고 가벼운 지식을 양산했다"고 주장한다. 그는 이 책을 통해 디지털 기기에 종속된 이후 우리의 사고하는 방식은 어떻게 변화하고 있는지, 글을 쓰는 방식과 읽는 방식은 어떻게 변화하고 있는지를 예리하게 밝혀낸다.

"유튜브, 구글, 페이스북 등 인터넷 서핑이 우리의 사고 능력을 빼앗고 있다!"

"인터넷이 우리의 사고방식을 가볍고 얕게 만든다!"

니콜라스 카의 더 이상 '생각하지 않는 사람들'에 대한 예리한 통찰과 진단이다.

빌 게이츠 집안 3가지 규칙

1. 14세까지는 스마트폰 사주지 않는다.
2. 식사할 땐 스마트폰 사용을 금지한다.
3. 막내딸은 자기 전엔 TV 시청을 금지한다.

마이크로소프트(MS) 창업자 빌 게이츠는 영국 일간지 미러와의 인터뷰에서 "아이들이 열네 살이 될 때까지 휴대폰을 사주지 않았고 다른 친구들은 다 갖고 있다고 불평해도 결코 허락하지 않았으며 자녀들이 어릴 때 스마트폰 사용을 철저히 금지했다"고 고백했다.

빌 게이츠는 "우리 집에서는 식사할 때 스마트폰을 쓸 수 없고 막내딸은 자기 전에는 TV를 보지 못하게 한다"고 말했다. 아내 멀린다는 패션지 보그와 인터뷰에서 "아이폰과 아이팟은 우리 부부가 아이들에게 사주지 않는 두 가지 물건"이라고 밝힌 적도 있다.

빌 게이츠의 자녀 교육은 변호사였던 아버지 빌 게이츠 시니어로부터 배운 것으로 알려졌다. 빌 게이츠 시니어는 저서 《게이츠가 게이츠에게 (Showing up for life)》에서 "아들이 TV를 보지 않도록 하고 책 읽는 시간을 늘려 생각하는 법을 기르게 하려고 애썼다"고 밝혔다. 빌 게이츠도 "어린 시절 부모님과 저녁 식사 시간에 많은 대화를 나눴고 마이크로소프트(MS)를 세운 후에도 일요일마다 대화를 나누면서 난관을 극복했다"고 말했다.

버스나 지하철에서 거의 모든 사람이 스마트폰에 푹 빠져있는 광경을 쉽게 볼 수 있다. 이웃 주변 사람들과 아무 말 없이 혼자 웃고 즐기고 싶어 하는 듯하다. 드라마나 게임에 몰입하거나 초콜릿 케이크나 유행하는 옷이 등장하는 사진들을 빠르게 넘기거나 동영상을 보고 웃는 이들도 많다. 우리 시대 사회 문제 관련 책을 읽는 사람은 보기 어렵다.

국가 인적 자원 육성을 위한 육아정책연구소가 발표한 2017년 보고서는 만 3~5세 유아와 초등학교 1~3학년 아동을 키우는 어머니 706명을 대상으로 조사한 결과 자녀의 하루 TV 시청이 102분으로 가장 많았고, 스마트폰 이용이 55분, 컴퓨터 이용 시간이 20분으로 하루 평균 미디어 시청 177분으로 충격적이고 우울하다.

유아기 및 아동기(만 3세부터 8세까지)는 인격 형성에 가장 중요한 시기다. 미디어에 많은 시간을 보낸다는 것은 앞으로 사고력과 학습에 많은 부작용을 가져올 것이다. 최근 미디어에는 폭력적이고 자극적, 선정적인 소재들이 넘쳐난다. 부모의 스마트폰을 이용하거나 부모의 주민등록번호를 도용해 성인 인증 장치를 넘어 손쉽게 음란물에 접할 수 있는 게 현실이다. 인격이나 자아가 형성되지 않은 시기에 폭력성을 배우거나 접하는 아이들이 무방비로 미디어에 중독되기 쉽다. 영국이나 프랑스 등 세계 각국이 이런 이유 때문에 최근 청소년들의 SNS 사용을 규제하고 있다.

여성가족부가 초등학교 4학년, 중학교 1학년, 고등학교 1학년 등 학령 전환기 청소년 128만여 명을 조사한 결과 이 중 20만 명이 스마트폰·인터넷 과의존 상태라고 밝혔다. 인터넷이나 스마트폰 사용을 스스로 통제하기 힘든 중독 청소년이 빠른 속도로 늘고 있다. 더욱 우려스러운 대목은 미디어 중독자의 저연령화 추세다. 자녀 양육이 스마트폰을 활용한 것이 일상화되고 유튜브, 실시간 방송, 1인 미디어 등 청소년이 접하는 미디어 콘텐츠가 폭발적으로 증가한 영향이 크다.

"우리글이니 쉬워야 하는데 공부할 땐 영어보다 국어가 더 어렵고 낯설게 느껴져요. 국어에서 외울 게 왜 이렇게 많아야 하는지 모르겠어요. 암기 과목 같아요. 어떨 땐 지문이 짧은데도 잘 안 읽혀요."(고2 학생)

자기 생각을 글로 쓰지 못하는 학생들이 수두룩하다. 청소년 스마트폰 중독은 아이들의 일상을 소리 없이 멍들게 하고 학업성취도 저하로 직결될 수 있다. 자기 생각을 조리 있게 표현하는 능력은 갈수록 떨어지고 있다. 스마트폰 남용에 따른 건강 악화, 자기 통제력 상실 등을 경고한 연구가 나온 지도 오래다. 무분별한 디지털 약어와 은어, 속어가 난무하면서 한국 청소년의 읽기 능력은 퇴보하고 있으나 우리 사회는 도박이나 알코올, 약물 중독과 달리 스마트폰 중독을 가볍게 보는 분위기가 만연해 있다. 특히 책임 부서인 교육 당국은 학생인권조례 등을 앞세워 스마트폰 교육이나 사용 규제를 일선 학교에 떠넘긴 채 손을 놓고 있다.

청소년 스마트폰 중독의 심각성을 인지한 프랑스는 초중학교에서 휴대전화 사용을 법적으로 금지했고, 대만은 2~18세가 스마트폰 등에 중독되면 보호자에게 벌금을 부과한다. 우리도 학교와 가정에만 맡겨둘 문제가 아니다. 스마트폰을 보면서 걷다 발생하는 교통사고도 해마다 증가하고 있다. 일부 지자체와 학교에서 보행 중 스마트폰 사용 자제를 계도하고 있지만 정부 차원의 강력한 대책이 나와야 한다. 정부가 나서서 더 늦기 전에 청소년 스마트폰 중독을 막을 수 있는 교육을 의무화하고 사회적 합의를 통해 법적 제도적 장치를 마련해야 한다.

○●○

모든 길은 유튜브로 통한다

'모든 길은 YouTube로 통한다'

YouTube 세상이다. 유튜브가 한국 사회를 집어삼킬 기세다. 모든 세대에서 압도적인 사용량을 보여준다. 10대 전용 공간으로 출발한 유튜브는 이제 50, 60대 이상까지 포함한 전 세대가 가장 많이 사용하는 애플리케이션이 됐다. 스마트폰 이용자 총 사용 시간이 세대를 불문하고 국내 안드로이드 스마트폰 사용자는 2019년 4월 한 달간 총 388억 분 동안 유튜브를 가장 오래 시청했다. 카카오톡은 225억 분 사용했으며,

네이버는 153억 분, 페이스북은 42억 분이었다.

TV 스타들이 시대의 흐름을 좇아 유튜브에서 길을 찾고 있다. 앱 분석 기관 와이즈앱이 조사한 자료에 의하면 젊은 층은 물론 50대까지 가장 많이 사용하고 있으며 유튜브의 월간 로그인 이용자 수는 18억 명을 넘어서고 있다. 이러한 모바일로 집결되는 플랫폼 환경은 콘텐츠의 개념을 바꾸고 콘텐츠 생산자의 변화를 끌어내고 있다. 유튜브는 세계에서 가장 큰 플랫폼 중 하나로 자리매김하고 있다.

국내 최대 포털 네이버의 연간 총이용 시간이 유튜브의 3분의 1 수준으로 떨어진 것만 봐도 '유튜브'의 성공을 실감케 한다. 유튜브는 정치, 경제, 사회, 문화 등 전 분야 이슈를 주도할 만큼 영향력이 막강해졌다.

과거에는 영상의 제작 영역과 유통 영역이 명확히 분리됐는데 유튜브로 인해 이제는 정보통신 기술 발달로 만든 사람이 볼 수 있고 보는 사람이 만들 수도 있다. 방송 제작의 기득권 영역이 무너지고 진정한 쌍방향 소통 시대가 활짝 열렸다고 말할 수 있다. 지금까지 인터넷 카페는 글솜씨가 되는 블로거들의 매체였던데 비해 유튜브는 눈으로 보는 영상이라 지식층이 아니라도 거부감이 없어 획기적으로 사용자를 확대했다.

유튜브는 세계 어느 사람과도 정보를 공유해 생활을 윤택하게 하는 활력소가 될 수 있고, 민주주의를 확산하는 통로가 될 수도 있으며 공동체를 갈라놓는 살상 무기도 될 수도 있다. 칼을 강도가 들면 위협하고 부상을 입히지만 셰프가 들면 맛있는 요리를 만들 수 있다. 유튜브는 우리가 어떻게 사용하느냐에 따라 결과가 달라진다. 문명의 편리함을 잘 사용하느냐는 결국 사람에 달렸다.

유튜브의 성공 요인에는 특정 동영상을 시청하면 이용자 기호와 취향에 맞는 관련 동영상을 추천해주는 '추천 알고리즘' 방식이 있다. 이것은 이용자를 유튜브에 붙잡아 두는 기술이다. 유튜브는 이것을 기반으로 광고 노출을 해서 큰 상업적 수익을 거두고 있고 이용자로서는 더 보고 싶은 동영상을 재검색하지 않아도 되기 때문에 자연스럽게 유튜브 시청 시간이 늘어나게 된다. 약 13억 개의 동영상을 보유하고 있고 지금도 분당 400시간 분량의 동영상이 새로 올라오는 글로벌 플랫폼이라는 것도 유튜브의 강점이다.

자유롭게 콘텐츠를 제작하고 유통할 수 있는 디지털 환경은 개인들이 국가 간의 경계, 전문가와 비전문가의 경계, 생산자와 소비자의 경계까지 허물고 있다. 누구나 콘텐츠를 만들고 소비할 수 있으며 언론인이나 마케터가 될 수 있고, 일반인도 한순간에 셀럽(유명 인사)이 되는 세상이 됐다.

유튜브를 기반으로 활동하는 1인 미디어가 디지털 환경에서 막강한 영향력을 보여주고 새로운 디지털 비즈니스 생태계를 구축하고 있다. 개개인이 모여 다양한 흐름을 이루고 있다. 시청자의 관심에 귀 기울여 주고 이를 콘텐츠에 반영함으로써 팬들에게 친근한 셀럽이 된다. 기존의 상식은 깨지고 있으며 새로운 상식들이 생겨나고 있다. 그 변화의 중심에는 1인 미디어로 불리는 개개인들이 있다. 계속적인 소통을 통해 기존 콘텐츠보다 효율적이고 경쟁력 있는 콘텐츠를 만들어 기존의 스타와는 다른 매력을 보여준다. 다양한 영역의 경계가 무너지고 새로운 융합이 이뤄지며 새로운 것들이 창조되고 있다. 이러한 변화는 유튜브라는 거대한 콘텐츠 공유 플랫폼을 기반으로 다양한 영역으로 퍼져가고 있다.

개인이 만들어 낸 콘텐츠의 조회 수가 몇백만 뷰가 넘고, 방송에 출연하지 않는 유튜버들이 셀럽이 되고 있다. 유튜브는 동영상을 공유하는 일상적인 문화 현상을 뛰어넘어 비즈니스의 한 축이 되고 있다. 개인이 유튜브 채널만으로 100억 이상의 수익을 올리기도 한다. 이러한 변화는 동영상 콘텐츠뿐 아니라 마케팅 시장에서도 변화를 만들고 있다.

다양성과 경계를 무너뜨린 소통을 기반으로 하는 플랫폼이지만 주의할 점은 있다. 인공지능(AI)을 기반으로 한 콘텐츠 추천 시스템은 유튜브 플랫폼 발전을 주도하지만 역설적으로 편향된 콘텐츠만 계속 소비하도록 유도하는 결과를 낳을 수도 있다. 각자 주체적으로 콘텐츠를 선택하고 소비해야 할 필요성이 더 커졌다. 1인 미디어 시장은 이제 시작에 불과하다. 개개인의 역량을 통해 다양한 영역들이 디지털 세상에서는 어떻게 변화할지 기대된다.

유튜브 영향력이 커지면서 한국 사회에 미치는 부정적 영향도 무시할수 없게 됐다. 누구나 쉽게 제작 유통시킬 수 있는 동영상 콘텐츠를 인공지능이 바로 보여주는 기술적 특징이 양날의 칼로 작용하는 현상이 나타나고 있는 것이다. 계층 간 갈등과 이념 대립이 심각해지는 우리 사회에서 '보고 싶은 것만 볼 수 있고 보여주는' 유튜브가 이해와 소통보다는 갈등과 단절을 심화시키고 있다.

미국 주요 진보 정책 그룹인 무브 온(Move On) 엘리 프레이저 이사

장이 처음 언급한 '필터 버블(Filter Bubble)'과 그로 인한 '확증 편향(Confirmation Bias)'의 확산이다. 유튜브나 페이스북 같은 인터넷 정보 제공 사업자가 이용자 맞춤형 정보를 제공하면서 이용자는 제 입맛에 맞는 맞춤형 정보만 접하고 그 결과 정치, 경제, 사회적 문제에 자신의 고정관념과 편견만 더욱 강화하는 현상이다.

유튜브 동영상 중에는 일부 극단적 편 가르기를 서슴지 않는 콘텐츠들이 유행처럼 번지고 있다. 정확하지 않은 사실에 기초한 우파와 좌파, 보수와 진보 논객들은 편향적 시각을 잘 정리 포장해서 보는 이들을 현혹하고 있다.

자신의 입맛에 맞는 비슷한 정보만을 골라 보다 보니 이념적 편향성은 갈수록 극단으로 치닫게 된다. 자신의 생각만 옳다는 신념과 잘못된 확신은 공동체를 파괴하는 역할을 할 것이다. 편식이 건강을 해치듯이 잘못된 이념 편향은 갈등과 분열을 조장한다. 자기 확증 편향은 개인의 문제가 아니라 사회 공동체, 나아가 국가의 존립을 위태롭게 하는 무서운 암적 존재가 될 것이다.

유튜브 추천 알고리즘과 확증 편향 강화가 상호 작용하며 빚어내는 악순환이 정치적 진영 논리와 결합하면서 그 폐해가 심각해지고 있다. 상대방에 대한 이해와 포용, 다름에 대한 배려 문화는 사라지고 차별과 분열 같은 극단주의가 민주주의를 위기로 몰아넣고 있다. 그 중심에 존재감을 드러내며 진영의 대표를 꿈꾸는 정치인들의 교묘한 선동이 있다. 대부분 사실 여부를 확인하기보다는 자기만의 일방적 주장을 펼치는 경우가 많다. 정치인들의 유튜브 활동으로 지지 세력의 결집은 공고해지겠지만, 한국 사회의 분열 파열음은 커지고 있다. 서로 다름을 인정하고 다양성과 반대 의견을 포용하며 서로 공존하는 것이 자유 민주주의의 기본 원리인데 우리 사회는 대결로만 치닫는 형국이다.

젊은 세대를 당황하게 만드는 것은 어른 세대들이 SNS를 통해 링크로 유튜브 채널을 전파하는 것이다. 사실 여부를 떠나 상당수 어른은 정치인들의 주장에 "내 말이 그 말"이라며 무릎을 친다. 추측성으로 만들어진 소문 '카더라'조차 사실로 받아들인다. 사실관계를 바로잡으려 하면 화부터 내는 어른들은 누구나 한 번쯤 겪어봤을 장면이다. 사실과 자기 견해를 제대로 걸러야 할 기성 언론의 역할과 책임이 더 막중해졌다.

"기존 방송 매체들이 제 기능을 못해 실망한 시청자들이 유튜브 방송을 대체재로 선택한 것은 사실"이라는 분석과 함께 "신문과 방송이 진실을 왜곡하고 우리가 보고 싶은 진짜 사실은 유튜브만 알려준다"고, 한 50대 유튜브 구독자는 말한다.

여의도 정가에 유튜브 영상 경쟁이 치열해지면서 의원실마다 전문 인력 구하기에 나섰다. 국회 홈페이지에 의원실 채용 공고를 보면 많은 의원실에서 자격 요건에 '동영상 촬영 및 프로그램 편집 유경험자로 제한하고 있다. 영상이나 SNS가 미치는 영향을 가볍게 여기는 풍토가 여전해 보인다.

언론이 잘못을 반성하고 뉴스 시청자의 불신을 해소할 수 있는 방법을 찾아야 한다. 소셜네트워크서비스(SNS)를 통해 빠르게 퍼지는 소문이나 억측에 대해 적극적으로 팩트를 체크하고 가짜뉴스를 가려내야 한다. 온라인 속보 경쟁보다는 사실을 확인 검증하고 적절한 분석을 거쳐 사회적으로 의미 있는 정보로 정확하게 전달하는 저널리즘 본연의 역할을 충실히 실천해야 한다. 유튜브 등 플랫폼 업계도 추천 알고리즘을 개선하고 사회에 악영향을 미치는 허위 사실과 혐오 표현을 걸러내고 시정하려는 노력도 적극적으로 기울여야 한다.

○●○

AI와 결혼하는 시대

과연 사람이 섹스로봇과 사랑에 빠지는 시대가 올까? 과학 기술과 인공지능(AI)의 발달이 10년 내로 그러한 일을 현실화시킬 수 있을 것으로 전문가들은 전망한다.

영국 미래학자 이안 피어슨 박사는 2025년에는 로봇과의 성관계가 많아질 것이고, 2050년에는 로봇과의 성관계가 사람 간의 성관계를 완전히 대체할 것이라고 전망했다. 섹스로봇은 이미 많은 국가에서 상용화됐다. 전문가들은 한국에서도 곧 닥치게 될 미래라고 말한다.

캐나다 '킨키스 돌스' 회사가 최근 미국 휴스턴에 로봇 성매매 업소를 만들려다 "돈을 주고 사람의 신체를 사는 것은 역겨운 일이며, 성매매와 인신매매를 부추기고 사람들에게 왜곡된 성 인식을 갖게 할 수 있다. 사창가를 내쫓아야 한다"며 온라인 청원 운동까지 벌인 주민들의 거센 반발로 휴스턴시가 영업 허가를 내주지 않았다. 회사 측은 섹스로봇 업소가 성매매 근절에 도움을 줄 것이라는 주장을 했지만 받아들여지지 않았다. 미국에는 로봇을 이용한 성매매 업소가 아직 없다.

인공지능, 바이오 소재, 로봇공학, 의료기기 기술 등이 융합하면서 섹스로봇 기능은 계속 진화하고 있다. 해부학적 신체 구조, 머리, 척추, 갈비뼈, 장기는 물론 촉감까지 사람과 유사한 형태로 디자인돼 마치 살아있는 인간으로 착각할 정도의 수준이다. 이미 스페인을 비롯해 영국, 독일, 프랑스, 캐나다에서는 로봇 성매매 업소들이 성황리에 영업 중이다.

아직 성장 단계인 섹스로봇은 사람의 신체로 접근할 정도로 기술력이 빠르게 진화할 것이라고 전문가들은 전망한다.

그렇다면 현재 나와 있는 섹스로봇들은 어느 정도 수준일까.

미국 리얼보틱스사는 최근 인공지능을 탑재한 '엑스모드' 버전의 섹스로봇 하모니를 생산했다. 특징은 대화보다는 사용자의 말이나 행동 터치 등에 민감하게 반응하는 섹스로봇의 장점을 최대한 반영한 것이다. 표정과 소리에 일치하는 입술을 가지며 사람이 행동하는 것처럼 몸이 반응한다는 것이다. 인간의 외형을 본떠 만든 하모니는 바깥은 특수 실리콘 재질이고, 내부에는 금속 척추, 갈비뼈, 질, 항문 등이 내장되어 있고 머리 부분은 지능 센서가 탑재돼 표정을 나타내고 감정을 표현할 수 있다. 입술과 유두의 모양, 성기의 크기까지 맞춤 제작이 가능하다고 한다.

하모니의 가격은 대략 2천만 원 정도라고 한다. '하모니 AI' 앱을 연간 구독료 2만 원에 이용하면 다양한 캐릭터 반응과 생성·학습 데이터를 업그레이드할 수 있다. 리얼보틱스사는 현실과 같은 느낌과 반응을 보이는 여성용 남성 섹스로봇도 개발했다.

스페인 세르히 산토스 박사가 만든 푸른 눈과 짙은 갈색 머리의 여성 섹스로봇 가격은 대략 6백만 원 정도다. 입술, 가슴, 엉덩이, 어깨, 입술 등의 부위에 11개의 센서가 있어 오르가슴을 느끼고 사용자의 체온, 소리, 자극에 말로 반응한다는 것이 가장 큰 특징이다. 남성의 지나친 요구에 거부하는 불감 모드도 추가돼 있다.

단순히 육체적 정욕을 해소하기 위한 수단으로 여긴다면 가능할 수 있으나 정신과 영혼이 있는 사람이라면 일시적인 욕망을 위해 영혼 없는 기계와 관계한다는 것이 가능한가?

인간은 사회적 동물이다. 인간만이 인간을 구할 수 있고 인간만이 인간을 사랑할 수 있다. 한낱 사람이 만든 조형물에 영혼을 맡긴다는 자체가 시대의 아픔이자 인간성의 비극이다.

중국은 남녀 성비 불균형 문제가 다른 나라들보다 심각한 편이다. 남아를 선호하는 전통과 산아제한 정책을 강하게 추진한 게 현재 복합적으로 영향을 미치고 있다. 2050년이 되면 중국에서 결혼 적령기의 남성 중 3천만~4천만 명이 인구 구조상 영원히 반려자를 찾지 못할 것이라는 전망이 나와 섹스로봇이나 가상 현실상의 성관계가 앞으로 일반화될 것이라는 인구학자의 전망도 있다. 중국 정부의 보수적인 정책으로 성인용품 시장은 아직 전체 경제 규모에 비교해 크지는 않지만 성장 속도는 빠른 편이다.

싱가포르 혼합현실연구소는 "인간과 로봇의 결혼이 허황해서 근거가 없다 생각할지 모른다. 하지만 35년 전 동성 결혼도 그렇게 여겨졌다"며 가상 성관계는 인공지능 시대의 새 발명품으로서 에이즈(AIDS)가 만연한 시대에 깨끗하고 안전한 방식이라고 덧붙였다.

2018년 통계청 사회 조사 결과 우리 국민 가운데 '결혼은 해야 한다'고 답한 응답자 비율은 2016년 51.9%에서 2018년 48.1%로 '결혼은 필수'라고 생각하는 사람이 절반에 미치지 못하는 것으로 나타났다. 반대로 미혼 남녀가 동거(同居)할 수 있다고 생각하는 국민은 절반을 넘었다. 전통적인 가족관계 붕괴와 함께 휴머니즘에서 기계화 사회로 가고 있다.

대한성학회 학술대회 토론회에서는 '다가올 섹스로봇 시대를 맞게 될 우리는 법률적, 윤리적, 정책적으로 얼마나 준비가 되어 있을까?'라는 주제로 다양한 의견을 내놨다.

섹스로봇 시대는 섹스로봇이 가져올 여러 가지 병폐에도 불구하고 피할 수 없는 현실이 될 것이며, 섹스는 인간의 본능이기 때문에 사회적, 윤리적으로 어떻게 수용할 것인지, 얼마나 허용할 것인지, 어떻게 규제할 것인지에 대한 사회적 합의가 필요하다고 했다. 로봇과의 결혼이 가능할지, 로봇과의 성관계가 이혼 사유가 될 수 있는지, 성매매특별법 처벌이 가능한지, 아동 모양 로봇은 청소년의 성 보호에 관한 법률로 처벌이 가능할지 등등 법적·윤리적으로 해결할 문제가 많다. 산업적 측면에서 성장 가능성이 무궁무진한 시장이지만 한국에서는 암묵적으로 성 산업은 금기시돼 있다. 세계 최고 수준의 마네킹, 실리콘 제조 기술, 로봇 기술 등을 가지고 있으면서도 이를 활용하지 못하고 있다는 안타까운 의견도 제시했다.

섹스로봇 가능 여부를 놓고 의견은 다양하다. 캐나다 마리나 아드셰이

드 교수는 "부부간의 성욕을 충족시켜야 한다는 배우자 압박감에서 벗어나 섹스로봇이 권태로운 부부관계에 자극을 주거나 오랜 로맨스를 유지하게 도와줄 것이며, 이를 통해 결혼의 질이 향상되고 이혼율이 떨어질 것"이라고 강조한다.

영국 캐슬린 리처드슨 교수는 "섹스로봇이나 섹스 토이 등은 실제로 성관계가 일어나는 대상이 아니라 자위행위를 하는 것일 뿐이다. 섹스로봇과 같은 장치는 인간의 성문화를 왜곡하고 성 착취와 성 학대의 문제로 이어질 수 있다"고 비판했다.

나라마다 실제 이혼 사유로 부부간 성관계가 차지하는 비중도 무시할 수 없으나 섹스로봇의 등장이 가족 체계를 붕괴시킬 것이라는 우려도 나오고 있다. '로봇의 성적 미래 보고서'를 2017년 발표한 네덜란드 로봇공학재단은 섹스용 로봇이나 인형은 부부의 성욕 불균형을 해소하고 장애인, 노인 등에 도움을 줄 수 있으나 아동형 로봇이 생산되면 어린아이 성매매를 부추길 가능성을 배제할 수 없다고 지적하고 있다.

하버드대 캐시 오닐 박사가 경고한 가장 심각한 문제는 섹스로봇이 남성을 쓸모없는 존재로 만든다는 것이다. 남성보다 섹스로봇의 테크닉이 더 뛰어나고 근본적으로 지치지 않는 배터리로 여성에게 새로운 형태의 섹스 경험을 제공하기 때문에 남성보다 더 나을 수 있다는 것이다.

2016년 일본 문학계를 들썩이게 한 사건이 발생했다. 《니혼게이자이》 신문의 공모전에서 인공지능(AI)이 쓴 단편소설이 1차 심사를 통과하는 이변을 연출한 것이다. 창작 활동이 인간 고유 영역으로 여겨졌는데 인공지능의 도전에 직면했다는 사실은 대중들에게도 충격을 안겨줬다. 심사위원들조차 공모 작품 중 AI가 쓴 소설이 있다는 사실을 몰랐다고 한다. 물론 개발자가 소설의 제목 및 사전에 구체적인 스토리와 문체를 만들어줬기 때문에 온전히 AI의 작품으로 보기 어렵다는 게 중론이다.

세상이 아무리 첨단화돼도 인간과 로봇의 성관계나 결혼을 부정적으로 바라보는 시선이 존재한다. 결혼은 인간 사이 사랑으로 맺어지는 신성한 계약이며 상호 간에 권리와 의무가 존재한다. 시간이 지남에 따라 사람이 만든 무생물체인 로봇에게 이런 의무가 주어질지 모르겠으나 이것은 인간으로 살아가는 방법이 아니다. 인공지능을 만들고 조작하는 것은 결국 사람이기 때문이다.

○●○

텅 빈 학교 운동장, 미래는 없다

100m 달리기를 할 수 있는 학교가 많지 않다는 사실은 충격적이다. 학교 운동장이 점점 작아지고 있다. 입시와 경쟁에 시달리는 초중고생의 체육 수업은 언제부터인지 거의 실종상태다.

옛날에는 동네 아이들이 다 같이 모여 뛰어놀 수 있는 환경이 조성됐고, 입시에 체력 점수가 반영되고 '체력은 국력'이라는 구호 아래 학교에서 운동을 많이 시켰다. 게임에 집중하는 시간은 갈수록 늘어나고 운동이나 야외 활동시간은 갈수록 부족하다. 우리가 안고 있는 심각한 문제다.

　핀란드 초등학교는 아무리 날씨가 추워도 쉬는 시간, 점심시간에 학생들을 교실에 머물게 하지 않고 운동장에서 뛰놀게 한다. 캐나다 초등학교는 점심을 먹은 뒤 운동장이나 체육관에서 마음껏 뛰놀게 하고, 야구, 축구 등 운동 프로그램도 마련하고 있다. 영국은 학교 건물 주위를 하루 15분씩 뛰는 '데일리마일(Daily Mile)' 프로그램을 실시하며 스웨덴은 점심시간에 운동장에서 놀 수 있게 교실 문을 잠근다. 선진국에선 운동을 중요시하는 공통적인 모습이다.

　"운동을 좋아하지 않는다. 책 8권 들어있는 학원 가방을 들고 다니는 게 유일한 운동"이라고 말할 정도로 우리 아이들은 학원에 지쳐있다고 볼 수 있다. 모든 운동시설이 남성 위주다 보니 한국 사회뿐만 아니라 선진국에서도 여학생 운동 부족이 사회문제다. 영국에서도 초등학교 여학생들의 스포츠 활동 시간이 남학생 절반에도 못 미친다고 한다. 운동 부족은 정신 건강, 성취동기 저하와 직결된다
　선진국들은 여학생의 스포츠 참여를 독려하는 각종 정책을 펼쳐 왔다. 미국이 1972년부터 시행 중인 '타이틀 나인'법이 대표적이다. 여학생 체육도 예산·시설 모든 면에서 남학생과 똑같이 지원하는 게 핵심이다.

　한국 초중고는 쉬는 시간이나 점심시간에 운동장에서 뛰놀지 못하게 하는 학교가 늘고 있다. 운동하다 다치면 학부모 항의에 견디기 힘들기

때문이다. 폭언, 욕설은 기본이고 교권 침해에 보험까지 가입할 정도로 학부모들의 교권 침해는 심각하다. 초중등 교육의 기본은 아이들에게 책을 읽히고 운동시키는 게 핵심이다. 아이가 넘어져 무릎이 까졌다고 교사를 고소하는 것이 무서워 체육을 안 가르치는 것이다.

대입을 준비하는 고등학교에선 체육 수업 하지 말라는 학부모 민원이 들어온다. 한창 공부할 아이들 왜 피곤하게 운동시키고 땀 흘리게 하느냐고 항의한다. 수업이 문제가 아니라 책임을 면하려는 교사가 많다. 그러나 각종 연구 결과는 '땀 흘리고 뛰어놀아야 공부를 잘한다'는 것이다. 2019년 서울대 건강사회정책연구실의 조사에 따르면 고등학교 체육 수업 권장 기준인 주 3시간을 지킨 학교는 25%에 그쳤다고 한다.

전문가들은 학원 한 군데를 줄이더라도 아이를 헬스장에 등록시켜 규칙적으로 땀나도록 운동하면 마음과 스트레스가 치유되고 공부에도 도움이 된다고 한다.

하버드대 정신의학과 존 레이티 교수는 인터뷰에서 "세계적으로 운동 기반 교육이 강화되는 추세인데 한국은 역행하고 있다. 최소 40분, 매일 운동을 해야 피와 산소가 뇌로 많이 공급되면서 학습 능력이 좋아진다"고 했다.

프랑스 대입 총점 체육 5%, 학교 체육 중시

프랑스는 유럽에서 학교 체육을 중시하는 대표적인 나라다. 체육 수업이 매주 초등학교 4시간, 중학교 3시간, 프랑스 고등학교에서는 매주 한 차례 2시간 이상 전교생이 빠짐없이 체육 수업을 하며 초등학교 기준 체육 시간이 유럽에서 가장 많다. 전체 필수 과목 수업 시간 중 체육 수업 비율이 프랑스는 OECD 평균 시간보다 훨씬 높다.

프랑스가 모든 초중고 체육 수업을 의무화한 계기는 1871년 프로이센과 프랑스(보불전쟁) 전쟁에서 프로이센에 굴욕적 패배를 당한 이후 젊은이들의 체력을 증진해야 한다는 국민적 공감대가 형성된 것이 배경이다. 근대 올림픽 경기 창시자인 피에르 드 쿠베르탱 남작도 스포츠가 청소년의 인격 형성에 큰 영향을 미친다는 것을 절실히 깨닫고 체육 교육에 힘썼다.

2024년 파리 올림픽 유치를 계기로 프랑스는 학교 체육 육성에 더 힘을 쏟고 있다. 운동으로 이름난 학교에 프로 선수들을 강사로 초빙해 학생들을 지도하고 스포츠 대회를 열도록 유도하는 것이다. 또한 학교 체육 수업에서 선택할 수 있는 종목을 훨씬 더 세분해 학생들이 신 나고 즐겁게 운동할 수 있도록 지원을 아끼지 않겠다고 밝혔다.

프랑스 고등학교 대부분은 대여섯 가지 이상 체육 프로그램을 운영하고 학생들은 적성과 취향에 맞게 그중 세 가지 운동을 선택한다. 운동에 재미를 느끼게 한다는 것이다. 학교에 해당 종목 시설이 없으면 다른 지역 스포츠 센터나 학교에서 수업한다.

학생들은 "공부가 아무리 급해도 체육 수업을 거르고 싶어 하는 학생은 없다. 체육 수업에서 땀을 흘리고 나면 공부가 더 잘 된다"고 말한다.

영국 '데일리마일(Daily Mile)' 함께 뛰자 학교 한 바퀴 '15분의 기적'

"학교 건물 주위를 뛰고 나면 머리가 맑아지고 공부가 더 잘되는 것 같아요."

하루 15분씩 1마일(1.6㎞)을 뛰는 '데일리마일(Daily Mile)' 프로그램은 2012년 영국 스코틀랜드 스털링의 한 초등학교에서 아이들 비만을 줄여 보겠다고 시작했다. 영국은 초등 6학년 학생 셋 중 한 명(34%)이 과체중이나 비만일 정도로 아동 비만이 심각하다.

프로그램에서 15분을 달리면 대략 1마일(1,600m)이 된다고 붙여진 이름이지만 1마일을 채우는 것보다 매일 15분간 꾸준히 운동하는 게 더 중요한 원칙이라고 데일리마일 전문가들은 말한다. 수업 시작 전후 하루 15분씩 매일 뛰는 건 아이들과 학교도 큰 부담 없이 참여할 수 있다.

학생들은 15분간 건물 주위를 네 바퀴 돈다. 교사들이 학생들 상태를 체크해 언제 밖에 나가 뛸지 시간을 정한다. 수업 시간에 아이들의 집중력이 떨어진다 싶으면 나가며 쉬는 시간에 뛰기도 한다. 뛰는 시간은 학생들 컨디션에 따라 수시로 변하는데, 비가 오나 눈이 오나 뛰는 걸 원칙으로 한다.

데일리마일 프로그램은 전 세계 36개국, 7,000여 학교에서 실시하고 있다. 영국, 네덜란드, 벨기에 등 유럽뿐 아니라 말레이시아, 아랍에미리트 등 학교들도 도입하기 시작했다. 학생들은 등교할 때 입은 복장 그대로 별도 장비나 복장 없이 하루 15분씩 매일 뛴 결과 체지방이 줄어들면서 체력도 좋아졌다.

영국 정부는 2016년 비만 대책으로 데일리마일 프로그램을 전국 학교에 "데일리마일은 간단하면서도 운동 안 하는 학생들을 운동하게 만드는 훌륭한 프로그램"으로 추천했다.

이 프로그램에 참가한 이후 영국 정부가 주관하는 학업성취도평가

(SATs)에서 기준치 이상 점수를 받은 학생이 전국 평균보다 많았고, 과목별 학업 성적도 올라갔다는 보고도 있다.

데일리마일을 실시한 학교 6학년 한 담임교사는 인터뷰에서 "처음에 매일 뛰는 운동을 힘들어했던 아이들도 달리기를 통해 몸과 마음 모두가 건강해지는 변화를 직접 경험할 수 있었다"고 말하며 "뚱뚱한 아이들도 절대 뛰는 걸 포기하지 않는다"며 "스마트폰 문제가 전 세계 어디에서나 사회문제이지만, 달리기를 즐기는 아이들은 방과 후나 휴일에도 스마트폰 보는 것보다 뛰어노는 걸 더 좋아한다"고 밝혔다.

학교 관계자도 "아이들 체력이 좋아졌을 뿐 아니라 집중력, 사고력, 문제 풀이 능력까지 향상되는 것 같다"며 매우 좋아하면서 "데일리마일 프로젝트에 참여하면서 학생들이 수업에 더 집중하게 됐고, 과제를 끝까지 해내는 능력도 커졌으며 6학년생들은 전국 학업성취도평가를 앞두고서도 데일리마일을 빼먹지 않고 했는데, 결과적으론 굉장히 높은 성적을 거뒀다"고 밝혔다.

핀란드에서는 쉬는 시간마다 운동장에서 뛰논다

"영하 15도 아래로 떨어지면 야외 활동을 하지 않도록 하는 규정이 있긴 하지만, 학생들이 보채서 잘 지켜지지 않는다, 뛰어놀지 못하면 수업 시간에 아이들이 거칠고 산만해진다"고 학교 관계자는 말한다. 초중학교에서 하루 1시간 이상 움직이는 학교 프로그램에 맞춰 체력 단련을 한다.

세계적으로 학생들 체력 단련에 열을 올리고 있다. 체력을 기르는 운동은 사회생활과 원만한 인간관계를 위해 반드시 필요하다. 아이들은 스포츠를 통해 협동과 희생정신, 사회적 룰을 깨닫게 된다. 선진국에서 체육을 다른 어떤 과목보다 중요시하는 이유도 여기에 있다. 우리나라 청소년은 인터넷, 휴대폰으로 게임하는 것이 일반적인 모습으로 바뀌어 가고 있다. 학교 운동장이 텅 빈 나라와 사회에는 미래가 없다. 학교 체육과 청소년 건강을 살리는 교육 정책 수립이 어느 때보다 절실하다.

PART 05

우리 모두의 책임이다

○●○

부모가 범인이다

...간통죄 폐지에 관하여

"어머니! 그날 얼마나 추우셨어요?"

눈이 수북이 쌓인 어느 겨울날, 나이 지긋한 미국 노인과 젊은 한국 청년 두 사람이 강원도 깊은 골짜기를 찾았다. 눈 속을 헤쳐나가며 한참 골짜기를 따라 들어간 두 사람이 마침내 한 무덤 앞에 섰습니다.

"이곳이 네 어머니가 묻힌 곳이란다"

나이 많은 미국인이 청년에게 말했습니다. 그러면서 지난날을 회상합니다.

이 이야기는 6·25 전쟁 당시 우리나라에서 있었던 실화다.

6·25 전쟁 때 한 미국 병사가 중공군 참전으로 후퇴하던 중 강원도 깊은 골짜기를 지나다가 아기 울음소리를 들었다. 울음소리를 따라가

봤더니, 그 소리는 눈구덩이 속에서 들려오고 있었다. 아기를 눈 속에서 꺼내기 위해 눈을 치우던 미군 병사는 깜짝 놀랐다. 눈 속에 파묻혀 있는 어머니가 옷을 하나도 걸치지 않은 알몸이었기 때문이다. 피난을 가던 어머니가 깊은 골짜기에 갇히게 되자 아이를 살리기 위해 자기가 입고 있던 옷을 모두 벗어 아이를 감싸고 아이를 끌어안은 채 얼어 죽었던 것이다. 그 모습에 감동한 미군 병사는 언 땅을 파 어머니를 묻어주고 품에서 울어대던 아이를 미국으로 데리고 가 자신의 아들로 훌륭히 키웠다. 아이가 자라 청년이 되자 지난날 있었던 일들을 다 이야기해주고 그때 언 땅에 묻었던 청년의 어머니 산소를 찾아온 것이다.

이야기를 다 들은 청년이 눈이 수북이 쌓인 무덤 앞에 무릎을 꿇었다. 어머니의 희생정신에 뜨거운 눈물을 흘리며 청년은 자리에서 일어난다. 자신이 입고 있던 옷을 하나씩 벗어 마침내 알몸이 되었다. 청년은 무덤 위에 쌓인 눈을 두 손으로 정성스레 쓸어내고 자신의 벗은 옷으로 무덤을 덮었다. 그날을 생각하며 청년은 무덤 위에 엎드려 통곡했다.

"어머니! 그날 얼마나 추우셨어요!"

비교행동학(동물들이 본능적으로 타고난 행동을 연구하는 학문)에는 '각인(imprinting) 현상'이 있다. 오스트리아 출신 노벨 생리의학상을 수상한 콘라트 로렌츠 박사가 알에서 부화한 새끼 야생 기러기가 처음 본 대상을 자신의 어미로 인식하고 따르는 것을 보고 정립한 이론이다. 야생 기러기들은 상대가 어미가 아니더라도 알에서 깨자마자 처음 본 상대를 따라가는 '각인 효과'를 보였다. 이 각인은 형성되고 나면 그 대상을 바꿀 수 없다는 사실도 알아냈다.

갓 부화한 회색 기러기 새끼에게 움직이는 풍선을 보여 주었더니 새끼들이 풍선이 어미인 줄 알고 따라다닌다는 사실을 발견했으며 흥미롭게도 로렌츠 자신을 보여 주었더니 기러기는 자라면서 자신을 졸졸 따라다녔다고 한다. 세상에 태어나서 처음 본 수염 난 과학자를 제 어미라고 '각인'해버린 것이다. 각각 다른 장소에서 부화시킨 새끼 오리들이 처음 본 대상을 어미로 따른다는 것을 실험으로 입증한 것이다. 이처럼 각인이라는 현상은 막 태어나 체험한 친자 관계 경험이 대인관계나 사회 적응력을 결정하는 중요한 의미로 작용한다는 것을 가르쳐 준다.

일본 중앙부처 차관을 지낸 뒤 대사를 거쳐 퇴임한 70대 '엘리트 관료'가 집에 틀어박혀 게임만 하던 은둔형 외톨이(히키코모리)인 40대 아들을 살해한 사건이 발생해 일본 열도가 충격에 휩싸였다. 경시청의 심문에서 "아들이 초등학생들에게 해를 끼칠 것 같아 이래서는 안 된다"는 생각에 몇 시간 후 아들을 살해했다는 취지로 진술했다. "죽일 수밖에 없다"는 결심을 담은 친필 메모도 발견됐다. 은둔형 외톨이 생계를 책임져온 부모들이 사망한 후에 자식들이 굶어 죽는 사례가 잇따르면서 일본 정부도 대응책 마련에 고심하고 있다.

비뚤어진 부모관

자녀와 함께 극단적 선택을 하는 부모가 늘고 있다. 경제적 궁핍과 질병, 가정불화 등을 이유로 부산과 충남 공주에서는 30대 부모가, 경기 김포에서는 40대 주부가, 여수에서는 50대 부모가 어린 자녀와 함께 세상을 등졌다. "부모 없는 자식이라는 손가락질을 받지 않게 하려고 가난과 고통을 자식에게 대물림하지 않으려고"라는 이유는 선뜻 수긍하기 어렵다.

가장 가까운 가족 간 살인의 급증은 경제적 어려움, 사회적 좌절과 분노, 불만을 가장 가까운 가족에게 쏟아낸 것이란 점에서 더욱 비극적이다. 내 가족은 내 맘대로 해도 된다는 잘못된 생각이 어린 자녀들을 희생양 삼고 있다. 그러나 한편으로는 부모 또한 오죽 힘들고 의지할 곳 없었으면 막다른 길을 택했을까 싶어 마음이 울컥하다.

한순간의 인생 실패로 아이들 생명을 빼앗아서는 안 된다. 누구에게나 인격과 생명을 누릴 권리가 있다. 자식을 낳았다고 자녀가 부모의 소유물이 되는 건 아니다. 힘든 인생살이에 지쳐도 아이의 미소에서 용기를 얻고 맑은 눈망울에서 희망을 찾아 아이를 돌보는 것이 부모 된 도리다. 아내든 자식이든 내 맘대로, 내 것이라는 잘못된 생각도 문제다.

부모는 아이에게 안전과 행복을 지키는 울타리가 돼야 한다. '아이 하나를 키우는 데는 마을 전체가 필요하다'는 말처럼 이제는 가정을 넘어 사회적 관심이 필요하다. 생활고 위험에 처한 가장과 아이들이 없는지 주위를 살펴볼 때다. 사랑으로 낳은 아이는 삶의 무거운 짐이 아니라 축복의 선물이다.

사회를 구성하는 기본 단위인 가정이 바로 서야 사회도 바로 서고 나라도 바로 선다. 가정이 불행하면 사회와 국가가 행복할 수 없다. 가정폭력도 가정에 맡기기보다는 공권력이 적극 개입하고 자녀와 피해자를 적극 보호하도록 제도와 법을 마련해야 재발을 막을 수 있다. 사회가 가족을 넘어 어린 자녀, 청소년, 노인 문제 등을 함께 보살펴주는 사회 복지 시스템을 만들고 가족끼리 서로 사랑하고 존중하는 가족 문화도 만들어야 한다. 빠르게 진행되고 있는 저출산과 비혼, 혼족, 탈가족화에 따른 가족 해체를 막는 일도 여기서 출발해야 할 것이다.

가족 간 범죄도 보호 장치를 마련하고 장기적 관점에서 접근할 필요가 있다. 사회 구성의 기본 단위인 가정이 붕괴한다면 사회 전체가 몰락하는 비극을 가져올 것이다. 건전한 국가와 사회를 만들기 위해서는 가정이 살아야 한다. 나 자신보다 이웃과 형제를 더 아꼈던 전통적인 이웃사랑과 가족 사랑을 되살려 내야 한다. 경제적인 부유와 편리보다는 윤리 도덕과 인간성 회복을 위해 우리 사회가 좀 더 진지한 고민을 해야 할 때다.

건전한 性(성) 윤리 회복이 우선이다

간통죄는 배우자가 있는 사람, 혹은 배우자가 없어도 그 상대가 배우자가 있는 경우에 합의하여 정교 관계를 맺는 간통을 함으로써 성립하는 범죄이다. 대부분의 사회에서 간통은 성문으로 금지하거나 관습에서 금기시하고 있다. 간통은 민법상으로는 재판상 이혼 사유가 되었고, 형법상으로는 간통죄를 구성했다. 1988년 헌법재판소 설립 이후 다섯 번의 위헌 법률 심판이 제기되었다가, 2015년 2월 26일 2대 7로 위헌 결정이 내려졌다. 이로써 간통죄는 제정 62년 만에 폐지되었다.

간통죄가 위헌이라는 데 찬성한 헌법재판관들의 핵심 논리는 간통은 비도덕적이지만 개인의 문제일 뿐 법으로 처벌할 사항이 아니라는 것, 부부간의 정조 의무보다 헌법이 보장하는 개인의 행복과 사생활 보호가 더 중요한 시대로 변해가고 있고, 간통죄 존치의 가장 큰 명분인 사회적 약자인 여성 보호 기능도 이젠 실효성이 없다는 것이다.

간통죄가 폐지되면서 상간자(相姦者, 배우자가 바람피운 상대)를 형사처벌하는 것은 불가능해졌다. 간통 피해자들이 상간자 소송을 찾는 건 이혼을 막기 위한 일종의 '벼랑 끝 해결책'으로 상간자를 상대로 정신적 위자료를 청구하는 민사상 위자료 청구 소송 사례가 급격히 늘고 있다. 배우자가 바람을 피웠더라도 아이 양육, 경제적 이유 등 현실적인 측면을 고려하면 이혼을 선택하는 건 쉽지 않기 때문이다.

이처럼 간통죄는 사회적 약자인 여성을 괴롭히고 있다. 가족은 국가조직의 기본 단위다. 간통죄가 개인의 비윤리적 행위에 대한 처벌을 넘어서 국가의 기초 단위인 가족의 신성한 의미와 중요성을 지켜내는 마지막 보루 역할을 해 온 것이 사실이다. 가족이 건강해야 사회도 국가도 건강할 수 있는 법이다. 가족의 보호 기능은 국가 체제 유지와 동일시된다는 점에서 간통죄 폐지가 앞으로 우리 사회에 미칠 악영향에 대해 우려를 금할 수 없다.

간통죄 폐지는 간통죄 하나의 문제에 국한된 것이 아니라 국민 전체의 성 의식과 윤리 도덕 등 인간의 기본적인 양심과 관련된 사회제도에 많은 영향을 미치고 건전한 성 윤리와 혼인 제도에 악영향을 미치고 있다.

간통은 현재의 판단처럼 비도덕적이지만 개인의 문제가 아니다. 사회 구성원 전체의 의식과 최상위 규범인 부부간의 정조 의무보다 개인의 행복과 사생활 보호를 더 중요하게 생각한 것은, 사회적 약자인 여성과 어린 자녀를 극단으로 내몰고 국가적 폐해를 망각하는 결정이다. 대체 입법을 서둘러야 한다.

아버지가 자랑스럽겠구나

...국가 유공자 처우 문제

"아버지가 장애 2급 국가유공자입니다. 6 · 25 때 지뢰를 밟아 눈과 팔다리에 부상을 입었죠. 이 사회가 장애인들에게 얼마나 냉랭하고 비정한지 잘압니다. 그래서 의대에 갔습니다. 가끔 술을 마신 아버지는 제게 '미안하다'는 말만 반복하셨습니다."

2011년 소말리아 해적에 납치된 삼호 주얼리호 선원을 구출하는 '아덴만 작전의 숨은, 진짜 영웅'. 총탄을 맞으며 JSA를 넘어온 북한 귀순 병사를 살려내고 대한민국 전국 각 지역에 권역외상센터가 설치되는데 공헌한 이국종 교수.

《골든아워》는 이국종 교수가 저술한 중증 환자의 삶과 죽음에 대한 기록이다. 17년간 외상외과 의사로서 부딪힌 고뇌와 사색, 냉혹한 현실, 의료 시스템에 대한 문제의식 등을 기록해왔다.

대한민국의 힘든 여건 속에서도 생명을 지키려 애써온 의료진과 소방관, 군인 등의 현실에 대한 냉정한 보고를 그대로 기록하고 있다.

이 책에 이국종 교수가 외과 의사의 길을 가게 된 동기에 대해서도 얘기하고 있다. 아울러 어렵고 힘든 어린 학생에게 꿈과 희망을 준 말 한마디에 응급의료의 중요성을 깨닫게 된 것과 투쟁 끝에 닥터헬기를 도입한 이 시대의 사명감이 무엇인지를 우리에게 일깨워 준다.

"나는 어릴 적에 '상이군인'이라고 말하기 꺼렸던 아버지와 어느 명절에 동사무소에서 상이군인에게 주는 밀가루 한 포대를 이고 돌아오던 어머니를 기억한다. 석양을 뒤로하고 어머니와 걷던 거칠고 긴 포장도로가 머릿속에 선명하게 남아있다. 그날 어머니의 머리 위에서 밀가루 포대가 미끄러져 길바닥으로 떨어졌다. 제 무게를 못 이겨 배가 터져 갈라진 종이 포대에서 흰 가루가 쏟아져 나왔다. 어머니가 쭈그리고 앉아 흙이 묻지 않은 밀가루의 윗부분을 손으로 퍼서 다시 봉투에 담는 동안 어린 나는 자꾸 눈물이 났다."[33]

가난한 어린 시절의 고백이다. 6·25 전쟁이 끝난 1953년 후에는 전쟁에서 부상당한 군인들이 넘쳤다고 한다. 정부는 경제적으로 그들을 돌보지 않았고 정치권은 무관심했다. 국민들은 상이군인이라고 부르며 냉대했다. 국가가 위태로운 상황에서 전쟁에서 피를 쏟고 몸을 다친 참전 용사들에게 그 당시에 해준 것은 거의 없었다.

이 교수는 그 당시 상이용사에게 지급된 노란색 의료보호 카드의 아픈 사연을 소개하고 있다. 노란색 카드는 지정된 일부 병원과 의원만이 받아줬고, 환영받지 못한 환자와 그 가족들은 곳곳을 전전해야 했다고 한다.

중학교 때부터 축농증을 심하게 앓았는데, 치료를 받으려고 병원을 찾아가서 의료보호 카드를 내밀자 간호사들의 반응이 싸늘했다고 한다. 그런데 그때 부끄러움에 내민 의료복지 카드를 보며 "아버지가 자랑스

....
33 《골든아워》 이국종, 흐름출판, 2019

럽겠구나"라며 격려해준 외과의사가 있었다고 한다.

"고등학교 시절 그중 한 의원 주사실에서 간호사에게 물었다. 여기는 저같이 이 카드를 가져온 환자들을 왜 다른 환자들과 똑같이 대해주시나요?"

주사를 놓던 간호사가 또렷한 목소리로 답했다.

"당연한 거 아니야? 네가 왜 그런 걸 신경 쓰니?"

그 병원 의사와 간호사들이 친절하게 대해 주었고 그 의원의 외과 의사 김학산 선생은 종종 용돈을 줬다고 한다. 그 의료진에 고마운 마음을 가지고 "의사가 개인의 인생에 미칠 수 있는 무게를 생각했다."고 한다. 전공을 외과의사로 선택한 이유도 "외과 수술은 육체적 부담이 크고, 전공 선택 시 그런 임상과는 의대 졸업생들이 선호하지 않았다."는 점에서 선택했다고 한다.

부끄럽게 내민 노란색 의료 카드를 보며 부끄러움이 아니라 나라를 위해 목숨 바쳐 싸운 아버지를 자랑스럽다고 말한 그 한마디가 인생을 바꾼 것이다.

"너, 착한 놈이다." 따뜻한 말 한마디만 했다면

어린아이들은 부모나 선생님이 하는 말을 듣고 그 말을 먹고 산다고 한다. 따뜻한 격려의 말을 많이 듣고 자란 아이는 인격적으로 풍요롭고 남을 포용하는 능력을 배우지만 폭력적이고 상처를 주는 말을 많이 듣고 자란 아이는 부정적이고 비판적으로 성장한다고 한다.

무심코 던진 말 한마디가 상대방에게 깊은 상처로 남아 정신과 마음을 병들게 하는 경우가 많다. 사회적 공분을 일으킨 흉악범들 중에는 알게 모르게 어릴 때부터 언어폭력에 시달려 세상에 대한 증오와 복수심으로 가득 차 있다가 끔찍한 범죄를 저지른 경우가 많다.

탈옥수 신창원, 대한민국 범죄사에서 빼놓을 수 없는 인물 중 한 명이다. 1999년 7월 약 2년여간의 기나긴 탈옥 생활의 마침표를 찍었다.

《신창원, 907일의 고백》(엄상익 저, 랜덤하우스코리아)은 신창원의 어린 시절의 기억과 무기수가 되기까지의 과정, 탈옥 동기 등을 기록하고 있다. 그 내용 중 말의 중요성을 일깨우는 고백이 있다.

"지금 나를 잡으려고 군대까지 동원하고 엄청난 돈을 쓰는데 나 같은 놈이 태어나지 않는 방법이 있다. 초등학교 때 선생님이 '너, 착한 놈이다'라고 머리 한 번만 쓸어 주었으면 내가 여기까지 오지 않았을 것이다. 5학년 때 선생님이 '야, 이 ××야, 돈(당시 육성회비) 안 가져왔는데 뭐 하러 학교 와? 빨리 꺼져'라고 소리쳤는데 그때부터 내 마음속에 악마가 생겼다."

"살아남는 자는 가장 강한 자도 가장 현명한 자도 아닌 변화하는 자다."

찰스 다윈의 말이다.

어린 시절 부모나 선생님에게 들었던 말 한마디가 계속 자신을 고문하는 것이다. 자존감 있는 아이는 대수롭지 않게 여기고 이겨 나가겠지만, 자존감이 낮은 아이들은 부정적인 말이 성장하는 동안 계속 괴롭힌다.

마음의 상처가 치유되지 않고 쌓이게 되면서, 내면의 증오와 분노의 씨앗이 잉태되기 시작한다. 자기를 고문하는 게임을 하는 것이다.

살아가면서 무심코 내뱉는 말들이 누군가 가슴속에 살아서 움직이며 계속적으로 스스로를 고발하고 스스로를 고문하게 해서는 안 된다.

세계 '지능 분야'에서 최고의 학자로 인정받고 있는 로버트 스턴버그 박사, 그가 쓴 책 《성공 지능》의 첫 장은 "내 인생의 방향을 바꾸어주신 알렉사 선생님께 이 책을 바친다."며 자신을 격려해준 선생님에 대한 고마운 내용을 담고 있다.

"나는 담임 선생님의 마음에 들려고 선생님의 기대에 부응하려고 애썼다. 그런데 눈여겨보아 주지 않는 것이었다. 저능아로 딱지가 붙은 나에게 어떤 선생님도 관심을 기울이지 않았다. 나는 초등학교 3학년까지는 뛰어난 학생이 아니었다. 나는 다른 학생들과는 달리 운이 좋았다. 아홉 살에 초등학교 4학년으로 진급하면서, 대학을 갓 졸업하고 담임으로 부임하신 알렉사 선생님 반에 들어가게 됐다. 알렉사 선생님은 IQ 테스트 점수가 무엇인지도 몰랐고 또 시험 성적에 개의치 않았다.

'지금보다 넌 잘할 수 있다'고 말하면서 다른 선생님들보다 더 많은 것을 기대하고 요구했다. 나는 선생님을 기쁘게 해주고 싶었다. 선생님의 기대를 훨씬 초과 달성한 나는 그런 나 자신에 깜짝 놀랐다. 난생처음으로 전 과목 A 학점을 받았다. 그 후에도 그 상태를 계속 유지했다.

중학교에 들어간 나는 IQ를 연구하는 심리학자가 되기로 결심했다. 그리고 예일대학교의 심리학 교수가 되었다. 초등학교 4학년 때 다른 분이

담임으로 왔다면 나는 예일대학교 연구실을 차지한 교수가 아니라, 그 방을 청소하는 사람이 되었을지도 모른다."[34]

탈주범이 908일 만에 잡히던 그 날, 눈시울을 붉힌 한 사람이 있었다. 그의 아버지였다.

"부모가 죄인이지 일찍 어머니를 잃고 제대로 사랑을 받지 못하고 커 온 창원이의 잘못은 아니다."라며 "국민들에 심려를 끼쳐드려 죄송하다" 고 말했다.

○●○

엄마는 내가 죽었으면 좋겠다고 말했다

...피스토리우스 실화

엄마가 고개를 들어 나를 보았다. 눈에는 눈물이 가득 차 있었다.

"네가 죽어야 해."

엄마는 나를 바라보며 천천히 말했다.

"네가 죽어야 해."

엄마가 그렇게 말한 순간 온 세상이 아득하게 느껴졌다. 나는 엄마가 고요한 방 안에 나를 남겨두고 나가는 모습을 멍하니 지켜보았다. 그날, 엄마가 바라는 대로 해주고 싶었다.

....

34 《성공지능》 로버트 스턴버그. 영림커디널. 1997.

마틴 피스토리우스는 1975년 남아프리카공화국에서 태어났다. 그는 삼 남매의 장남으로 부모님과 두 동생과 함께 행복하게 살고 있었다. 그가 열두 살이 되던 해 갑자기 목이 조여 왔고, 결국 조퇴를 하고 집으로 돌아갔다. 그날 이후 피스토리우스는 학교에 가지 못했다. 마틴이 쓰러진 날 부모님은 남아프리카공화국의 모든 병원을 찾아다녔고 온갖 검사를 받았다. 미국, 캐나다, 영국의 전문가들에게 간곡한 편지도 보내봤으나 병명을 알 수 없었다. 4년간의 의식불명 상태가 지속됐다. 그 후 극적으로 의식이 돌아왔지만 진정한 지옥은 이때부터 시작된다. 9년 동안 그 누구도 마틴의 의식이 돌아왔음을 알아채지 못한다. 요양사 버나가 그것을 발견할 때까지 희망과 절망이 수없이 교차한다. 병실에 누워 있는 절망과 무력감, 공포와 자책과 수치심의 연속이었다. 마틴은 그 당시를 이렇게 말한다.

"다른 사람들의 눈에 나는 화분에 담긴 식물과 같았다."

"엄마는 내가 죽었으면 좋겠다고 말했다"

이 책은 마틴 피스토리우스라의 실화를 담고 있다. 책 제목만 보면 자극적인 내용이 아닐까 생각할 수 있지만 오랜 간호 생활에 지친 나머지 자살 시도까지 했던 지친 엄마가 마틴이 듣지 못하는 줄 알고 내뱉은 혼잣말이자 눈물을 흘리며 한 말이다.

마틴은 4년 뒤 의식이 돌아오지만 몸은 여전히 전신마비 상태였다. 하지만 9년 동안 아무도 그가 의식이 돌아왔다는 사실을 몰라 자신의 몸에 갇혀 살 수밖에 없었다. 짧지 않은 기간 동안 가족과 주인공은 힘든 시간을 보낸다. 의식이 깨어 있는 채로 십 년이 넘게 말도 못하고, 걷지도 못하고, 혼자 아무것도 할 수 없었다면 얼마나 힘들었을까. 무엇보다 의식이 돌아왔다는 사실을 알릴 수가 없어 더욱 고통의 시간이었다. 사람들은 마틴 앞에서 마틴이 존재하지 않는 것처럼 행동했다. 목욕물이 너무 뜨거워도, 너무 많이 먹어 배가 터질 것 같아도 표현할 수가 없어 받아들일 수밖에 없었다.

마틴처럼 전신 마비된 장애인의 시각에서 그려진 책이 별로 없는 게 현실이다. 장애인의 사회적 어려움과 이를 극복하고 현실에서 꿈과 희망의 메시지를 주는 책은 있지만 "엄마는 내가 죽었으면 좋겠다고 생각했다"는 자신의 경험담을 아주 세밀한 부분까지 묘사해내고 있는 책은 드물다. 정상인들이, 말을 하지 못하고 식물인간으로 누워있는 자신이 듣지도 못할 거라 생각하며 무례하게 말하고 행동하는 일이나 병원에서 겪어야만 했던 힘든 일과 요양사들의 성폭력까지 솔직히 전한다. 이 책은 단순히 전신마비 상태에서 일어나 기적 같은 이야기를 하는 것이 아니라, 장애인으로서 겪었던 수많은 사회의 상처들을 있는 그대로 보여주고 있다.

어둠 속에서 이겨내야 했던 포기하지 않은 생명력과 감동 이면에 말없이 누워있는 식물인간을 어떻게 대하는지 다양한 인간의 본성과 마음을 그대로 들려준다.

마틴이 몸에 갇힌 지 13년이 지난 어느 날, 기적 같은 희망이 찾아왔다. 한 사려 깊은 간병인이 마틴에게 깊은 관심을 주었기 때문이다. 다른 간병인은 직업으로써 그저 할 일만을 하고 마틴에게 말을 걸지 않았다. 그러나 '버나'라는 간병인은 마틴에게 말을 걸고 마틴의 반응을 기다리고 대화를 나누려 노력했다.

마틴은 그 순간을 이렇게 말한다.

"다른 사람들의 눈에 나는 화분에 담긴 식물과 같았다. 물을 주어야하며 한쪽 구석에 놓여있는, 없는 사람이나 마찬가지인 상태에 모두들 익숙해진 탓에 내가 다시 실재하기 시작했어도 아무도 알아채지 못했다."

평생의 은인 버나에 대해서는 이렇게 말한다.

"사람들이 아무도 말을 걸지 않으면 당신은 그들을 관찰하게 마련이다. 처음엔 버나도 그런 줄 알았다. 하지만 버나는 다른 간병인과 달리 말을 걸기 시작했고, 나는 결코 잊지 못할 사람을 만나게 되었음을 직감했다. 대부분의 사람이 내 주변에서 내 위쪽에서 물체인 양 내 이야기를 하는 상황에서 나를 뿌리 식물 이상의 존재로 대하는 사람을 잊지 못하는 것은 당연하리라"

버나는 다른 간병인들과 뭔가 달랐고 다른 사람들처럼 혼잣말을 하거나 불특정한 대상 혹은 빈방에 대고 말을 한 게 아니고 마틴에게 말하고 있었다. 마틴은 햇빛 속에 떠다니는 먼지처럼 마음속에 떠오르는 생각들을 또래 친구에게 스스럼없이 이야기하는 느낌을 받았고 생전 처음으로 친구가 생긴 기분이었다고 말한다.

버나는 자신을 제대로 바라보았는데 그것은 그 누구도 시도하지 않았던 일이었다. 내 눈이 영혼으로 통하는 창이라는 사실을 알아보았고, 내가 버나의 말을 알아듣는다고 확신했다. 하지만 아무런 반응도 보이지 않는 유령 소년이 그럴 수 있다는 사실을 어떻게 납득시킬 수 있을까?

사려 깊은 버나는 마틴이 완전히 의식을 되찾았음을 발견한다. 마틴의 가족에게 알리고 적극적으로 검사를 해보자고 말했다. 부모님도 응하기로 했다. 검사 전날 버나는 마틴을 바라보며 말한다.

"최선을 다하는 거야, 알았지?"

마틴은 생각지 못했던 단 한 번의 기회를 붙잡기 위해 온몸의 조직 하나하나까지 다 활용한다는 의지를 전하기 위해 버나를 바라본다. 처음으로 받는 이번 검사에서 내가 관심받을 가치가 있는 존재임을 알릴 수 있는 아주 작은 신호라도 보내려고 온 힘을 다할 것을 다짐한다. 그때 버나가 말한다.

"최선을 다해, 마틴. 네가 뭘 할 수 있는지 사람들에게 보여주는 것은 정말 중요한 일이야. 난 널 믿어"

나는 버나를 바라본다. 그녀의 눈가에 맺힌 눈물이 은빛으로 반짝인다. 버나의 굳센 믿음에 나도 반드시 부응하고 싶다.

마틴이 눈짓으로 사물을 구별하고 의사소통이 가능하다고 의료진은 판단한다. 점차 건강이 좋아지는 기적 같은 변화를 맞는다. 마틴은 버나의 발견을 시작으로 점점 자신의 세계를 넓혀 간다. 자아 회복력과 내면의 힘을 보여주고 도와준 결과 마틴은 의사소통 기계를 통해 의사소통을 할 수 있게 되었다. 몇 년 뒤에는 언어를 배우고 컴퓨터를 익혀서 대학에도 입학한다. 그리고 사랑하는 아내 조애나를 만나는 행운까지 누린다.

그들을 어떻게 막을 것인가

이 책은 어느 날 갑자기 자신의 몸에 갇혀버린 사람이 스스로 몸 밖으로 나아가는 힘겨운 과정이 그려졌으며, 자기 안에 있는 공포와 싸우는 법과 자신의 한계를 인정하고 그 안에서도 꿈과 희망을 발견하는 과정이 잘 나타나 있다.

마틴은 "사람들이 행동으로 보내는 신호만 잘 보면 속상하거나 외로운 그들의 속마음을 금방 알 수 있다"면서 "우리를 다시 일어서게 해주는 사람들은 가족들이지만 타인들도 우리를 구원해줄 수 있음을 깨달았다"고 말한다. 두려움, 자포자기, 절망 등을 오가며 인생의 지옥에서 외롭게 싸워 승리한 마틴은 살아있는 인생의 반짝이는 가치를 모르고 절망에 빠진 이들에게 아픔과 상처를 딛고 삶을 살아야 할 이유를 말하고 있다.

이해인 수녀는 추천사에 이런 글을 남긴다.

"읽는 내내 나는 한시도 눈을 뗄 수 없었다. 저자의 절절한 영혼의 고백에 자꾸만 눈물이 났다. 정신적, 육체적 장애가 있다는 이유만으로 그를 무시하고 함부로 대하는 일이 얼마나 큰 잘못인가를 다시 깨닫게 해주는 책이다. 어떤 장애가 있더라도 생명은 소중한 것이며 진실한 사랑은 불가능을 가능케 하는 기적을 이루어냄을 가슴 뛰는 감동으로 보여준다. 모든 인간을 향한 우리의 태도가 사랑으로 변화되기를 재촉하는 책, 주인공 마틴의 이야기를 읽는 동안 내 삶을 성찰하며 너무도 당연하게 여겨온 것들에조차 깊은 감사를 느끼지 않을 수 없다."[35]

....

35 엄마는 내가 죽었으면 좋겠다고 말했다. 마틴 피스토리우스, 메건 로이드 데이비스 지음, 푸른숲, 2017. 11쪽

저렇게 만든 것은 무엇인가

...범죄와 성장 환경의 관계

1968년 5월 18일 밤 10시 25분경 안동 문화극장 앞 광장, 영화를 보고 빠져나오던 관객들을 향해 휴가 중이던 육군 김 하사가 수류탄 2발을 던져 초등학생 2명을 포함하여 사망자 5명, 중경상자 25명이 발생한 사건이 있었다.

보육원 원생들은 고등학교 3학년을 졸업하는 만 18세가 되면 아동복지법에 따라 보육원을 떠나야 하는 현실의 벽에 부딪히게 된다. 보육원을 떠난 김 하사는 군대 가기 전에 여자 친구를 만나 서로 사랑을 나누는 사이가 됐다. 서로 환경이 비슷한 여자 친구의 권유로 하사관 시험에 합격해 전방 사단에 배치된다. 휴가 때가 되면 군대 친구들은 모두 부모 형제가 있는 고향으로 가버린다. 자신의 처지를 알고 사귀던 유일한 여자 친구가 어느 순간부터 연락되지 않자 변심으로 착각하여 원망하며 사회에 대한 불만을 쌓아갔다.

김 하사는 동료들이 잠든 사이에 내무반 비상용 수류탄 3개를 훔쳐 군복에 숨겨 휴가를 얻어 안동에 왔다. 시내를 돌아다니다 술을 마시고 만취 상태가 됐다. 여자 친구의 변심에 복수심을 품고 휴가를 나와 애인의 집이 있는 부산 일대를 헤매다가 끝내 찾지 못했다. 다시 안동에 와서 시간을 보내다가 애인의 변심이 사회에 대한 원망과 저주로 바뀌면서 술에 만취한 상태에서 범행을 저질렀다.

당시 극장에는 영화를 보려는 사람으로 꽉 찼다. 영화가 끝나자 관객들이 한꺼번에 몰려나왔다. 술에 만취한 김 하사가 주머니에서 준비한 수류탄을 꺼내 사람들에게 던졌다. 약 30초 간격으로 두 개를 던졌다. 큰 폭발음과 함께 사람들의 비명이 터지며 아수라장이 됐으며 피를 흘리면서 쓰러졌다. 5명이 죽고 24명이 중상, 20명이 다치는, 그 당시 사회적으로 아주 큰 사건이었다. 이 사건으로 지휘 책임을 물어 소대장부터 사단장까지 모두 해임 구속되었다.

사회를 경악시킨 살인범의 공통점은 "다른 사람을 죽이고 나도 죽으려 했다. 더 이상 살기 싫다"고 말한다. 더 이상 잃을 것이 없다는 자포자기 심정으로 자신과 아무 상관 없는 사람을 살해하며 분노를 행동으로 나타냄을 알 수 있다. 오로지 범행 동기는 자신이 더 이상 감당할 수 없는 분노나 불만으로 죽여 버리고 싶다는 마음뿐이기 때문에 대상이 누구든 장소가 어디인지 상관없이 더 큰 피해를 줄 수 있는 공공장소를 선호한다.

그는 육군 고등군법회의에서 사형이 선고되었으며, 혼자 외롭게 사는 것보다 잘됐다고 생각하며 삶에 대한 모든 것을 포기한 상태에 이르게 된다. 그때 교도소에서 한 줄기 희망의 빛을 보게 된다. 세상의 냉대 속에 있던 장병들의 신앙생활을 담당하는 군목과 운명적인 만남이 이뤄진다. 군목은 모든 것을 포기하고 죽음을 기다리는 김 하사에게 마지막으로 신앙을 가질 수 있도록 기도하고, 면회를 요청하며 도와주려고 했으나 김 하사는 완강히 거부했다.

"김 하사를 저렇게 만든 것은 무엇인가? 사랑이 없었기 때문이다. 김 하사가 누군가의 사랑을 받고 자랐고 사랑하는 사람이 있었다면 많은 사람을 죽이는 이런 일을 하지 않았을 것이다. 김 하사를 사랑하지 못한 책임은 누구에게 있는가? 우리 모두의 책임이고 나 자신의 책임이다. 사랑이 없어 김 하사가 사형에 처한 것도 우리 모두 죄의 값을 대신하는 것이고 김 하사를 품어주고 사랑하지 못한 우리 모두의 책임이다."

담당 군목의 거듭된 요청에 김 하사는 마지못해 면담에 응한다. 군목은 김 하사의 두 손을 꼭 붙잡고 지금 너를 이렇게 만든 것은 나를 포함한 우리 사회 구성원 모두의 잘못이다. 우리의 잘못을 용서해 달라고 눈물을 흘리자 김 하사도 함께 울었다. 사랑을 받으며 성장하고 누군가를 사랑했다면 이런 끔찍한 죄를 짓지 않았을 거라고 울기 시작했다.

차츰 김 하사는 마음의 문을 열고 서로 대화하기 시작했다. 담당 군목은 김 하사에게 "예전에도 너를 사랑했고 지금도 여전히 너를 사랑하며 영원히 너를 사랑하고 계시는 하나님 아버지에게 가자"고 말하자 김 하사는 "저를 그분에게 인도해 주세요. 저는 어디 갈 곳이 없습니다."라고 말한다. 군목은 김 하사와 함께 기도하고 성경 말씀을 읽고 묻고 답하기 시작한다. 자기의 지은 죄를 용서해 줄 것을 믿었고 지난날의 잘못을 뉘우쳤으나 사형이 확정된 상태라 무엇인가 남기고 싶었다. 자신의 장기나 신체를 기증하면 많은 사람을 살릴 수 있다는 말을 듣고 마지막으로 남에게 좋은 일을 하고 싶다고 군목에게 말한다.

김 하사는 당시 일반 사형수와 달리 총살형을 집행하기로 예정되었다. 따라서 다른 장기는 기증할 수 없었지만 김 하사의 희망에 따라 눈은 원하는 환자에게 줄 수 있었다.

사형 선고 8개월 후 사형집행이 있는 날 아침, 구급차와 안과 군의관이 현장에 도착했다. 김 하사는 안과 군의관의 손을 붙잡고 이렇게 말한다. "군의관님, 저는 마음의 눈이 닫혀 세상을 보지 못해 많은 사람을 죽였습니다. 제 눈을 기증받는 사람은 육체의 눈도 뜨고 마음의 눈도 떠서 제가 못다 한 사랑을 다른 사람에게 베풀어 주었으면 좋겠습니다"고 유언을 남겼다. 우리는 이런 착한 젊은이를 무관심과 냉대 속에 버려두어 젊은 나이에 실수하게 만든 것이다.

그러다 사형 직전에 나타난 김 하사의 애인 박 씨는 부산에 방을 얻어 놓고 연락 오기만을 기다리고 있었다고 한다. 사형을 면할 경우 출옥할 때까지 기다리겠다고 말했으나 이미 때는 늦었다.

경찰청 통계에 따르면 살인 사건의 40%, 성폭행 35%, 폭력 사건의 36%가 술을 마시고 저지른 범행인 것으로 나타났다. 최근에 범죄는 범죄자의 자질보다는 기회나 성장 환경이 큰 역할을 한다는 것이 밝혀지면서 나쁜 유전자를 갖고 태어나 범죄자가 되는 것이 아니라 어린 시절부터 잦은 학대를 받고 성장한 원인이 범죄자를 만든다는 것이다. 그러므로 그 시대를 빼놓고 논할 수는 없다. 어떤 시대에는 범죄로 여겨지던 행동이 오늘날에는 범죄가 아니기도 하고 그 반대의 경우도 있기 때문이다.

경기대 범죄심리학과 이수정 교수는 "재소자와의 면담 시 대부분의 범죄자는 면담 초기에는 경계심을 갖지만 시간이 가면 자신의 이야기를 털어놓는다. 그들은 지금껏 자신의 이야기에 관심을 가지고 제대로 들어준 사람을 만난 적이 단 한 번도 없기 때문이다. 대부분 모성의 결핍이 있고 결손가정에서 자라 누구와도 따뜻한 인간관계를 맺은 적이 없다는 것이 묻지마 범죄자들에게서 발견할 수 있는 유일한 공통점이었다. 이들은 버림받은 경험이 많아서 이성에 대한 경계심도 높다. 이런 성향의 범죄자들이 결국 자신의 이야기를 털어놓게 된 이유는 면담 과정에서 누군가 자기 이야기를 경청해주는 경험을 하면서 그동안 느끼지 못한 자존감과 만족감 같은 긍정적 감정을 경험하기 때문이다. 이렇게 면담과 심리 검사를 경험했던 재소자들은 이후 형사재판 결과에 대한 만족도가 높다는 연구 결과도 있다"고 말한다.

인간은 누구나 이 땅에 태어나 사회생활을 하다가 세상을 떠나게 돼 있다. 나를 키워준 사회에 나쁜 영향을 끼치지 말고 비록 작더라도 선한 도움을 주어야 한다. 항상 모든 잘못은 지도자나 사회 다른 사람에게만 있고 나에게는 책임이 없는 듯이 살아온 것이 우리 사회의 가장 잘못된 병폐다. 지금 현재 잘못된 사회현상이나 정책들도 지난 정부 탓, 남 탓으로 돌리는 것은 어리석은 짓이다. 우리도 그렇게 살아오고 있다. 그 결과로 남겨진 것이 오늘 우리의 서글픈 현실이다.

우리는 아직도 내 인생이 오래 지속될 것이라 생각하며 살아가고 있다. 그래서 삶의 가장 중요한 것이 무엇인지 생각하지 않는다. 김 하사는 죽음의 문 앞에 섰을 때 그것을 깨달았다. 시간이 있을 때 좀 더 많은 사람을 사랑할 수 있다는 것이 인생 최고의 행복이자 희망이라는 것을….

그들은 반드시 돌아온다

…범죄 재발 방지를 위하여

미리 막지 못한 사회 책임이다

"사회는 일반적으로 일정량의 일탈을 가진다"

프랑스 사회학자 에밀 뒤르캠은 말했다. 사람이 사는 세상에는 사건 사고가 있다고 한다. 범죄는 우리 사회의 얼굴이자 사회가 만들어낸 산물이다.

벌 받아야 할 것은 사회이지 범죄자가 아니라고 주장하는 범죄학자들도 많다. 아무리 사소한 범죄라도 사회, 학교, 가정과 연결되는 부분이 많다. 사회의 잘못으로 범죄가 계속 발생하고 대중 매체인 미디어의 영향으로 폭력적이고 선정적인 내용이 넘쳐 범죄를 배우고 행동으로 옮기고 은폐하기 쉬운 사회가 됐다.

정신분석학에서는 "인간은 언제나 공격적 충동에 취약하다"고 가정한다. 사회가 빠르게 변하는 만큼 범죄도 지능화 첨단화 되고 있다. 상상조차 하기 힘든 잔혹한 범죄들이 자주 발생하는 것은 그만큼 우리 사회가 참을성이 없고 오직 자기 이익만을 생각한다는 증거다.

사회적 안전망과 공동체 문화와 정신이 무너지고 사회적 유대가 약화하면서 이기주의와 타인에 대한 적대감과 불신이 커지고 있다. 한 개인의 문제 이전에 범죄를 저지르고 죄의식 없이 반복하는 사이 무관심했던 국가나 사회도 책임에서 자유로울 수 없다. 묻지마 강력 범죄자들은 대부분 가정과 사회에서 버림받고 무시당한 아픔을 범죄로 나타내는 것이다. 방관과 무관심 속의 틈을 비집고 일어난 범죄는 단순히 피해자뿐만 아니라 사회 구성원들의 정신세계마저 위협하고 있다. 가정이 회복되고 학교와 사회가 제 역할을 감당할 수 있는 사회 환경을 만들어가야한다.

범죄라는 사회적 중병을 치유하기 위해서는 국가와 사회, 가정과 이웃, 사법 기관이나 교정 시설도 함께해야 한다. 다른 사람의 고통을 돌아보는 것은 공동체 사회의 본래의 모습이다. 묻지마 범죄, 사이코패스 범죄 등 많은 사건 사고 이면에는 사회나 가정의 불우한 환경이 자리 잡고 있다. 개인의 욕구 불만으로 남을 해치고 피해를 주는 행위는 일차적으로 개인의 문제지만 심야에 방황하는 아이들이 쉴 수 있는 최소한의 공간이라도 마련해주는 것은 어른들이 해야 할 일이다.

사람이 법을 만들지만 이 법을 집행하는 사람들은 헌법에 나타난 무죄 추정의 원칙을 지키지도 않고, 사건 현장을 제대로 살피지도 않고 처리하는 경우도 많다. 서로 다른 사람들이 모여 살다 보니 갈등도 생기고 사건 사고도 끊임없이 발생하고 있다. 범죄자를 체포하고 수사하고 법을 집행하는 기관에서는 기계적으로 법률의 규정만 적용하고 있다.

범죄를 하게 된 동기나 과정 등을 살피고 공동체 구성원으로 법보다는 사람을 먼저 살펴보는 그런 시스템이 전혀 작동하지 않고 있다. 법원 구속 여부에 의한 성과주의 평가 시스템보다는 화해와 중재를 하는 원활한 사건 사고 처리가 뒷받침돼야 할 것이다. 현재 우리 사회는 강력한 형사처벌로 교도소 보내는 데 집중하는 현실이다.

유전무죄, 유권무죄

법 앞에 모든 사람은 평등해야 한다. 경찰이나 검찰, 법원이 신뢰를 잃은 가장 큰 원인은 유사한 사건도 상황에 따라 판단이 달라진다는 것이다.

유전무죄, 유권무죄. 법을 집행하는 데 있어 돈과 권력에 따라 판결하지 말고 공정하게 하라는 의미다. 임명권자가 모든 인사를 하다 보니 승진에 민감하게 반응하는 공직자들이 권력에 줄을 서는 형태가 반복되고 있다. 국민을 위한 법을 만드는 국회도 입법 과정에서 시민단체와 이해당사자의 압력으로 본래 취지와 동떨어진 누더기 법이 되는 경우가 다반사고 아예 몇 년째 국회에서 낮잠을 자는 경우도 많다.

1988년 서울 북가좌동에서 탈주범 4명이 한 가족을 인질로 잡은 사건이 있었다. 당시 TV로 생중계했다. 한 교도소에서 다른 교도소로 수감자를 옮기는 중 발생한 탈주 사건으로 마무리돼 잊힐 수 있었지만, 탈주범의 유언이 지금 우리 사회를 되돌아보게 한다.

"유전무죄 무전유죄"

500만 원을 훔쳐 17년형을 구형받은 자신에 비해 70억 원을 횡령한 전 대통령의 동생은 고작 7년형을 선고받았다. 억울함을 호소하던 탈주범은 현장에서 경찰 진입 과정에서 총 2발을 맞고 병원에서 과다 출혈로 숨졌다. 대통령 동생은 3년 뒤 가석방되어 풀려났다. 두 판결은 국민의 법 감정과 상식으론 이해할 수 없는 판결이다. 물론 당시 군사 정부 시절 사법부의 독립이 보장되지 않은 시대적 배경을 감안한다면 사법부 탓만 할 수도 없다.

'모든 국민은 법 앞에 평등해야 한다'는 원칙은 지켜져야 한다. 우리는 법을 '최소한의 도덕'이라고 부른다. 사회 구성원이라면 누구나 이 정도는 마땅히 지켜야 한다는 기준을 법으로 강제해 놓았기 때문에 당연히 지켜야 한다.

엄벌주의보다 범죄자의 변화와 사회 통합을 이끌어야

사회적 공분을 일으킨 살인과 강간 등 강력 범죄가 계속 발생하고 있다. 범죄가 발생할 때마다 엄벌주의를 내세우며 공분한 여론 압력으로 다양한 범죄 예방 대책이 쏟아져 나왔다.

범죄에 대한 처벌 강화는 사회적 공감대가 이미 형성돼 있다. 사회적 소수이자 이방인인 범죄자에 대한 엄벌주의를 강조하는 것은 큰 저항과 비용 없이도 사회적 지지를 얻어낼 수 있기 때문이다. 구체적으로 법정형이 상향되고 양형 기준이 강화되어 범죄자가 유죄 판결을 받게 되면 예전에 비해 더 오랜 기간 교도소에 수감된다.

이러한 이중 삼중의 엄벌주의 정책들은 언뜻 보기에 범죄로부터 피해자를 두텁게 보호하는 것처럼 보이기도 한다. 그러나 수많은 범죄 재발방지 대책에도 지난 10년간 강력 범죄의 감소라는 가시적인 성과는 나타나지 않았다. 오히려 일반 국민들은 더욱 불안해하고 보다 더 강력한 대책을 요구하고 있다.

정부가 추진하는 범죄 예방 대책들은, 언론이 선정적인 보도를 쏟아내고 이에 공분한 일반 시민들이 강력한 처벌을 요구하자 준비 과정 없이 단시간에 외국의 사례와 법령을 참고하여 만든 것이다. 한국형사정책

연구회 상담 사례에서도 대부분의 살인 성범죄는 일상생활에서, 그것도 지극히 정상인으로 생활 공간에서 알고 있는 사람에 의해서 저질러진다. 강력 범죄의 범인이 주로 낯선 사람이라고 가정하여 설계된 전자 발찌, 신상 공개, 화학적 거세 등은 성폭력 등 대부분의 범죄에 대해서 효과적인 대책이 될 수 없다.

범죄 예방 대책을 마련하기 위해서는 엄벌주의에 초점을 맞춘 정책들에 검토가 필요하다. 한국형사정책연구원 결과에 따르면, 엄벌주의는 처벌의 확실성과 결합되었을 때에만 효과적이라는 것이다. 범죄를 저질렀어도 심신 미약, 주취감경 등 엄한 처벌을 피해갈 수 있는 기회가 많을 경우 엄벌주의는 범죄자의 재범을 억제하지 못하고 일반 국민들의 사법 신뢰에 부정적 영향과 저항을 불러올 수 있다. 신상 공개 제도, 전자 발찌, 약물에 의한 화학적 거세 등 범죄자의 위험을 관리한다고 해서 범죄자 인성이 변화되지는 않는다.

강력 범죄에 대한 기초 자료의 과학적 분석을 통해 예방 대책을 만드는 데서부터 출발해야 한다. 시간이 걸리더라도 확실한 처벌을 위해 시민 신고 제도와 초동 수사를 철저히 하는 방안을 모색하고, 범죄자의 심리적 변화와 사회 적응을 도울 수 있도록 교화, 교정, 치유 문화 프로그램을 만들어야 한다.

한순간의 잘못으로 편견과 선입견을 갖고 기계적으로 범죄자를 만들어서는 안 된다. 잘못을 뉘우치고 용서를 구하면 용서하고 서로 화해해야 한다. 법 이전에 사랑이 있어야 한다.

현재 사법 기관의 공직자 선발 과정은 주어진 사실관계에 기계적으로 법을 적용하고 대법원 판례를 해석하는 기술만을 가르친다. 선진국에서는 수사와 재판, 형을 집행하는 과정에서 피해자와 가해자의 용서와 화해, 소통과 경청을 중시하며 상대방을 배려하고 회복하는 데 중점을 두고 있다.

종이 한 장으로 모든 것을 판단하고 심리만으로 한 사람의 삶을 충분히 담을 수 없다. 현재 우리나라 교도소는 범죄를 교화하고 반성하는 기관이 아니라 범죄를 업그레이드하고 양성하는 기관으로 변질해 있다. 강제적으로 장기간 사회와 단절해 놓고 출소 후에 건강한 사회 구성원으로 살아가기를 기대하기는 어렵다. 유치장, 구치소, 교도소에도 보호관찰하면서 생활 태도나 정신이 사회에 적응할 수 있도록 치유 프로그램과 함께 그러한 시스템을 도입 운영해야 한다. 주말에는 가족들과 전화 연락도 하고 변호사 접견도 할 수 있어야 한다. 재범 방지를 위해 소년원, 구치소, 교도소를 방문해 교화 행정에 관심을 기울여야 한다.

사건 수사 기록이나 재판 판결문에 적혀있는 느낌이나 감정 없는 문서가 아니라 각종 사건 사고 속에 자리 잡고 있고, 사람 사이에 얽혀있는 형편과 처지를 법이 추구하는 올바른 시대적 가치와 인간애와 결합할 수 있는 태도를 법 집행자들이 가져야 한다.

부모에게 버림받거나 따뜻한 사랑을 받지 못하고 자란 청소년들이 가출하여 쉽게 범죄와 접촉해 흉악범이 되는 경우가 많다. 가정 폭력, 이혼, 미혼모 가정 속에서 성장한 아이들이 범죄로 빠져드는 현실을 하루빨리 개선해야 한다. 국가와 지방자치단체, 경찰과 시민단체는 범죄를 저지르지 않도록 보호와 관심으로 사회안전망을 만들어가야 한다. 불우한 환경에서 자라 범죄자가 되었다면, 그들의 불운을 고려해 적어도 한 번의 기회는 더 줘야 한다. 사회 시스템으로 교화를 도와야 한다.

"세상에 풀 수 없는 모순은 없다, 사랑이 있다면. 사랑은 사람을 행복하게 한다."

톨스토이가 한 말이다. 법 이전에 사람이 먼저다. 순간 잘못된 판단과 행동으로 죄를 저질렀지만 마음으로부터 따뜻한 관심과 사랑을 베푼다면 사랑이야말로 범죄의 탄생을 억제하는 강력한 법이 될 것이다.

○●○

세상에서 가장 따뜻한 상자

...베이비 박스

한 여성이 흙이 잔뜩 묻은 아이를 데려온 적이 있었는데, 엄마가 산속에서 구덩이를 파서 홀로 출산해 태어난 아이였어요. 엄마에게 '왜 구덩이를 팠느냐'고 물으니 아이를 낳자마자 파묻으려고 했다고 그래요. 출산 후 묻기 위해서 몸을 일으키려는데 아이가 울기 시작했고 어쩔할 도리가 없어 아이를 천에 돌돌 말아 싸서 베이비 박스를 찾은 거예요. 그 얘기를 듣는데 어쩌나 마음이 아팠는지 몰라요. 또 아이를 죽이려고 목을 눌렀는데 죽지를 않아서 데려온 여성…, 말하자면 끝도 없어요."[36]

....

36 "베이비 박스가 사라지는 세상이 와야죠" 투데이신문, 2018. 10. 26.

베이비 박스(Baby Box)는 "생명이 다시 태어나는 가장 작은 방이다. 어쩔 수 없는 사정으로 아이를 키울 수 없게 된 산모가 아이를 두고 갈 수 있도록 만들어 둔 상자 모양의 생명 보호 장치다. 2009년 서울시 관악구 난곡동 주사랑공동체교회 이종락 목사는 대한민국 최초로 '베이비 박스'를 설치해 버려지는 아이들을 보살펴온 인물이다. '베이비 박스'를 설치한 이래, 현재까지 1,500여 명의 아기를 보호했다.

2007년 12월 어느 추운 겨울날 새벽, 교회 문 앞에 비린내 나는 생선 상자가 하나 놓여 있었다. 생선 냄새를 맡은 고양이들이 상자 주변을 어슬렁거렸다. 상자를 열어보니 갓난아기가 있었다. 추위에 얼어 죽거나 고양이들의 위협을 받았을지도 모르는 상황이었다. 길가에 두고 간 생명을 보호하기 위한 조치가 필요했다.

마침 체코의 '베이비 박스' 소식을 들었던 터라, 2009년 12월, 가로 70㎝, 세로 45㎝, 높이 60㎝의 베이비 박스를 직접 만들어 난곡동 주사랑공동체 교회 외벽에 설치했다. 보온 효과가 있는 따뜻하고 푹신한 베이비 박스에 아기가 들어오는 순간 교회 내부의 벨이 울리도록 설계했다. 근데 마음속으로는 그 벨이 울리지 않길 기도했다.

어린 생명들을 한번 살려보겠다고 이 목사 부부는 '베이비 박스'를 만들었는데, 그게 벌써 10년이 됐다. 이 세상에 가장 작은 박스로 만든 방이 1천500명이 넘는 새 생명을 살렸다.

"제발 어린 생명이 버려지지 않길, 그러나 버려질 수밖에 없다면 차라리 이곳에 넣어 주길 기도했어요. 호기심에 사람들이 박스 문을 열어 벨이 울리곤 했는데 처음 아기가 들어온 것은 3개월 만이었어요. 이제 막 태어난 아기가 탯줄을 달고 있었는데… 그 심정은 말로 표현 못 해요. 그래도 길가에 버려지지 않고 베이비 박스 문을 열고 우리에게 와준 것에 감사했죠."[37]

아이를 맡기기 위해 베이비 박스 문을 열면, 근처에서 대기하던 상담사가 베이비 박스에 설치된 센서 신호를 보고 나와 아기 부모와 상담을 한다. 상담사는 부모에게 아이를 맡아 키울 것을 권유하는데, 베이비 박스에 맡겨진 전체 영아의 10%가 상담 끝에 다시 부모 품으로 돌아가고, 나머지 아이들은 다른 가정에 입양되거나 보육시설로 가게 된다.

"어떤 학생은 자기 교복 윗옷을 벗어서 탯줄 있는 그대로 둘둘 말아서 데리고 왔어요"

"미혼모들이 극단적 선택을 하지 않고 '베이비 박스'까지 아이를 데려오는 것은 이 아이만큼은 살려야겠다는 엄마의 간절한 마음이 있기 때문이다."라고 이 목사는 말한다.

베이비 박스 국내 1호가 설치된 곳은 비탈길 경사로 인해 차가 접근하기 힘들 정도다. 매달 20~30여 명의 아기들이 태어나자마자 엄마의 품에 안겨 이 길을 오른다. 길 끝에는 엄마와의 이별이 있다. "갓 태어난 아기를 안고 이 험난한 길을 오르는 것보다 우리 사회에서 아이를 홀로 키우는 게 더 어렵다고 생각하기 때문에 여길 찾는 것"이라고 이 목사는

....
37 이투데이 2016. 8. 30.

말한다.

베이비 박스를 찾는 엄마들은 각자 남에게 말 못할 아픈 사연을 안고 찾아온다. 아이를 놓고 가는 엄마들 대부분이 자신을 드러내지 않을 거라고 생각하기 쉽지만, 사실은 그렇지 않다. 주사랑공동체 베이비 박스 팀장은 "이곳을 찾는 엄마 10명 중 8명은 우리와 긴 상담을 나눈다"고 말했다. 상담 후에 아이를 다시 데려가는 엄마도 있고, 몇 달 뒤 반드시 데려가겠다고 약속한 후에야 발걸음을 떼는 엄마도 있다고 한다.

엄마들이 말하는 공통적인 문제는 경제적 어려움과 홀로서기에 대한 두려움이다. 베이비 박스를 찾는 대부분의 엄마는 임신과 출산 과정을 온전히 혼자 감당해야 한다. 임신 사실을 알린 뒤 아이 아빠와 이별하고 출산 과정에 부모님과의 관계도 악화한 경우다. 이 때문에 아이 양육에도 더 큰 두려움을 가진다.

미국 서던 캘리포니아 영화예술학교 학생들이 한국의 베이비 박스 소식을 접하고 만든 다큐멘터리 영화 《드롭박스》는 2013년 미국에서 먼저 개봉했다. 이 영화를 계기로 애틀랜타주에 베이비 박스가 만들어졌고, 인디애나주에서는 병원과 경찰서 등 공공기관에 베이비 박스를 의무적으로 설치토록 한 법안이 나오기까지 했다. 한국에서는 2016년 '서울국제사랑영화제' 개막작으로 첫선을 보였다.

베이비 박스 문에는 이런 글귀가 붙어 있다.
"불가피하게 기를 수 없는 장애로 태어난 아기와 미혼모 아기를 유기하지 말고 아래 손잡이를 열고 놓아 주세요"

그 밑에는 "내 부모는 나를 버렸으나 여호와는 나를 영접하시리이다.(시편27: 10절)"라는 성경 구절이 씌어 있다.

외부의 따가운 시선, 정부가 나서야

"베이비 박스가 유기(遺棄)를 조장한다는 외부의 따가운 시선"

지난 10년간 베이비 박스를 운영하며 이 목사가 겪은 고충이다.

"정부나 서울시, 자치구에서는 베이비 박스가 영아 유기를 조장한다고 우려하는데, 영아 유기를 결심했으면 번거롭게 베이비 박스를 찾을 이유가 없다"며 "베이비 박스는 영아를 유기하는 곳이 아니라 영아를 보호하는 곳"이라고 강조했다.

유엔(UN)은 세계 각국에 베이비 박스를 없애라고 압박한다. 베이비 박스가 영아 유기라고 바라보기 때문이다. 이는 아이를 베이비 박스에 맡길 수밖에 없는 부모들의 심정을 모르고 하는 말이다. 어떤 부모가 아이를 키울 수 있는 상황인데 베이비 박스가 있다고 갖다 버리겠는가?

'임산부 지원 및 비밀출산에 관한 특별법'이 하루빨리 제정돼야 한다. 이 법은 비밀, 혹은 익명으로 출생 신고를 할 수 있고, 이러한 내용이 부모의 가족관계등록부상에 나타나지 않게 하는 내용을 담고 있다. 이 법이 통과되면 현행 입양특례법상 출생 신고 문제로 유기된 아이들이 줄고, 많은 생명이 보호되지 않을까. 현재 보건복지부 법안심사소위원회에서 심의 중이다.

베이비 박스가 필요하지 않은 사회가 가장 좋은 사회지만 출산한 아이를 키울 형편이 되지 않는 산모와 영아를 보호할 수 있는 국가나 지방 사회 시스템이 이른 시일 내에 만들어져야 한다.

'베이비 박스'에 아이와 함께 남겨진 편지들

사랑하는 아이야, 엄마가 너무너무 미안해, 정말 어쩔 수 없는 상황으로 키울 수 없어 잠시 떨어져 지내는 것뿐이니까 건강하게 아프지 말고 무럭무럭 씩씩하게 크고 있어. 엄마가 2년 안에 꼭꼭 찾으러 갈게.

정말 우리 아가에게 미안하고 가슴이 너무너무 아프다.

−너무너무 사랑하는 엄마가 ○○이한테−

너무 미안하고 10달 동안 너를 뱃속에 가지고 있으면서 한 번도 미워한 적은 없었어.

항상 조금이라도 잘못될까 걱정하고 그랬는데….

베이비 박스에 보내게 된 이유는 출생 신고 때문이다. 아이를 다시 찾고 싶은 생각은 있고 고등학교를 졸업하고 찾고 싶다.

어떻게 말을 해야 할지 모르겠네요. 남친이 아이를 낳자고 해서 낳기로 했는데…. 7개월째 됐을 때 우릴 버리더군요. 아이 낳기 전날까지 일을 했구요. 집에서 혼자 낳아야 했어요. 출생 신고도 못 했어요. 제가 키우고 싶었는데 여건이 현재로써는 안 되네요. 내년에 꼭 찾으러 올게요. 그때까지만 부탁드릴게요. 5월 ○○일 13:00에 태어났어요. 같이 있는 동안 ○○이라 불렀고요. 내년에 꼭 데리러 올 테니 제발 그때까지만 돌봐주셨으면 합니다. 죄송해요!

왜 사는가, 인생은 선택이다

사회가 급변할 때, 범죄에서 벗어날 수 있는 때, 위험에서 벗어날 수 있는 때 어떤 선택을 하느냐에 따라 인생이 달라진다. 살면서 하루에 수많은 선택을 하면서 살아가고 있다. 순간의 선택이 인생을 좌우하는 경우가 많다. 때와 기회를 놓치지 말아야 한다. 자신의 내면에서 들려오는 목소리를 듣고 행동으로 옮길 수 있어야 한다. 이것을 딱히 뭐라고 표현하기는 어렵지만 행운이라고 하기도 하고 신앙인은 하나님의 은혜라고 말한다.

이 시대 지성이라 할 수 있는 김형석 교수는 칼럼에서 해방과 6·25 전쟁을 겪으면서 여러 변화와 선택에 대해서 소개했다.

"김일성 정권이 정착되면서 종교계의 지도자들과 신앙인들은 북에서 추방될 수밖에 없었다. 우리 국군의 중역을 맡은 백선엽, 채명신 장군은 신앙의 자유를 찾아 북한을 떠났다. 서북 지역 지성인들도 38선을 넘지 않을 수 없었다. 지주와 사업가들은 숙청당했다. 일제 강점기에는 정치와 무관하게 조용한 개인 생활은 허락되었다. 그러나 공산 치하에서는 공산주의와 김일성에 대한 충성심 없이는 살 수가 없었다. 자유를 향한 탈북이 불가피했다.

그와는 반대로 남한에서 공산주의 이념을 따라 북으로 갔던 지성인들은 점차 숙청당해 남은 사람이 거의 없을 정도가 되었다. 내 친구이던 허갑은 공산당 선전부장이었다. 김두봉과 같은 연안파여서 당 교육

기관으로 밀려났다가 아오지로 가게 되면서 자살했을 정도였다. 경성제대 때 한국의 세 수재 중 한 사람으로 꼽히던 박치우는 북으로 간 뒤 소식이 없다. 그의 친동생 박치원은 나와 동창이었고 그 부친은 목사였다. 김일성 왕국에 충성하기에는 양심을 갖춘 지성인들이었다. 황장엽 씨가 나에게 한 이야기가 생각난다. '김 선생은 선견지명이 있어 잘 떠났습니다. 나는 그 기회를 놓쳤기 때문에 오늘날 이 신세가 되었습니다. 해방 후 탈북할 기회를 놓쳐 이 신세가 되었습니다.' 위기가 왔을 때 어떤 선택을 하는가에 따라 인생이 완전히 달라진다는 것이다."**38**

김형석 교수는 북한 김일성(본명:김성주)과 동향(同鄕)이었고 창덕 소학교를 먼저 다닌 선배였고 김일성을 만난 적도 있다고 한다.

"해방되고 그해 여름에 김일성이 만주에서 고향에 왔어요. 김일성의 할아버지가 '성주 너는 공부 많이 못 했지만, 형석 군은 일본 유학도 다녀오고 공부 많이 한 사람이다' 하고 저에게 소개도 했어요. 김일성의 조부모와 저의 삼촌, 사촌들은 서로 알고 지내는 사이였죠."

"종전 뒤 고향에 온 김일성과 하루 오전을 함께 보냈어요. 김일성한테 해방돼서 우리나라가 어떻게 돼야겠느냐 물어보니 앞으로 해야 할 일이 있는데, 첫째 친일파 숙청, 둘째는 토지 국유화, 셋째는 자본가를 다 추방하고 노동자의 세상을 만드는 것 등 여섯 개를 말하는데, 다른 사람들은 모르지만 나는 그가 공산주의자라는 것을 바로 알아봤죠. 그런데 그

....
38 김형석의 100세 일기, 조선일보, 2019. 06. 15.

이가 평양으로 가고, 두세 달 후에 김일성 환영회가 평양 공설운동장에서 열렸어요. 동네 사람들이 갔다가 저녁에 오더니 '김일성이 누군가 했더니 칠골 살던 성주래. 성주가 김일성이야?' 하며 모두 놀랐죠."

김 명예 교수는 김성주가 김일성이 되는 경로와 역사의 아이러니를 몸소 체험했다. 당시 고향에서 초등학교를 증축하고 중학교를 재건해 교장으로 있던 그는 점점 죄어 오는 북한 정권의 탄압을 피해 결국 38선을 넘기로 한다. 가족과 헤어진 고초와 우여곡절 끝에 말 그대로 사선을 넘어 월남에 성공하고 가족과 재회한다.

피터드러커와 라인홀트 헨슈의 선택

현대 경영학의 아버지 피터 드러커((1909~2005)는 1909년 오스트리아 빈에서 태어나 20대에는 독일에서 대학을 다니고 영국을 거쳐 미국으로 이주한 유대인이다. 드러커는 히틀러의 반유대주의 활동이 본격화되기 전에 독일의 프랑크푸르트에서 기자 생활을 한 적이 있다. 그때 신문사 동료로서 히틀러 친위대에 적극적으로 협조하여 비밀경찰의 이인자까지 올라간 라인홀트 헨슈가 있었다.

《피터드러커 자서전》에서는 인생을 살아가면서 선과 악을 선택해야 하는 순간이 오면 어떤 결정을 해야 하는지를 말해준다.

1933년 겨울 독일을 떠나기 전날 피터 드러커가 짐을 싸고 있을 때 헨슈가 찾아온다. 히틀러 정권에 대해 협조하고 있으며 자신의 처지를 털어놓는 헨슈에게 드러커는 "아직 젊으니까 독일을 떠나 새 삶을 살라"고 말한다. 그러자 헨슈는 "난 권력과 돈을 갖고 싶고 유명한 사람이 되고 싶다. 그래서 4~5년 전 나치가 출범할 때 일찍 들어온 것이다."라고 출세에 대한 욕망을 털어놓는다. 피터 드러커는 젊은 날 헨슈와의 만남을 통해 큰 교훈을 얻었음을 이렇게 설명했다.

"악은 절대로 평범하지 않다. 악행을 하는 사람이 평범할 뿐이다. 그렇기 때문에 인간은 어떤 조건으로도 악과 흥정해서는 안 된다. 그 조건은 언제나 악의 조건이지 인간의 조건이 아니기 때문이다. 헨슈처럼 악을 자신의 야망에 이용하겠다고 생각할 때 인간은 악의 도구가 된다."

라인홀트 헨슈는 피터 트러커와 마찬가지로 어떤 선택을 할 것인가 하는 중요한 기로에 서 있었다. 두 사람 모두 좋은 것과 나쁜 것이 무엇인지 정확하게 알고 있었다. 헨슈는 좋은 것이 무엇인지 알고 있었지만 자신의 야망 때문에 선택해서는 안 될 것을 선택하고 말았다. 결과적으로 최선의 생각을 가지는 사람이 최선의 선택을 하는 것은 아니라는 사실이다. 결국 히틀러의 독일이 무너질 무렵 미국의 폭격으로 사망한다.

세상을 살다 보면 알면서 악의 도구로 쓰임 받은 사람이 있고, 몰라서 악의 도구가 되는 사람이 있다. 세상이 아무리 빠르게 첨단화돼도 절대 진리가 있고 절대 선이라는 것이 있다. 시대가 바뀌었다고 해서 모든 진리가 상대화되는 것은 아니다.

아버지 말에 따른 앤드류 그로브의 선택

전 세계 PC의 90%에 인텔 로고를 붙인 앤드류 그로브, 그가 헝가리 출신 유대인으로서 아우슈비츠와 공산 정권을 피해 기회의 땅 미국으로 건너왔다는 사실을 아는 사람은 많지 않다. 그는 1956년 스무 살의 나이에 소련군 압제를 피해 단돈 20달러를 손에 쥐고 미국 망명을 선택해 피눈물 나는 노력으로 성공한 입지전적인 인물이다.

《앤드류 그로브의 위대한 수업(한국경제신문)》은 유년기, 헝가리 탈출, 유태인의 설움, 헝가리 공산 치하 등으로 이루어진 그의 삶을 기록한 책이다.

1946년 봄, 그의 나이 11살 때이다. 앤드류의 아버지는 아들이 영어를 배우는 것이 좋겠다는 결론을 내린다. 집안 형편이 과외 시킬 만큼 경제적 여유가 없었다. 그 당시 공산당이 쳐들어와 앤드류 아버지의 공장은 국유화되고 말았기 때문이다. 어려운 환경에서 앤드류의 영어 과외를 시키기 위해 어머니는 금목걸이를 팔았다.

앤드류 아버지는 외국어를 많이 하면 할수록 그 사람의 값어치는 높아진다고 말하면서 영어의 필요성을 강조한다. 영어는 영국과 미국 사람 모두 사용하고, 앞으로 영어가 세계에서 가장 널리 사용할 언어가 될 것으로 판단한 것이다.

앤드류가 헝가리 대학에 다닐 때도, 공산 정권하에서 탈출하다가 붙잡히면 목숨을 잃어버릴 수도 있었다. 노부모를 두고 혼자 국외로 탈출하자니 마음에 걸려 탈출을 머뭇거리게 된다. 이때 부모님은 자식을 떠나보내는 사사로운 감정을 넘어서 단호한 목소리로 말한다.

"그렇게 해야 해. 그보다 더 나은 기회는 다시 오지 않을지 모른다."

인생에서 다시 기회는 없을지도 모른다. 올바른 순간의 선택에 따라 인생이 달라진다는 평범한 진리는 결단을 내릴 수 있을 때 용기와 지혜가 얼마나 귀중한 것인가를 다시 새기게 한다.

온갖 어려움과 고생 끝에 오스트리아에 도착하지만 여전히 미국행은 불투명하다. 미국 영사관에서 한번 거절을 당하게 된다. 그 순간 앤드류를 살린 것은 10여 년 전에 아버지가 투자한 영어의 힘이었다. 미국 영사 앞에서 미국에 꼭 가서 훌륭한 화학자가 되고 싶다는 의사를 영어로 밝히게 된다. 그 영어가 결국 앤드류를 구원하게 된다.

빅터 프랭클의 선택과 경험

오스트리아 유대인 로고데라피 정신요법, 의미치료 요법 창시자 빅터 프랭클(1905~1997) 박사는 제2차 세계대전 당시 나치 수용소에 끌려갔다가 아우슈비츠에서 아내와 부모를 모두 잃고 그 역경에서 구사일생으로 살아났다. 그는 600만 유대인이 참사를 당한 나치 수용소의 체험담을 《죽음의 수용소에서》라는 책으로 출간했다. 1941년 결혼해 오스트리아 비엔나에서 아주 안정적인 정신과 의사 생활을 하고 있었다.

제2차 세계대전을 앞두고 나치들이 세계 지배를 강화하게 된다. 그는 직감적으로 알아차린다. 이제 떠나야 하겠구나. 미국 비자를 신청했다. 전문직이고 논문 연구 업적이 탁월했기 때문에 비자가 곧바로 나왔다. 문제는 나이 드신 부모님이었다. 떠나야 하나 남아야 하나 고민한다. 결국 늙은 부모님 때문에 미국행을 포기한다.

1942년 오스트리아 유대인 게토에 수용되고, 1944년 아우슈비츠 수용소에 모든 가족이 수용된다. 아내, 부모, 모두 수용소에서 사망하고 자신과 여동생만 살아남는다. 그 당시 부모님이 떠나라고 했으면 떠났을 것이다. 그는 1942~1945년 아우슈비츠 수용소를 비롯한 수용소 네 곳에서 노역을 하면서 인생의 막다른 골목에서 더 이상 출구가 없는 어두움에서 괴로워했다.

'왜 사는가? 삶을 연명하는 이유는 무엇인가?'

홀로코스트 생존자인 프랭클은 자신의 경험과 자신이 관찰한 동료 유대인들의 행동을 토대로 인생이 품고 있는 소중한 비밀을 알게 됐다. 인간은 고통을 피할 수는 없지만, 그 고통을 대처하는 방식을 선택할 수 있다. 고통은 자신의 잘못과 실수로 다가오기도 하지만, 자신의 의지와 상관없이 갑자기 찾아오기도 한다.

프랭클은 죽음의 수용소에서 생존한 사람들과 죽어간 사람들의 차이를 발견했다. 생존한 사람들은 자신이 생존해야 하는 이유와 목적을 가진 사람들이다. 전쟁이 끝난 후 집으로 돌아가 가족과 만날 수 있다는 기대감, 사랑하는 연인이나 손주를 보고 싶은 간절함 같은 목적은 남들이 보기에 대단한 것이 아니다. 자신이 의미를 부여한 목적이나 가치를 가지고 있는 사람이 희망을 포기한 사람보다 혹독한 환경을 잘 견뎌 생존할 가능성이 높다는 사실을 발견한다.

지옥 같은 수용소에서 인간의 정신적 평온과 관련한 관찰을 할 수 있었다. 배급된 한 덩이의 빵은 거의 유일한 낙이었다. 그 유일한 낙을 소화하는 3가지 부류의 사람들이 있음을 발견했다. 빵을 한꺼번에 다 먹고 큰 만족을 느끼는 사람, 빵을 여러 조각으로 나눠 한 조각씩 먹으며 즐거움을 느끼는 사람, 마지막은 빵을 여러 조각으로 잘라 먹되 마지막 한 조각은 더 필요한 사람에게 주려고 남기는 사람들이었다. 프랭클은 마지막 자세를 취한 사람들이 수용소에서 가장 평온하고 안정된 생활을 했다고 기록했다.

위기의 상황에서 희망을 잃지 않는 것은 놀라운 힘이었고, 주위 사람들에게 희망을 주던 사람들은 모진 고문과 매를 맞아도 살아남았다는 것이다. 모두가 힘들다고 아우성치는 이 시대에도 희망을 꿈꾸는 사람들은 삶의 에너지가 넘쳐 자신도 살고 다른 사람들을 살리게 될 것이다

프랭클이 미국 노스캘리포니아에서 순회 강연 중에 교도소 직원이 메모를 전해 주었다. 캘리포니아 어느 교도소 도서관에서 자신의 저서《삶의 의미를 찾아서》를 읽은 한 수감자가 보낸 것이었다. 프랭클 박사가 교도소를 방문해줄 것을 부탁한 내용이었다. 프랭클은 교도소를 방문하여 죄수들에게 이렇게 말했다.

"죄를 짓고 죄수가 되는 것은 여러분의 자유였습니다. 하지만 이제 여러분은 죄를 극복할 책임이 있습니다. 자신을 초월해서 더 좋은 쪽으로 변화함으로써 죄에서 벗어나야 합니다."

프랭클 박사가 전하고 싶은 핵심은 자유는 책임을 수반한다는 것이었다.

참고문헌

1. 도서

_ 《사이코패스는 일상의 그늘에 숨어 지낸다》 이수정 김경옥, 중앙m&b

_ 《왜 그들은 우리를 파괴하는가》 이창주 박미랑, 메디치

_ 《성공지능》 로버트 스턴버그, 영림카디널

_ 《범죄는 나를 피해가지 않는다》 오윤성, 지금이책

_ 《범죄 그 심리를 말하다》 오윤성, 박영사

_ 《10대가 아프다》 경향신문취재팀, 위즈덤하우스

_ 《매드무비》 후안 고메스 후라도, 꾸리에북스

_ 《한국단편40》 현진건, 리베르

_ 《폭주노인》 후지와라 토모미, 좋은책만들기

_ 《미국 이후의 미국》 박선규, 미다스북스

_ 《생각하지 않는 사람들》 니콜라스 카, 청림출판

_ 《깊이에의 강요》 파트리크 쥐스킨트, 열린책들

_ 《보수의 재구성》 박형준 권기돈 공저, 메디치미디어

_ 《패러독스 범죄학》 이창무, 메디치

_ 《한국 범죄심리학》 황성현 외, 피엔씨미디어

_ 《범죄 그 진실과 오해》 이윤호, 박영사

_ 《범죄 심리학》 우치야마 아야코, 우듬지

_ 《최신 범죄심리학》 이수정, 학지사

_ 《범죄의 탄생》 박상융 조정아, 행복에너지

_ 《어른공부》 양순자, 시루

_ 《골든아워 1, 2》 이국종, 흐름출판

_ 《907일의 고백》 엄상익, 제이피유비

_ 《엄마는 내가 죽었으면 좋겠다고 말했다》 마틴 피스토리우스, 메건 로이드 데이비스 공저, 푸른숲

_ 《백년을 살아보니》 김형석, Denstory

_ 《깨진 유리창 법칙》 마이클 레빈, 흐름출판

_ 《영어만은 꼭 유산으로 물려주자》 공병호, 21세기북스

_ 《피터 드러커 자서전》 피터드러커, 한국경제신문

_ 《앤드류 그로브의 위대한 수업》 앤드류 그로브, 한국경제신문

_ 《죽음의 수용소에서》 빅터 프랭클, 청아출판사

2. 기사 및 사설

_ 당신이 살인의 '목격자'라면… / 한겨레 2018. 08. 07.

_ 목격자(The Witness, 2018 제작)

_ 방관자 효과 '제노비스 살인사건' / 글로벌이코노믹 2017. 03. 08.

_ 범죄 외면의 심리학 / 한컷뉴스, YTN 2015. 04. 01.

_ 미성년자 노리는 지능형 성폭력 '그루밍'은 무엇인가 / 한겨레 2018. 11. 13.

_ 아동 · 청소년 성범죄의 특성, '그루밍'을 아시나요? / 한겨레 2017. 11. 07.

_ 저를 세뇌했어요, 그루밍 피해자들 폭로 어려운 이유는? / SBS 뉴스 2018. 03. 23.

_ 사랑이라는 이름의 길들이기… 잔혹한 '그루밍' / 아시아경제 2017. 11. 09.

_ '데이트 폭력' 징후와 '안전 이별 계획' / 한국일보 2015. 12. 04.

_ 부산 일가족 살인사건, 범죄 신호 있었다 / 아시아경제 2018. 10. 30.

_ "밤마다 前남편에게 피살 악몽… / 동아일보 2018. 11. 06.

_ '부산 일가족 살해' 남성 심각한 폭력성… / 노컷뉴스 2018. 10. 30.

_ "넌 내 거야" 통제하려는 마음이 폭력으로 / 한국일보 2017. 11. 22.

_ 사랑과 폭력은 공존할 수 없다… / 한국일보 2015. 12. 04.

_ 가정 폭력 '지옥의 20년' 증언… 딸은 눈물도 말랐다 / 조선일보 2018. 10. 31.

_ 페미사이드 / 조선일보 2018. 10. 30.

_ "남편의 폭력과 욕설, 내가 죽어야 끝날까요" / 연합뉴스 2018. 10. 27.

_ 가정 폭력은 가정문제가 아니다 / 동아일보 2018. 10. 27.

_ 죽음 부르는 가정 폭력에 관대해선 안 된다 / 국민일보 2018. 10. 26.

_ '인터넷 마녀사냥' 왜 반복되나 / 조선일보 2018. 11. 24.

_ 남녀 혐오 사회 / 세계일보, 2018. 11. 18.

_ 이수역 폭행 사건 / 조선일보 2018. 11. 16.

_ 누구를 위한 '혐오사회'인가 / 중앙선데이 2018. 11. 17.

_ "양측 진술도 못 받았는데"…이수역 폭행, 장외가 더 '시끌' / 중앙일보 2018. 11. 18.

_ 혐오의 정치학 / 경향신문 2018. 11. 27.

_ "5명이나 죽었는데…" 군산 유흥주점 '묻지마' 방화범 1심서 무기징역 / 조선일보 2018. 11. 29.

_ 훈방 조치 후 다시 찾아가 방화 / YTN 2018. 01. 22.

_ 화마에 3남매 남겨두고 혼자 빠져나온 엄마 / 조선일보 2018. 01. 02.

_ 삼 남매 끔찍이 사랑한 광주 '리틀맘'은 왜 불을 질렀나 / 시사인 2018. 01. 31.

_ '삼 남매 비극' 우리 책임은 없는가 / 무등 2018. 01. 09.

_ 광주 3남매 엄마의 소주 9잔 / 중앙일보 2018. 01. 08.

_ 화마에 스러지는 사회적 약자들, 언제까지 방치할 건가 / 한국일보 2018. 12. 24.

_ "창문 없는 한 평 원룸 살며 '쓰리잡' 뛰어도 희망이 없다" / 중앙일보 2018. 11. 27.

_ 무전재난(無錢災難)의 슬픈 악순환, 주거 빈곤층 참사 / 국민일보 2018. 11. 12.

_ '안전한 고시원' 공언 반년 만에 또 참사 / 경향신문 2018. 11. 09.

_ 끝까지 반성 안 한 희대의 패륜범 / 내외뉴스통신뉴스 2017. 08. 27.

_ 어머니가 사흘이 넘도록 돌아오지 않아요 / 한겨레 2013. 10. 11.

_ '공공의 적' 사건 / 서울신문 2017. 7. 13.

_ 올 것이 왔을 뿐이다 / 경향신문 2011. 12. 18.

_ 비현실적 망상, 핏빛 잔혹극으로 / 한국일보 2015. 07. 25.

_ 생면부지 기독교인 끈질긴 편지 설득, 지존파 6명 끝내 참회 눈물 / 한국일보
　1994. 12. 29.

_ 뻔뻔하지만 외면할 수 없었던 악마들의 진실 / 한겨레 2014. 10. 24.

_ "더 못 죽여 한"이라던 1994년 추석, 지존파에 대한 기억 / 조선일보 2018. 09. 22.

_ 다시 보는 '그때 그 사건'…살인공장 만든 지존파 / 시사인 2018. 08. 15.

_ 이주 여성의 비명에 우리는 얼마나 귀 기울였나 / 중앙일보 2019. 07. 08.

_ 학교 폭력과 다문화 학생 / 세계일보 2018. 11. 21.

_ 다문화 소년의 방화, 우리 사회의 반성 / 한국일보 2012. 05. 17.

_ '튀기'라고 놀림 받은 18살 소년 방화범 / 경향신문 2012. 06. 08.

_ "연쇄 방화 다문화 청소년 선처" 호소 / 연합뉴스 2012. 06. 26.

_ LA 폭동 25주년 맞아 돌아본 다문화 사회 / 중앙일보 2017. 04. 27.

_ 도박 그 치명적 유혹 / 서울 경제 2019. 03. 29.

_ SNS 정신 팔려… 정신질환 SOS / 동아일보 2018. 11. 24.

_ 게임 중독 / 조선일보 2019. 05. 28

_ 버지니아 공대생들 "총기 난사는 개인 문제" / 동아일보 2009. 09. 27.

_ 여보 이거 알아? 한국 남자 12%가 술 때문에 죽는대 / 조선일보 2018. 10. 04

_ 음주 수칙 / 세계일보 2016. 03. 20.

_ 살기 싫다는 사람에 술 한잔 위로? 위험해요 / 매일경제 2018. 11. 23.

_ 황산 테러 당한 경찰관, 그의 새 얼굴은 자살 예방 전도사 / 조선일보 2018. 11. 27

_ 중증 정신 질환 강제 입원 어렵게 해놓고 병원 밖 관리는 방치 / 동아일보 2019.
　04. 23.

_ CNN, 한국의 노인 범죄 증가 주목 / 뉴시스 2018. 12. 19.

_ '묻지마 범죄'를 묻는다 / 중앙일보 2016. 05. 24.

_ 종로부터 군산까지 계속되는 '홧김에 방화' 대책 없나? / 천지일보 2018. 06. 19.

_ "내 DNA 검사하라"… 강간 살해범 20년 만에 잡았다 / 조선일보 2018. 08. 29

_ 미국판 '살인의 추억'… DNA 족보가 범인을 지목하다 / 매일경제 2018. 11. 03.

_ '데이트 폭력' 징후와 '안전 이별 계획' / 한국일보 2015. 12. 04.

_ 알맹이 빠진 대책으론 중증정신 질환자 범죄 못 막는다 / 동아일보 2019. 05. 16

_ 범죄자와 피해자 / 매일경제 2018. 11. 14.

_ 전국 공사 중단시키는 노조, 노조 권력 특별 대우하는 법원 / 조선일보 2019. 06. 03.

_ 철옹성 된 현실의 'SKY 캐슬' / 한국일보 2019. 01. 25.

_ 숙명여고 교사 징역 선고 후폭풍 …"대입 수시 폐지" 목소리 / 중앙일보 2019.
   05. 23.

_ 거동 수상자 놓치자 '허위 자수' 조작까지… 바닥 친 軍 기강 / 동아일보 2019.
   07. 13.

_ 양치기 소년 軍 / 조선일보 2019. 07. 15.

_ 청소년 6명 중 1명 스마트폰 중독… 더 이상 방치 말아야 / 동아일보 2019. 05. 15.

_ "자기 생각 써보세요" 연필 못 떼는 아이들 / 동아일보 2018. 12. 06.

_ 심각한 확증 편향 현상, 종이신문이 깨야 / 매일경제 2019. 02. 01.

_ '유튜브 혁명' 이끄는 1인 미디어, 상식을 바꾸다 / 중앙일보 2019. 01. 17.

_ 이제는 '섹스로봇' 시대 / 주간조선 2018. 12. 10.

_ 사람을 살리는 인공지능 / 중앙일보 2019. 01. 30.

_ 다 같이 돌자, 학교 한 바퀴… 영국을 바꾼 '15분의 기적' / 조선일보 2019. 01. 28.

_ 학교 운동장이 빈 나라의 미래 / 조선일보 2018. 10. 30.

_ 부모라는 이름으로 / 매일경제 2010. 05. 10.

_ 위기의 가족, 가족이 흔들리면 미래가 없다 / 중앙선데이 2019. 07. 13.

_ 건전한 성 윤리 회복 / 이태희 변호사 2015. 03. 25.

_ 교사의 말, 학생의 미래 좌우한다 / 세계일보 2013. 07. 18.

_ '식물인간 13년' 이겨낸 기적적 분투기 / 서울신문 2017. 03. 24.

_ 엄벌주의 성범죄 대책이 놓치고 있는 것들 / 한국일보 2019. 05. 03.

_ '버려진 아기' 10년간 1천500명 살린 관악구 '베이비 박스' / 연합뉴스 2019. 05. 04.

_ 베이비 박스에 아이 두고 떠난 엄마들이 남긴 편지 / wikitree 사회 2019. 01. 09.

_ "몇 달 뒤 꼭 데려갈게요"…베이비 박스 가보니 / 머니투데이 2018. 11. 21.

_ 100세 일기 / 조선일보 2019. 06. 14.